张荣 选编

養心殿造辦處史料輯覽

第十辑 乾隆朝

王世襄题

故宫出版社

1　文竹六方鼻烟壶
故宫博物院藏

乾隆四十年　行文　闰十月二十日库掌五德、福庆来说，太监胡世杰交文竹六方鼻烟壶一件、文竹背壶鼻烟壶一件敬胜斋。传旨：着发往江西，交基厚照样式成做十件送来。钦此。于四十一年二月十五日将江西送到文竹鼻烟壶二十件随做样鼻烟壶二件呈进讫。

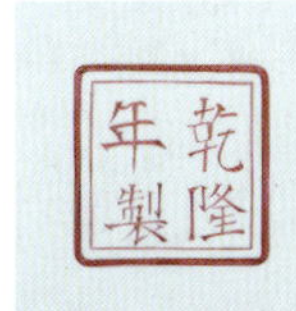

2　康熙款铜胎画珐琅牡丹纹花篮
故宫博物院藏

3　乾隆款铜胎画珐琅牡丹纹花篮
故宫博物院藏

4　雍正款铜胎画珐琅包袱式盖罐
台北故宫博物院藏

5　乾隆款铜胎画珐琅包袱式盖罐
台北故宫博物院藏

乾隆四十年 行文 十一月十九日员外郎四德、库掌五德、福庆来说，太监胡世杰交：金胎西洋珐琅碗一件随楠木匣一件、铜胎西洋珐琅花篮一件随楠木匣一件、铜胎西洋珐琅

钵盂一件、铜胎西洋珐琅方卤铫一件俱系康熙御制款、铜胎西洋珐琅杯盘一份系雍正年制款、铜胎画珐琅仿成窑花样盖罐一对随楠木匣、铜胎画珐琅包袱式盖罐一件随楠木匣、铜胎画珐琅壶一件随楠木匣，俱系雍正年制。传旨：将珐琅钵盂卤铫杯盘各配楠木匣盛装，得时并珐琅壶碗花篮、盖罐俱发往粤海关，交德魁照样各成做一件，不要广珐琅，务要洋珐琅，亦要细致烧乾隆年制款。钦此。于四十二年十一月十三日员外郎四德、五德将粤海关监督德魁送到珐琅器十件随做样珐琅器十件持进交太监如意呈进交乾清宫。做样珐琅器配匣，另有记载讫。

6　玻璃胎画珐琅西洋人物渣斗
台北故宫博物院藏

乾隆四十年　广木作　十一月二十八日员外郎四德、库掌五德、福庆来说，太监如意交：铜胎画珐琅蚕耳长方盖炉一件、铜胎广珐琅蚕耳双陆瓶一对、铜胎画珐琅包袱锦盖罐一件、铜胎画珐琅人物盖钟一对、铜胎画珐琅高妆元盒一对、铜胎珐琅法盏一件、铜胎画珐琅元笔筒一对、铜胎画珐琅兽面罐一件、铜胎画珐琅柿子人物盖罐一件、铜胎画珐琅有架盖罐一件、铜胎画珐琅蕉叶花觚一件、铜胎画珐琅四季花鸟瓶一件、铜胎画珐琅福寿常清瓶一对、铜胎画珐琅八角方盒一对、铜胎画珐琅双凤有盖罐一件、铜胎珐琅莲托壶钟一件、铜胎珐琅合欢盖罐一件随座、铜胎珐琅喜相逢葵花式碗一件、铜胎珐琅渣斗一件、铜胎珐琅九九渣斗一件、铜胎珐琅三层盒一件、铜胎珐琅厂口人物瓶一件、铜胎珐琅提梁盖罐一对、玻璃胎珐琅西番叶渣斗一件、玻璃胎珐琅人物诗意瓶一件、玻璃胎喜相逢诗意纸槌瓶一件、玻璃胎福寿葫芦瓶二件、磁胎画珐琅甘枝梅花碗一件俱宁寿宫。

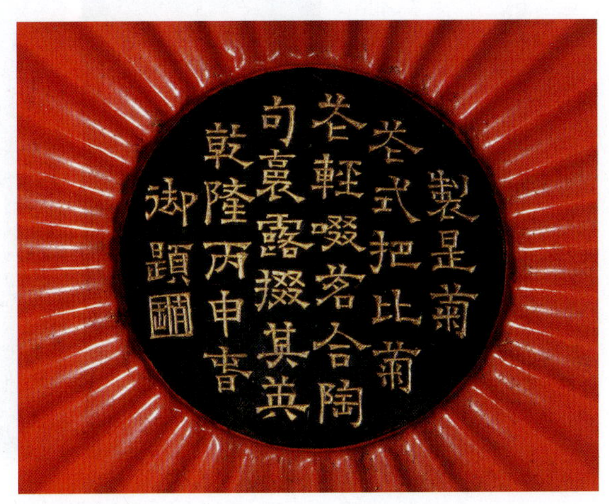

7 乾隆款红漆脱胎菊瓣式盖盅

故宫博物院藏

乾隆四十年　广木作　十二月初七日员外郎四德、库掌五德、福庆来说，太监如意交红漆菊瓣盖钟一对 随紫檀木盘一件，系苏州新送到。传旨：紫檀木盘内配托脐二个，将盖钟安稳，交淳化轩案下摆。钦此。于本月十五日员外郎四德等将红漆盖钟一对随盘安设得脐，持进交太监如意呈进交淳化轩讫。

8 玉柄金桃皮鞘寒锋腰刀（地字十五号）
故宫博物院藏

乾隆四十一年　铜鋄作　四月二十九日员外郎四德、库掌五德来说，太监胡世杰交：白玉刀靶四件、青白玉刀靶二件、白玉靶二件。传旨：将刀靶配做腰刀，先画样呈览，其玉靶二件配做凉扇用。钦此。……于四十二年五月初一日将外郎四德将现做未完玉靶腰刀上刀头五件各贴得乾隆年制款样，内一把天字十六号拟得月刃刀名，一把地字十五号拟得寒锋刀名，一把地字十六号拟得章威刀名，一把人字十五号拟得苍精刀名，一把人字十六号拟得摇电刀名，俱交太监如意呈览。奉旨：俱准商做。钦此。

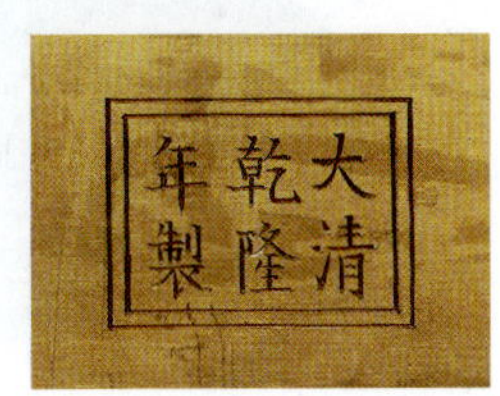

9 乾隆款掐丝珐琅四轮方彝

故宫博物院藏

乾隆四十二年　珐琅作　六月初五日员外郎四德来说，太监荣世泰传旨：符望阁西门内床上现设掐丝珐琅四轮方彝一件，照样烧造一件成一对。钦此。于四十三年十二月十一日郎中柏永吉持来题头帖一件，内开四十二年十二月十八日将做得镀金一遍掐丝珐琅四轮彝一件并原样一件持进交监荣世泰呈览。奉旨：着将四轮彝一件并原样一件里外俱再镀金一遍。钦此。

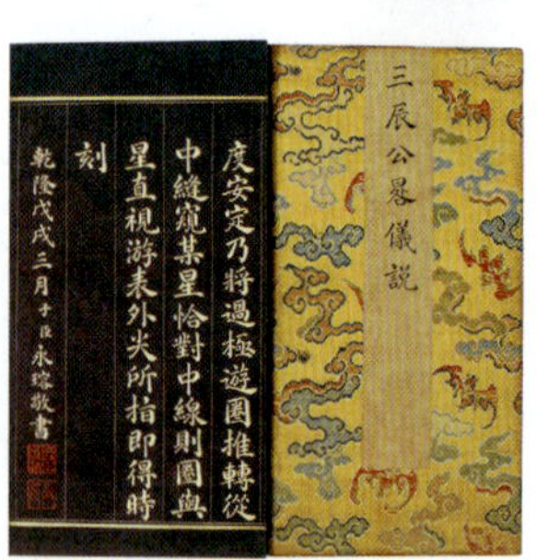

10　铜镀金三辰公晷仪　大清乾隆戊戌年制
故宫博物院藏

乾隆四十二年　记事录　正月十一日掌稿笔帖式海寿持来堂抄一件。内开六阿哥谨奏，为请旨事。本月初四日奉旨：宁寿宫养性殿内应安设仪器着照养心殿东暖阁内仪器式样成造安设。钦此。钦遵。……请派钦天监监正傅作霖灵台官刘宗树会同派出司员等详细讲究成造在案。现今造办处铸得铜圈，照依旧式凿作花纹镀饰。该司员等会同傅作霖灵（台官）刘宗树监看分画度数，合对圈盘，俱各妥协，以备恭呈御览。

11 清人画孝宪圣皇后八旬像轴

美国迪美博物馆藏

乾隆四十二年 记事录 二月初四日员外郎四德、库掌福庆、笔帖式九格来说，公尚书福隆安面奉谕旨：大行皇太后八旬圣容照寿皇殿列位圣容朝冠服宝座一样在寿康宫绘画。钦此。本日公尚书福隆安、副都统金辉查得大行皇太后八旬圣容系艾起蒙绘画，其朝冠服伊兰太王儒学绘画。

12　康熙款瓷胎画珐琅西番莲红地天盘口纸槌瓶
故宫博物院藏

13　康熙款瓷胎画珐琅牡丹红地盅
故宫博物院藏

14 雍正款铜胎画珐琅西番花黄地五岳罐
故宫博物院藏

15　雍正款铜胎画珐琅西番花黄地五岳罐

故宫博物院藏

乾隆四十二年　记事录　十月二十七日员外郎四德、五德来说，总管桂元交珐琅器四十匣 计珐琅瓶罐等七十六件。传旨：着交内务府大臣，盛京有便人陆续带往收贮。钦此。计开：康熙款十件：……磁胎画珐琅西番莲红地天盘口纸槌瓶一件、磁胎画珐琅牡丹红地钟一件。雍正款十件：铜胎珐琅莲子壶一对内一件靶上缺琅、铜胎画珐琅西番花黄地五岳罐一件、铜胎画珐琅桃式水盛一件……派员敬谨包裹妥协，交覆盛京佐领塔清阿、云骑尉德克济和于初八日程赍去，仍行文该将军，照数查收后知照前来备查等因。缮写折片，持进交太监总管桂元具奏。奉旨：知道了。钦此。

16 乾隆款铜胎画珐琅珊瑚顶喜相逢壶

故宫博物院藏

乾隆四十二年　广木作　十月三十日员外郎四德、五德来说，太监厄勒里交：铜胎画珐琅夔凤耳西洋人物盖罐一件、铜胎画珐琅方印色盒一件、铜胎画珐琅珊瑚顶喜相逢卤壶一件……铜胎掐丝珐琅甗一件、铜胎掐丝珐琅靶碗十件 俱乾清宫。传旨：将铜胎掐丝珐琅双喜钵盂一件、胆瓶一件、扁盖铫一件、双螭墨海一件、甗一件，各配木座，得时并其余珐琅器俱配楠木匣盛装，内有成对者配匣一件。钦此。

17 御制平定两金川告成太学碑文玉册

故宫博物院藏

乾隆四十三年 记事录 六月二十六日员外郎五德将苏州送到御制平定两金川告成太学碑文玉册页一份随本文一份、墨榻一份，持进交太监厄勒里呈览。奉旨：将玉册页照乾清宫现设拉道填金紫檀木玉册页匣一样，配匣盛装。……于本月三十日员外郎五德将平定两金川告成玉册页十片照乾清宫现有拉道填金罩盖匣配得合牌罩盖匣样，持进交太监厄勒里呈览。奉旨：照样准做。其玉片交懋勤殿，着董诰填金。钦此。

遐邇踴至黃新莊舉行郊勞大典以昭偃武櫜勳之盛
征勦金川之役實
川之功阿桂居首特恩異數加之宜厚
由將軍阿桂盡誠
體國不憚艱勞制勝運籌克成偉績實為此事首功特封
為頭等誠謀英勇公加賞雙眼孔雀翎紅寶石帽頂四團
龍補褂金黃帶
紫韁以昭崇獎
能出能入有權有經運長擊短後實先聲
金川之功允資羣力寸步層峯冰滑石仄將軍指揮無不
奮勇以此破敵鹿塘隴種金川之功非予所期事弗可已
久而得之鬬猶獸困捨懲雖肋念我衆勞至今心惻金川
之功允賴

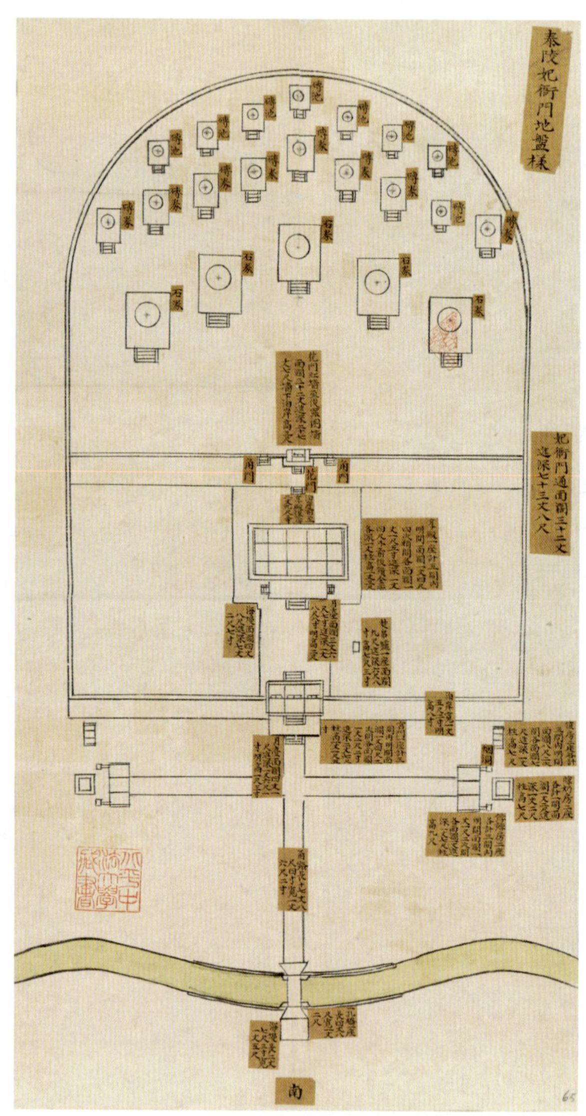

18 泰陵妃衙门地盘尺寸图画样

故宫博物院藏

乾隆四十三年　如意馆　十一月十五日接得郎中保成押帖，内开十月二十六日厄勒里交孝陵、景陵、泰陵三陵全图挂轴三轴。传旨：着姚文瀚照盛京三陵全图挂轴一样尺寸起稿，得时用白绢画，山树着方宗（琮）、袁英画，殿座着吴得洪画。钦此。

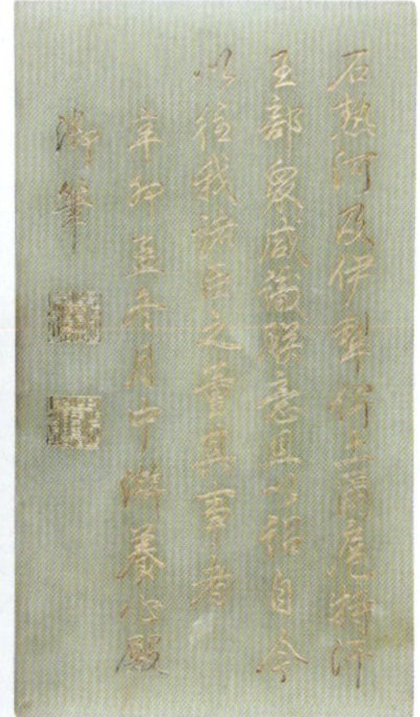

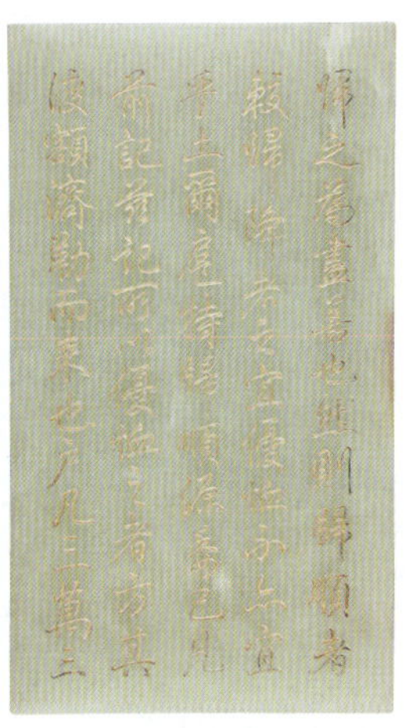

19 青玉优恤土尔扈特部众记册

故宫博物院藏

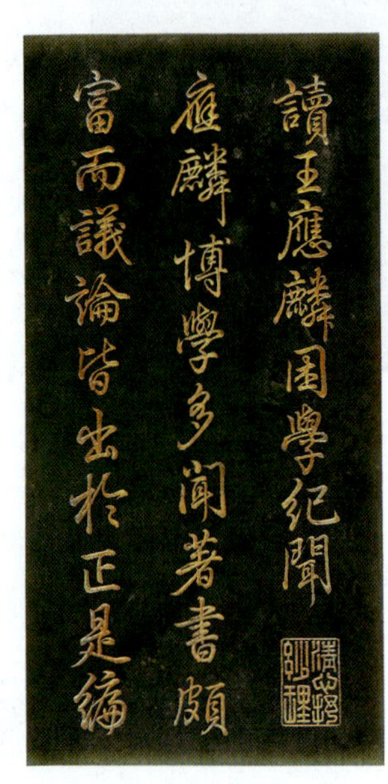

20　碧玉御笔读王应麟困学纪闻册

故宫博物院藏

乾隆四十四年　记事录　十月初十日员外郎四德、五德等来说，首领董五经交青白玉册页十片 内头片上贴优恤土尔扈特部众记本文一张，随优恤土尔扈特部众记手卷一卷、青玉册页十片 内头片上贴读王应麟困学纪文本文一张，随读王应麟困学纪闻手卷一卷。传旨：交苏州织造全德，按玉册页头片上现贴本文样式，各照手卷上诗字临下本文，贴在玉片上，再刻字。钦此。于四十五年九月二十七日将苏州送到优恤土尔扈特部众记玉册页一份呈进讫。于四十六年五月二十九日将苏州送到读王应麟困学记文玉册页一份呈进讫。

21　清人画阿弥陀佛极乐世界图轴

故宫博物院藏

22 绣阿弥陀佛极乐世界图轴

故宫博物院藏

23　缂丝阿弥陀佛极乐世界图轴

故宫博物院藏

乾隆四十四年　行文　十一月初九日员外郎四德、五德、催长大达色来说，太监鲁里交阿弥陀佛挂像佛一轴 镶石青洋锦边，银轴头，吉云楼佛箱内收供。传旨：着交苏州织造全德，照样绣做二轴，缂做二轴，其银轴头留京成做。钦此。

24　金胎烧蓝嵌宝石海螺

故宫博物院藏

乾隆四十五年　匣裱作　十月二十八日员外郎五德、催长大达色金江来说，太监鄂鲁里交嵌玻璃垫子镶珐琅海螺一件班禅厄尔德尼进。传旨：着配鞔皮画金匣一件盛装，写四十五年十月二十七日班禅厄尔德尼进四样字白绫签。钦此。于二十九日员外郎五德将金镶松石白海螺一件配得鞔皮画金箱合牌样一件，持进交太监鄂鲁里呈览。奉旨：照样准做。钦此。于四十六年四月初一日将白海螺一件配得鞔皮画金匣一件，持进交太监鄂鲁里呈进交宁寿宫讫。

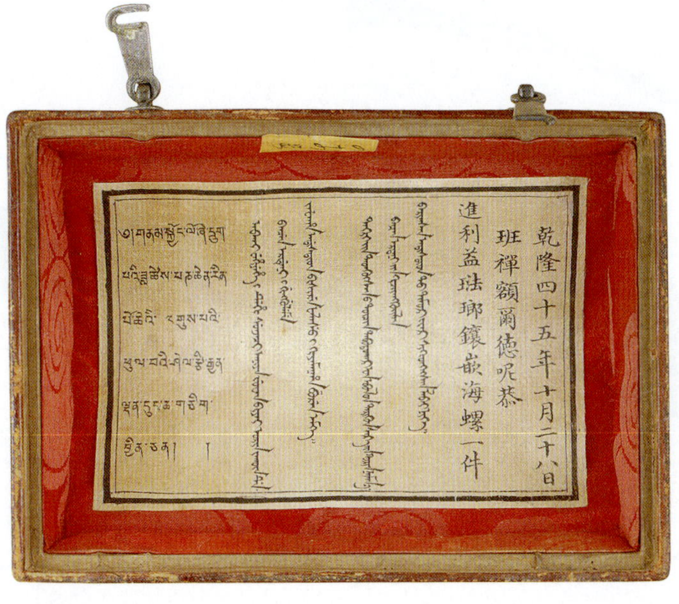
乾隆四十五年十月二十八日
班禅額爾德呢恭
進利益珐瑯鑲嵌海螺一件

25 天字二十号继辅青白玉靶腰刀
故宫博物院藏

26 天字三号孔纯青白玉靶腰刀
故宫博物院藏

27　天字十九号柔逋青白玉靶腰刀

故宫博物院藏

乾隆四十五年　鞍甲作　十二月初四日……奉旨：将宁寿宫楠木箱二件内腰刀十二把撤出二把，每箱装腰刀五把。再将换靶并新做腰刀内挑选四把在箱内换装，另安掐板箱墙上，交懋勤殿另刻字。……暂收放：……天字十九号柔逋青白玉靶腰刀一把珊瑚结子、人字十五号苍精青白玉靶腰刀一把松石结子四执事。于四十九年十月十一日将做得玉靶红皮鞘铜什件回子刀一把呈进交圆明园讫。

28 乾隆款剔红万岁长春金里碗

故宫博物院藏

乾隆四十五年　南巡随围　二月初九日太监厄勒里交红雕漆碗一件大明宣德年制款，金里金底。传旨：照漆碗大小样款四面留圆光画样，圆光内着梁国治写万岁长春篆字呈览，准时交全德成做，其金里金底京内镶做。钦此。于本日照雕漆碗大小样款画得四面圆光花纹，梁国治写万岁长春篆字样呈览。奉旨：照样交全德成做四件，其金底不必满镶，留圆底做阳纹大清乾隆年制款。其照原样成做四件，先将原样仍交茶房，俟杭州回来时交给全德做样。钦此。

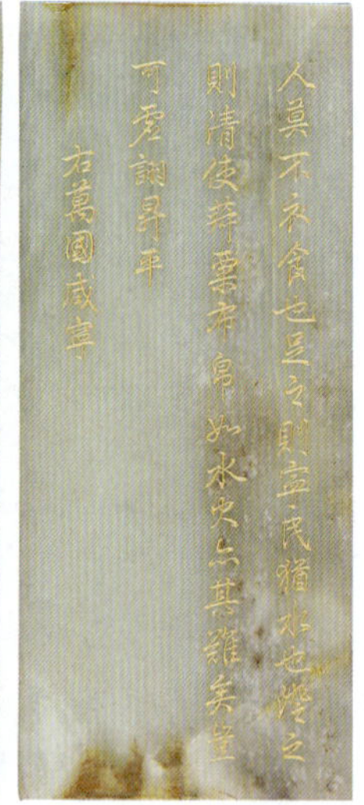

29　青玉御制乾清宫五屏风铭册

故宫博物院藏

乾隆四十五年　如意馆　十月初二日接得郎中保成、库掌福庆押帖一件，内开八月二十五日董五经交乾清宫五屏峰铭玉册页一分十片。传旨：交如意馆着照刻。钦此。

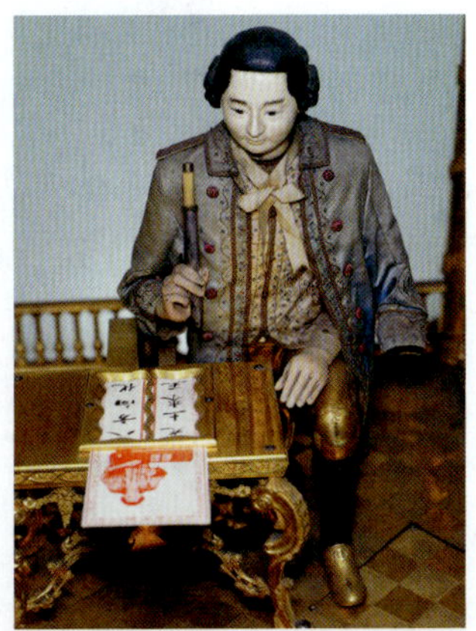

30 铜镀金西洋写字人乐钟

故宫博物院藏

乾隆四十五年　如意馆　十月初二日接得郎中保成押帖一件，内开二十二日鄂鲁里交西洋写字人乐钟陈设一件。传旨：交如意馆汪达洪收拾。钦此。

31　绣吉祥天母像轴

故宫博物院藏

乾隆四十五年　金玉作　十一月二十三日催长大达色来说，太监厄勒里交红缎金寿字边绣吉祥天母一轴顺和轩佛箱内。传旨：配银轴头。钦此。于十二月初五日将绣吉祥天母一轴配得银轴头呈览。奉旨：着配白绫签。钦此。于四十六年正月十一日将绣吉祥天母一轴写得四样字白绫签呈览。奉旨：将佛像边并心子俱收什平正。钦此。于四十六年二月初二日将绣吉祥天母一轴将佛像边并心子俱收什平正持进呈览。奉旨：仍交宁寿宫顺和轩佛箱内收供，再箱内佛像有不平正者俱收什平正。钦此。于本日交讫。

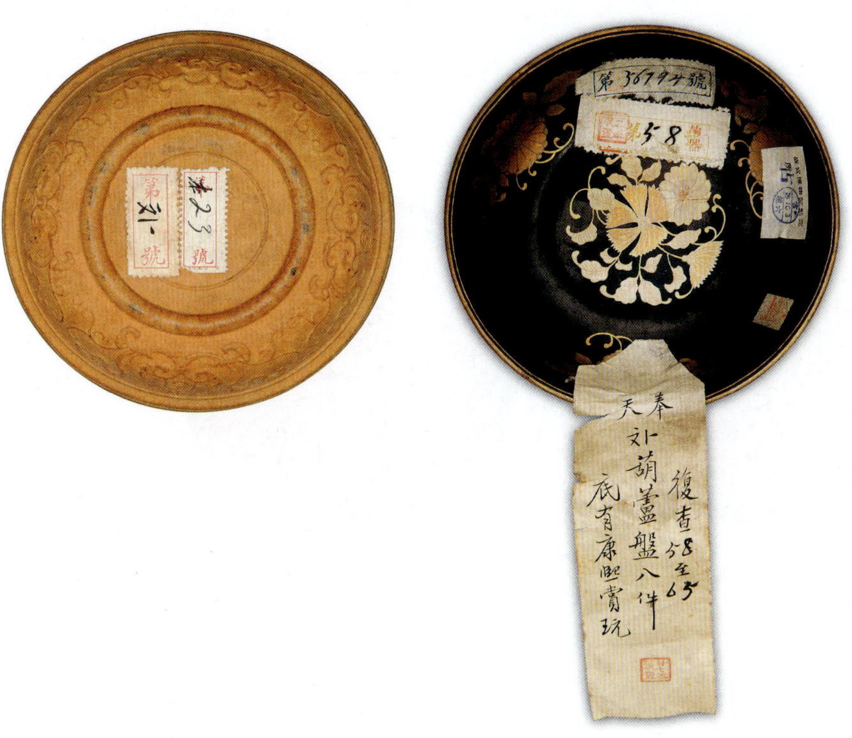

32 康熙款匏制寿字盘

故宫博物院藏

33 康熙款匏制寿字盒

故宫博物院藏

34 乾隆款匏制福字盅
故宫博物院藏

35 乾隆款匏制桃式盒
故宫博物院藏

36 乾隆款匏制扁瓶

故宫博物院藏

37 乾隆款匏制番花磬口盅

故宫博物院藏

乾隆四十六年　记事录　十二月初九日员外郎五德、催长大达色、金江、舒兴来说，太监鄂勒里交葫芦器六十三件内康熙款四十件，乾隆款二十三件，系乾清宫，传旨：着归入带往盛京陈设，一事带往。钦此。计开：康熙款四十件内，寿字磬口碗八件、西番莲撇口碗四件、西番莲磬口钟二件、寿字撇口碗六件、素盘大小八件、寿字盘四件、八不正罐一件、寿字圆盒一件、寿字茶铫一件、花瓶一件、匀香炉一件、匙筯瓶二件、香罐一件。乾隆款二十三件内，商银里夔龙撇口钟二件、博古撇口碗二件、诗意碗一件、寿字撇口碗二件、番花磬口钟二件、流云撇口钟二件、流鱼磬口钟一件、夔龙撇口碗一件、福字钟一件、如意云挠碗一件、靶碗二件、寿字盘大小二件、四季花香罐一件、桃式盒一件、扁瓶一件、鼻烟壶一件。此项葫芦器归入四十六年十二月二十日交发盛京什物，一事交将军索诺穆策凌领去讫。

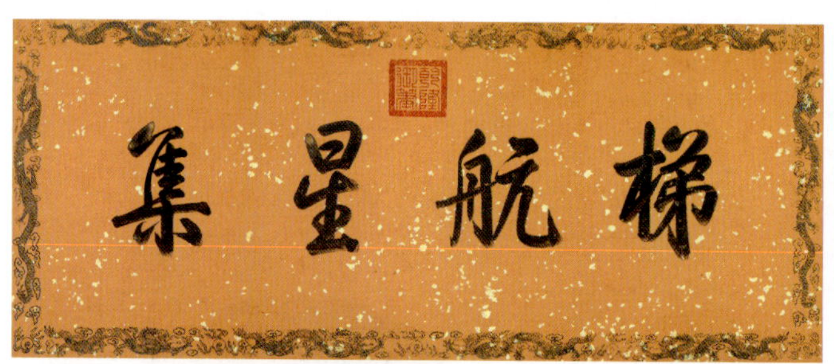

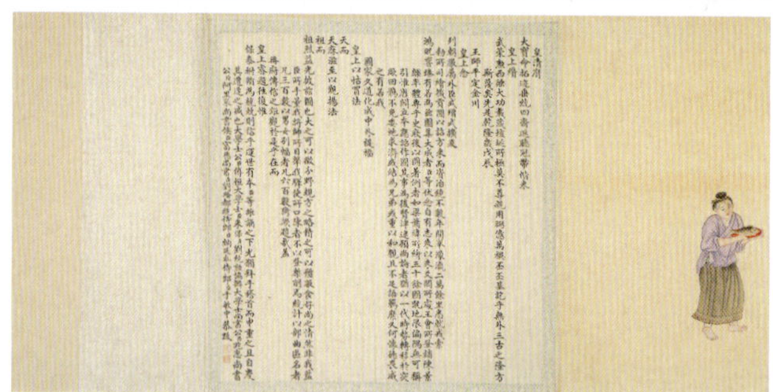

38 清人画职贡图卷

故宫博物院藏

乾隆四十六年　广木作　十一月二十八日员外郎五德、催长大达色、金江、舒兴来说，太监鄂鲁里交职贡图手卷四卷 随玉别锦袱缂丝包首。传旨：着配楠木匣一件盛装。钦此。

39 镶嵌白玉靶桃皮鞘天字二十四号转电腰刀

故宫博物院藏

乾隆四十六年　鞍甲作　闰五月初三日员外郎五德、催长大达色、舒兴来说，太监鄂鲁里交青白玉回子刀靶三件勒尔谨名下。传旨：着配腰刀二把、回子刀一把，其腰刀上什件交武备院凿做。钦此。于十二月初四日将玉靶二件打得腰刀头二把，内一把拟得天字二十四号转电刀名，一把拟得地字二十四号秋霜刀名，各贴得乾隆年制款样，持进交太监鄂鲁里呈览。奉旨：俱准照样商做。钦此。

40 青白玉龙纽文溯阁宝

故宫博物院藏

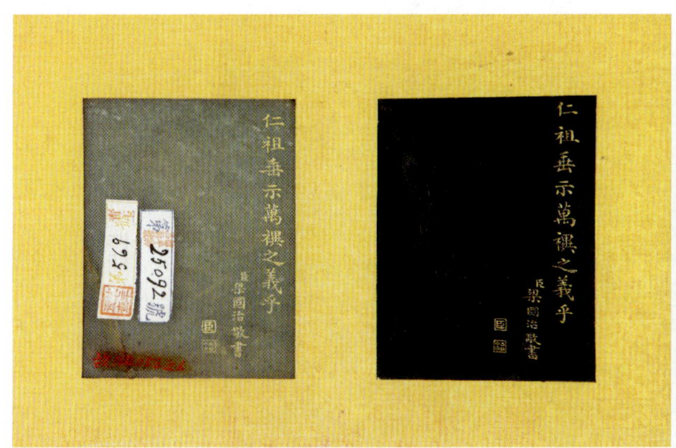

41　青玉戒得堂记册

故宫博物院藏

乾隆四十七年　行文　三月二十二日接得郎中保成押帖一件，内开三月二十一日太监鄂鲁里传旨：文溯阁记青白玉册页一份、文溯阁青白玉宝一方、知过论青白玉册页一份、知过堂青白玉宝一方，交两淮盐政伊龄阿刻做。戒得堂记青白玉册页一份、知过论青白玉册页一份、命馆臣录存，杨维祯正统辨谕青白玉册页一份交苏州织造四德刻做。钦此。……于本年七月十一日将两淮送到刻文溯阁玉宝一方、册页一份呈进交八哥金简讫。……于本年十一月二十八日将苏州送到戒得堂玉册页一份呈进，填金配匣讫。

42　缂丝九阳消寒图轴

故宫博物院藏

乾隆四十七年　记事录　正月初三日员外郎五德、催长大达色、金江、舒兴将苏州送到裱做字画挂轴七轴、裱做字画手卷十四卷、做样缂丝九阳消寒图一轴、三星图一轴持进，交太监鄂鲁里呈览。奉旨：将手卷挂轴俱交懋勤殿写签子，其做样九阳图交宁寿宫，三星图交重华宫。钦此。

43 缂丝三星图轴

故宫博物院藏

乾隆四十八年　行文　正月初五日员外郎五德、催长大达色等来说：太监鄂鲁里交：缂丝三星图挂轴一轴随青玉轴头，系御花园续入。传旨：照三星图挂轴画样呈览，其挂轴上周围大边并上玉下玉花纹俱照乐寿堂现挂八仙挂轴上大边上玉下玉花纹一样画样呈览，准时交苏州缂做。钦此。

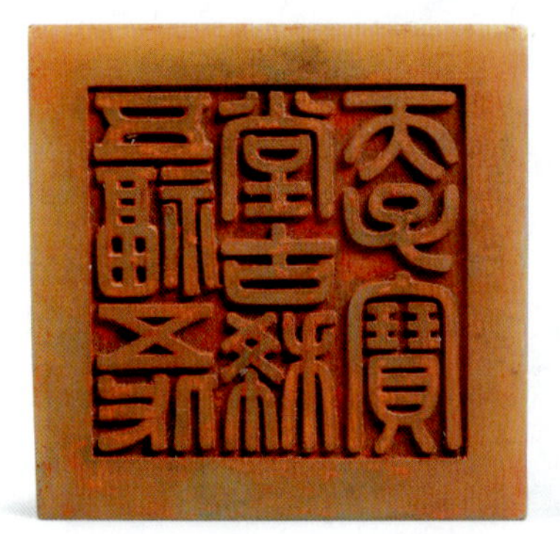

44 青玉七佛钵
故宫博物院藏

乾隆四十八年 行文 三月十四日接得郎中保成、库掌福庆押帖，内开三月十二日鄂鲁里传旨：青玉七佛偈钵一件、白玉五经萃室记册页一份十片、青白玉重华宫记册页一份十片、白玉拱璧坯二件、白玉子一块做拱璧二件随木样一件，交苏州织造四德，将玉钵玉册页照本文墨道刻拱璧四件，照发去木样加深做，别做糙了。其做璧二件白玉子中心照上用大制取搬指一件，如四德处有样即做一件送来，如无样将搬指料送来交如意馆做。钦此。

45 青白玉五福五代堂古稀天子宝
故宫博物院藏

乾隆四十九年 热河随围 八月十一日太监鄂鲁里交白玉宝一方，上贴五福五代堂古稀天子宝文，随紫檀栏杆座罩盖匣一件，伊龄阿进。传旨：交如意馆照本文刻做阳纹字。钦此。

46　董邦达画千尺雪卷

故宫博物院藏

乾隆五十年　如意馆　二月十九日接得郎中保成押帖，内开正月二十四日懋勤殿交：御笔千尺雪手卷一卷、董邦达钱维诚张宗苍千尺雪手卷三卷。传旨：着照御笔手卷俱画宋花边。钦此。

47 张宗苍画千尺雪卷

故宫博物院藏

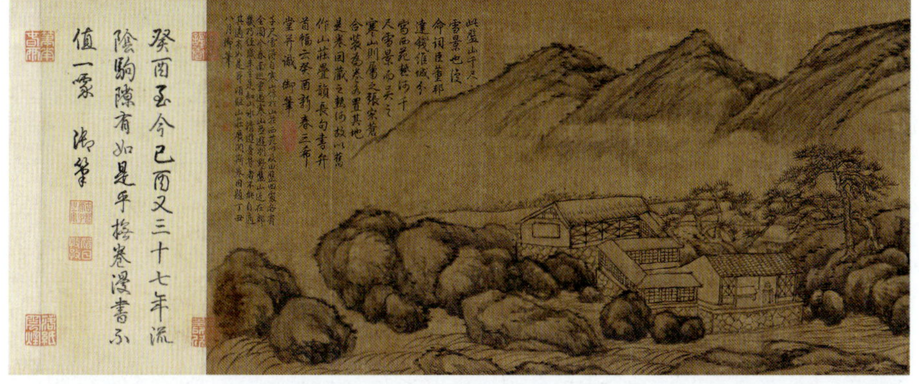

48 弘历画千尺雪卷

故宫博物院藏

49　仇英画清明上河图

故宫博物院藏

乾隆五十年　如意馆　十一月二十三日接得郎中保成押帖，内开十月二十二日懋勤殿交仇英清明上河图手卷一卷。传旨：交启祥宫配袱别匣。钦此。

目　　录

前　言

养心殿造办处，始创于康熙初年，据《大清会典事例》卷一一七三载：“初制，养心殿设造办处，其管理大臣无定额，设监造四人，笔帖式一人。康熙二十九年增设笔帖式一人。三十年奉旨东暖阁裱作移在南裱房。满洲弓箭匠亦留在内，其余别项匠作俱移出，在慈宁宫茶饭房做造办处。三十二年，造办处设立作房。三十五年奉旨设立玻璃厂，隶于养心殿造办处，设兼管司员一人。三十六年增设监造二人。四十二年增设笔帖式一人。四十四年奏准武英殿造办处匠役人等俱移于造办处。……五十七年奏准武英殿珐琅作改归养心殿，增设监造一人。六十一年奉旨将监造等俱给伞上”云云。

中国第一历史档案馆藏有大量内务府造办处的有关档册。读过之后才能真正认识到养心殿造办处的职能和规模。造办处在编制上属于内务府，这是载在《大清会典》的，但总管内务府大臣只是二品官，而造办处有特简管理造办处大臣，这个职务经常是派一两位亲王或内廷行走的一品大员来担任，等于皇帝直接指挥。从档册中也可以看出造办处对六部和各省总督巡抚行文都用“咨文”或“知会”，说明造办处与京外第一级的衙门是平行的，也说明造办处的特殊地位。档册是清代工艺美术品和画院画家作品最集中的文字史料，其中有某些作品的作者姓名，设计者的姓名，管理人员的姓名，成做活计的品名，皇帝对于器物制作的具体要求和意见。故宫所藏清代工艺美术品有许多件可以在档册中找到作者是某人，是某年月日开始设计画样、做模型，某日完成，以及陈设地点等。某些工艺美术品何以在当时会出现很精的水平？何以会做出表现年代的特色？在档册中都可以找到说明。在工艺美术方面不仅仅是制作器物，还大量投入宫殿和苑囿室内装修的设计和施工。在工艺美术方面以外，还有验算仪器的制作和绘制舆图以及兵工制造。在兵工方面，除平时制作镶金嵌玉的御用火枪和装饰华丽的御用刀剑以外，遇到必要时也能生产大批的火器。例如雍正七年二月，一次制造火枪 11300 杆，铜炮千门，火箭筒 10000 个，足见造办处职能范围之广。

造办处各作的地点，除宫中造办处这一带厂房和画画人在启祥宫、慈宁宫作画以外，景山、圆明园尚有许多制作地点。还有些器物由造办处设计画样，或拨蜡样、或做木样交苏州、扬州、南京、浙江、江西、广东等处，由当地最优秀的匠人制作，应该说造办处的制作网是全国性的。

雍正御撰《庭训格言》一书，是记载他父亲生前教训儿子的语录，其中有一段："训曰：朕虽于谈笑小节亦必循理。先者大阿哥管养心殿营造事务时，一日同西洋人徐日昇进内，与朕闲谈中间，大阿哥与徐日昇戏曰：剃汝之须可乎？徐日昇佯佯不采，云：欲剃则剃之。彼时朕即留意，大阿哥原是悖乱之人，设曰我奏过皇父剃徐日昇之须，欲剃则竟剃矣，外国之人谓朕因戏而剃其须可乎？其时朕亦笑曰：阿哥若欲剃亦必启奏然后可剃。徐日昇一闻朕言凄然变色，双目含泪，一言不出。既逾数日后徐日昇独来见朕，涕泣而向朕曰：皇上何如斯之神也，为皇子者即剃我外国人之须有何关系，皇上尚虑及未然降此谕旨，实令臣难禁受也。厥后四十七年朕不豫时，徐日昇听信外边乱语，以为朕疾难愈，到养心殿大哭，自怨其无造化，随回至家身故。夫一言可以得人心，而一言亦可以失人心也。”

从这一段记载说明在康熙年间，管理养心殿造办处的是皇长子允禔，并有外国技术人员在内，可以设想在各作之中必有一个制作历算仪器或钟表等类的工作。从中可略窥康熙年间养心殿造办处之概况。

雍正元年至十三年，有关养心殿造办处的谕旨和管理人员奏事记录，择要纂辑为《养心殿造办处史料辑览》第一辑。这一辑的内容说明了雍正朝养心殿造办处的下列诸项情况。

1. 养心殿造办处最高级的管理人员有怡亲王、庄亲王、裕亲王、信郡王。其中以怡亲王的管理最为全面、具体，其自身的审美标准也最高。下面的办事人员有：郎中保德，员外郎海望、赵元、满毗、沈喻、唐英、马尔汉。其中保德后升头等侍卫，海望升郎中。之后海望再升为内务府总管大臣，他不仅承担造办处的管理工作，而且做过很多次具体的设计工作，包括漆器、珐琅器、木器和室内装修，以及其他杂活的设计画样。虽然后来他由内务府总管大臣又升任内大臣，是武官的一品大员，但仍有时做具体的设计画样工作，雍正朝 13 年来始终如一，兢兢业业，直至乾隆朝派他到江南任总督，才结束了其造办处的工作。《清史稿》有海望传，只记载了他在总督任内的政绩，至于在内务府期间，只记载他历官员外郎、郎中、总管内务府大臣，如果不读造办处的档案，就不可能知道雍正朝有这样一位比较多面的工艺美术设计家。还有员外郎唐英也画过玉器和瓷器的画样。

2. 在我们的美术史上，工艺美术品的作者名字太少了，可以说几乎是空白。而清代的工艺美术品在传统的基础上又有一段非常繁荣的时期，在养心殿造办处担任制作的人员是当时从各地选拔推荐来的各行业的名手。从第一辑史料中得知雍正朝的人名如下：

画作：柏唐阿王玠，其子王幼学。柏唐阿班达里沙。画画人丁祐、詹熹、丁观鹏、程志道、贺永清、张为邦、张霖、吴桂、吴域、贺金昆（原为画画人，后又担任珐琅彩瓷器的作画者）、戴洪、汤振基、戴恒、余秀、焦国俞、吴璋、赵恒、戴正、戴越。参领唐岱。翰林院待诏戴临（专任写字并兼任在珐琅彩瓷器上写字）。画匠沈元。西洋人郎世宁。

玉作：玉匠刘廷贵、苏和文、陈廷芬、许国正、杨玉、施仁正、陈宜嘉、王斌、鲍有信、邹学文、程向贵、周俊、董国柱、都志通、姚宗仁、韩士良。南玉匠胡德成、袁景邵。

珐琅作：贺金昆、汤振基、戴恒、邹文玉。画珐琅人张琦、邝丽南、宋三吉、谭荣、林朝楷、周岳、吴士琦。练珐琅料人宋七格、邓八格、赵老格、马维祺。柏唐阿李六十、胡保住、徐尚英、张进忠、王二格、陈得。太监吴书、张景贵、乔玉。錾花匠胡鋐。珐琅写字人戴临。镀金人王老格。吹釉胡大有。

油漆作：彩漆匠秦景贤，柏唐阿黑达子、苏七格、六达子。漆匠吴云章、李贤、王四、柳邦显、段六。洋漆匠左世恩、佛保。彩漆匠孙盛宇、王维新、秦景岩、郑子玉。油匠戴有德。

刻字作：腾继祖（写篆字）、张魁（写篆字）、许国正（宋字）。刻字人吴自德。写篆字人方西华。

牙作，附砚作：雕竹匠封岐。牙匠朱栻、封镐。雕刻匠屠魁胜、关仲仁、杨迁、施天章（雕刻兼做盆景）。牙匠陈曙明、顾继臣、叶鼎新、李茂德、陈祖章。砚匠黄声远、王天爵、汤褚冈。拨蜡像的喇嘛玛尼格隆。

裱作：裱匠李毅、金有玉。

镶嵌作：镶嵌匠叶屿、周有德、周有忠。錾花匠李进仁、季成龙、张三。

眼镜作：柏唐阿杨国斌、冯杜寿、陈六十、屈柱。西洋人戴进贤、巴多明。

铜炉作：柏唐阿佛保。铜匠七十儿、王九。

木作：南木匠汪国贤。柏唐阿六达子。木匠卢玉。领催白士秀。细木匠余节公、余君万。木匠霍五、小梁、罗胡子、陈斋公、林大。广木匠罗元、林彩、梁义、杜志通、姚宗仁。

镟作：镟匠杜士魁。

玻璃厂：烧玻璃人丁皂保、彭鹤、王均、叶履丰。柏唐阿石美玉。

自鸣钟：领催白老格。西洋人沙如玉。柏唐阿张琼魁。

匣作：匣匠程继儒、连应龙、达子。

藤作：藤子匠梁达子。

舆图处：柏唐阿巴哈、八十、默尔参蛾、永泰、花善、五十八、富拉他、陈文涛、赫慎。主事诺赫图。

以上只是在所见雍正元年到十三年的档案内曾经提到的人名，共160余人，当然还有很多未提到的人。

3. 从第一辑的史料中可以说明在康熙年间用九种颜色的西洋珐琅料开始创烧，到雍正元年至十三年期间有了很大发展。首先是怡亲王命柏唐阿宋七格、邓八格试烧珐琅料九种，结果烧炼成功，后来又自炼烧成九种为西洋料所没有的色料。并且在人员配备上也有所增加，在原来江西画瓷器的宋三吉，广东画铜胎珐琅的张琦、邝丽南、林朝楷之外，又增加了江西来的周岳、吴士琦，以及画作的画画人汤振基、戴恒、邹文玉、谭荣、贺金昆，书家戴临等人。在此 13 年中无论是珐琅彩瓷器的器型、胎骨、釉色，还是画面的山水、人物、花卉等方面可称丰富多彩，达到了很高的境界。

关于漆器的制作，雍正元年至十三年所制品种有黑漆、朱漆、浑金漆、金漆、填漆、戗金漆、戗金细钩填漆、堆漆、嵌钿、嵌金银、脱胎漆、皮胎漆、葫芦胎漆、仿洋漆，又有黑漆与象牙、竹、木、玉、石、珐琅、金、银等多种材料合制的器物。尤其是黑漆描金，即仿洋漆，是重点发展的品种。另外瓷胎漆器也是一个新品种。

木器的制造有两大类。一类是自明至清始终流传制造使用的品种，另一类是自雍正年开始制作的新品种。这些新品种在造型方面多种多样，如叠落式香几、如意式炕桌、转板桌、折叠桌。床上有与之结构相连的靠背、书架、书灯、盂托等装置。还有炕屏、炕柜、炕格、炕书架、靠墙半出腿插屏镜、彩漆独挺转轴圆桌等等。在做法方面有黑退光漆面镶螺钿西番花边花梨木桌、湘妃竹边波罗漆面炕桌、乌拉石面香几等等。

在装饰方面，有玻璃桌面内衬郎世宁画花卉的紫檀桌、楠木胎漆冰裂纹绣墩、紫檀几上嵌表、紫檀床上镶掐丝珐琅、紫檀格上镶象牙花牙子等等。这些雍正年造的家具新品种有很多不是依照传统木匠活计成例的官尺寸做的，而是按照皇帝指定的尺寸做成家具后，陈设在指定的地点。

在清代各种工艺美术品中有不少无款识的精品，过去文物工作者都认为是乾隆年所造，通过第一辑史料使我们知道其中有一部分是雍正、乾隆两朝都曾经制造过的，还有一部分只是雍正年造，而不是乾隆年造。

4. 通过第一辑史料还可以纠正过去对于如意馆的误解。应该说清代宫中专门画画的机构名称曾经叫“画作”，又称“画画处”，最后称“画院处”，是属于造办处的一个单位。在“画院处”当差的人员有三类，第一类是有官衔而专职就在画院处当差的人，例如唐岱；第二类是无官衔的，通称为画画人；第三类是画匠。画院处有一部分人员在造办处内的房屋工作，但房屋不敷用，于是分散在六个地点。有一部分人员在“慈宁宫群房”，一部分人员在“启祥宫配殿”，一部分人员在“咸安宫”，一部分人员在圆明园内“芰荷香”，一部分人员在圆明园内的“春宇舒和”。到乾隆年间，又有一部分人员在圆明园内的“如意馆”。如意馆是房屋原来的名称，“如意馆”只是画院处人员使用的若干处房屋中之一处，并非为设立的一个专管画画的单位的名称。在如意馆工作的不仅有绘画人，还有些雕刻匠。

5. 这一辑的史料可以说明当时年希尧管理的江西烧造瓷器处在雍正朝烧造瓷器的品种和数量。可以说明江西烧造瓷器处和江南三处织造都是由皇帝直接指挥的，但皇帝的旨意都是通过造办处下达，并且命造办处镟木样，拨蜡样，画纸样，命下面四处遵办。造办处职能的特殊还不止此，从这一辑的史料还可以说明造办处不是单纯为皇帝制作个人欣赏的器物，还要制造很多供皇帝赏赐所用的物品。当时西北两路用兵之际，上至统兵大员，下至每个兵丁，都曾经多次得到不同等级的赏赐物品。除对个人赏赐物品的制造项目以外，还有为军需的制造任务，例如造办处“舆图作”绘制军用地图，“炮枪作”制造数以万计的枪炮等火器弹药，“锭子药作”制作大量的丸散膏丹等中医成药，都是供给西北两路的军需用品。

6. 从雍正十一年以后档案中记载“南熏殿”及圆明园“接秀山房”两处，常常在两三日内连续要碴子煤万斤而不记用途。还有档案记载要汞银若干两，亦不记用途。又有打造白金锅，重一百余两；白金盒，重百余两。在累丝作、牙作、玉作制造及其精致的道冠，在织染局做绣花法衣。这些事实连起来看，当是命一些道士炼丹。这些原始档案作为旁证材料，可以设想清世宗服丹的传说是有可能的。

本书采用编年体，每年先录管理大臣、管理官员及管理情况，以次为各作成做活计情况。至于造办处分作的情况，随着时间的推移有增有减，有分有并，并不始终如一。所作活计有的年份某一作的工作量特别大，有的年份某一作的工作量很小。在分工方面有的作所做只是器物完成过程中的一部分，例如镟作、镀金作等，这类工种不能单独完成一件器物，但也和其他作同样列名以示其存在。

为了方便读者了解雍正朝养心殿造办处的状况，特于雍正元年之首概述造办处管理官员及各作名称等。另外，限于篇幅，本书的部分内容只收录了成做活计的名称，而省略了月日、传旨人及承办者，如本年活计尚有……。在此一并说明。

朱家溍

乾隆四十年

行文

二月初二日接得员外郎六格押帖，内开十二月初十日太监如意传旨：着启祥宫挑玉做象几对。钦此。于本日挑得四等青玉石子二块，一块重七十五斤，画得站象一对，一块重四十斤，画得卧象一对。太监如意呈览。奉旨：照样准做。着交苏州织造舒文处成做，得时照从前做过鞍辔漆楼绛丝帘子，俱要庄严齐整送来。钦此。于四十一年九月二十六日员外郎四德、库常五德、福庆将苏州送到青玉象一对呈进交宁寿宫讫。于四十一年十月二十八日员外郎四德、库掌五德、福庆将苏州送到玉象一对持进交太监如意呈进，交宁寿宫讫。

十五日员外郎四德、库掌五德、笔帖式福庆来说，太监胡世杰传旨：宁寿宫倦勤斋竹式花台药兰地面并德日新俱量准尺寸，向基厚要绿色毡铺设，颜色要好。再传与基厚每年贡内绿色毡不必呈进，俟传时再进。钦此。于本月二十二日员外郎四德、库掌五德、笔帖式福庆将德日新药兰地面并倦勤斋药兰地面各铺设绿毡七百九十尺，共约用长二丈五尺、宽一丈五尺绿毡六块，并缮写述奏折片，持进交太监胡世杰具奏。奉旨：准交基厚，按尺寸办绿毡六块送来。钦此。于九月二十七日员外郎四德将江宁送到绿毡六块持进交太监胡世杰呈进讫。

三月初十日接得员外郎六格押帖一件，内开二月十九日首领董五经交明陈裸水次观梅一轴、夏圭梅小景一轴、文徵明朱竹一轴、苏汉臣货郎图一轴、钱选绿圃春蔬一轴、王綦观获图一轴、沈士充篔谷迁梅图一轴、明沈士充积雪图一轴、陆治牡丹一轴、陆治花卉一轴、明王冕墨梅一轴、文从简礼佛图一轴、岁朝三友图一轴、吕纪梅雪栖禽一轴、文徵明柳汀仙舫图一轴、张璞层峦初雪一轴、边景照平安戬穀图一轴、张远松阴高士图一轴、文徵明寒林钟馗一轴、商喜仿古四帧一册、弘旿画办名宝德一卷、万邦绥屡图一卷。传旨：着交如意馆，将挂轴俱各配囊，册页做手卷，卷配袱别，样子发往南边，依前做法照样做来。其卷做匣一个。钦此。于七月初四日将苏州送到玉别锦袱各二件呈进交如意讫。

二十九日接得员外郎六格押帖，内开四月十五日首领董五经交董邦达返照归雪图一轴、金廷标名花春雨图一轴、钱维城竹石写生一轴、金廷标画暮津问渡手卷一卷。传旨：着交如意馆，将挂轴配囊，手卷配匣袱别，样子发往南边，依样做来。钦此。于九月二十七日将苏州送到玉别锦袱各一件呈进讫。

闰十月二十日库掌五德、福庆来说，太监胡世杰交文竹六方鼻烟壶一件、文竹背壶鼻烟壶一件敬胜斋。传旨：着发往江西，交基厚照样式成做十件送来。钦此。于四十一年二月十五日将江西送到文竹鼻烟壶二十件随做样鼻烟壶二件呈进讫。

十一月初七日接得员外郎图明阿押帖一件，内开闰十月十四日首领董五经交：御笔赋得大车槛槛并序手卷一卷、御笔读伯夷列传手卷一卷、御笔效仇远十二辰体咏金川事手卷一卷。传旨：着交启祥宫配袱别，样子发往南边，依前做法照样做来。钦此。于四十一年四月二十九日库掌五德将苏州送到玉别四件呈进交讫。

初七日接得员外郎图明阿押帖一件，内开闰十月十六日首领董五经交御笔读韩非子手卷一卷。传旨：着启祥宫配袱别，样子发往南边，依前做法照样做来。钦此。

十八日员外郎六格押帖一件，内开十一月初四日首领董五经交御笔读左传季文字出莒仆字手卷一卷。传旨：着交启祥宫配袱别，样子发往南边，依前做法照样做来。钦此。于四十一年六月初一日随围库掌五德将苏州送到玉别锦袱一份持进，交太监如意呈进，交如意馆讫。

十八日接得员外郎六格押帖一件，内开十一月初十日首领董五经交：御笔五福颂字手卷一卷、张宗苍画网渔乐事一轴、卞文瑜梅花书屋图一轴、张宗苍画秋岚飞瀑一轴。传旨：着交启祥宫，将挂轴配囊，手卷配袱别，样子发往南边，依前做法照样做来。钦此。于四十一年六月初一日随围库掌五德将苏州送到玉别锦袱一份持进交太监如意呈进，交如意馆讫。

十九日员外郎四德、库掌五德、福庆来说，太监胡世杰交：金胎西洋珐琅碗一件随楠木匣一件、铜胎西洋珐琅花篮一件随楠木匣一件、铜胎西洋珐琅钵盂一件、铜胎西洋珐琅方漘铫一件俱系康熙御制款、铜胎西洋珐琅杯盘一份系雍正年制款、铜胎画珐琅仿成窑花样盖罐一对随楠木匣、铜胎画珐琅包袱式盖罐一件随楠木匣、铜胎画珐琅壶一件随楠木匣，俱系雍正年制。传旨：将珐琅钵盂漘铫杯盘各配楠木匣盛装，得时并珐琅壶碗花篮、盖罐俱发往粤海关，交德魁照样各成做一件，不要广珐琅，务要洋珐琅，亦要细致烧乾隆年制款。钦此。于四十二年十一月十三日员外郎四德、五德将粤海关监督德魁送到珐琅器十件随做样珐琅器十件持进交太监如意呈进交乾清宫，做样珐琅器配匣，另有记载讫。

记事录

二月初十日掌稿笔帖式汤武色持来礼部清汉印文一件，内开为请旨事祠祭司案呈本部具奏，令懿皇贵妃赠谥事宜一折等因，于乾隆四十年二月初二日奏。本日奉旨：知道了。钦此。相应抄录原奏，移咨工部查办。再本部现在预备具奏。于十三日以前行赠谥礼。所有一切应办事宜务于初十日内即速备办妥当，并知照过部以便办理可也。

四十年二月初二日准礼部文开本部具奏。令懿皇贵妃薨逝赠谥事宜，一折等因，于本日奏。奉旨：知道了。钦此。相应抄录原奏，移咨工部办理等因，前来查原奏，内开令懿皇贵妃应照例制造黄绢册宝，恭书谥号，其黄绢册宝交工部制造，册文祭文交翰林院撰拟，册宝字样交内阁缮写等语。相应呈派出郎中宁昶、主事俞廷垣会同造办处官员作速敬谨制造，俟翰林院撰定册文，知会到日送往内阁，缮写仍俟工完之日，将用过物料据实开单，具结呈报，以凭核销。相应将礼部原移咨抄送造办处，查照派员可也等因。回明公爷大人准行遵此。总管永德、佛宁，准行记此。

四月初二日军机处传：赏西北两路并四川军营参赞大臣等锭子药，配匣盛装，包裹黑毡马皮塞垫，发报记此。拟赏西北两路将军大臣锭子药单，计开：伊犁将军领队大臣等二份半、塔尔巴哈台参赞大臣等半份、乌鲁木齐都统领队大臣等一份、乌什参赞领队大臣等一份、叶尔羌和阗办事大臣等一份半、喀什噶尔英阿杂尔办事大臣等一份半、辟展库车哈尔沙尔办事大臣等一份、乌理雅苏台科布多将军大臣等二份、车布登扎布半份之半。拟赏四川军营将军大臣锭子药单，计开：阿桂丰盛额色布腾巴尔珠军营三份、明亮舒宁军营二份、富德军营一份、防守美诺等处梭路大臣等一份。每份各色锭子药一大匣、平安丸一百九、人马平安散一瓶重四两。

七月初十日接得掌稿笔帖式海寿持来宁寿宫工程处知会文一件，内开宁寿宫、皇极殿、养性殿三处月台上遵旨安设日晷石座表盘，俱已做得。所需铁什、铜时辰牌等项未办造，相应知会贵处，希即派员带领匠役赴工。查量即行赶办，安设不致有误等因，回明大人英、金准行遵此。回明总管永、佛准行记此。

八月二十八日奉总管内务府大臣英廉交玻璃轩辕镜一件随铜丝宝盖，香色回头穗吊挂六挂，有走锡处。传：着造办处收什好，在宁寿宫养性殿明殿中间安挂。记此。于九月初二日将轩辕镜一件收什好催长五十七持赴养性殿挂讫。

十月十一日军机处交赏达赖喇嘛荷包等，计开哈达一个、青白玉荷叶花插一件、铜珐琅碗二件、铜珐琅碟二件、蓝玻璃瓶一件、素玻璃鼻烟壶一个、蟒缎一匹、妆缎一匹、花锦二匹、红漳绒二匹、大荷包一对、小荷包二对。赏班禅额尔德呢荷包等，计开：铜珐琅碗二件、哈达一个、碧玉龙尾觥一件、珐琅碟二件、蓝玻璃瓶一件、素玻璃鼻烟壶一个、蟒缎一匹、妆缎一匹、花锦二匹、红漳绒二匹、大荷包一对、小荷包二对。赏第穆胡图克土荷包等，计开：哈达一个、铜珐琅碗一件、铜珐琅碟一件、素玻璃鼻烟壶一个、蟒缎一匹、妆缎一匹、花锦一匹、红漳绒一匹、小荷包四个。传旨：派往驻藏副都统衔恒秀带去，着造办处配箱盛装，包裹塞垫。钦此。

闰十月初八日接得郎中柏永吉押帖一件，内开造办处谨奏：查得乾隆三十七年十一月二十二日为造掐丝珐琅塔配料所需镪水一项，经奏明，行文粤海关监督，令其采办镪水五斤送京应用在案。此项镪水迄今继续配料，将次用完，现今成造掐丝法坛城并供器陈设等项需用镪水配粉红色珐琅料，理合奏请，行文该关再行采办镪水五斤，随贡送京，以备配料应用。此谨奏。奉旨：准其行取。钦此。

十二月初七日员外郎四德、库掌五德、福庆来说，太监如意传旨：现造铜镀金狮子二对，得时在景福宫门前安设一对，遂初堂衍祺门前安设一对。钦此。

如意馆

二月二十八日接得员外郎六格押帖一件，内开正月十一日雍和宫来帖一件，内开本处荡得雍和宫东配殿内呀曼哒噶佛前陈设之熊虎荡样一座、虎一双，交太监胡世杰呈览。奉旨：旧虎糟朽不用，着如意馆新做豹一对、虎一对，其豹身与旧虎一般大，虎身着放大些。钦此。于本日接得员外郎六格押帖一件，内开二月二十六日太监胡世杰传旨：如意馆现做虎一对、豹一对，向造办处要楠木匠成做，着仇忠信指示。钦此。

二十八日接得员外郎六格押帖一件，内开二月初一日太监胡世杰交：武备图二十册计图说绢心一千十张、乐器图八册计图说绢心三百九十五张、仪器图四册计图说绢心一百零七张。传旨：着交如意馆托裱装潢，其楠木亮面板套着造办处成做。钦此。

计开：每册亮面板二块，四册一套，共三十二页。楠木套八个，亮面板六十四块。

三月初十日接得员外郎六格押帖一件，内开二月十七日首领董五经交刻国风正讹字玉册页片十片。传旨：着交如意馆做云套糊锦。钦此。

初十日接得员外郎六格押帖一件，内开二月十七日首领董五经交御笔黄笺纸千里马说字一张。传旨：着交如意馆裱手卷一卷。钦此。

初十日接得员外郎六格押帖，内开二月二十三日太监胡世杰传旨：养性殿西暖阁西南外间迎门西墙着贺清泰画西洋年节人物线法画一张。钦此。

初十日接得员外郎六格押帖，内开二月十四日首领董五经交宣纸三张。传旨：宁寿宫养性殿明间西墙挂轴心一张，西暖阁西北间南间罩外南墙画条一张着杨大章画，西暖阁门内西墙横披一张着方琮画。钦此。

初十日接得员外郎六格押帖，内开二月二十九日首领董五经交御书心经一册、御书菩提叶笺心经一册，各随万寿灯笼锦壳面套。传旨：着交如意馆换糊文锦壳面套。钦此。

初十日接得员外郎六格押帖，内开三月初三日首领董五经交宣纸三十七张。传旨：将宣纸交如意馆，着黄念、杨大章、朱宪章、顾铨、贾全等画。钦此。

计开：宁寿宫养性殿西北间仙楼下南墙东边门上画条一张，着朱宪章画。乐寿堂东间寝宫西墙横披一张、乐寿堂中层西稍间南墙门东边画条二张、乐寿堂中层西稍间东墙南北边画条二张，着杨大章画。乐寿堂东南外间南罩对方窗东墙画条一张、乐寿堂东里间床罩内西墙画条一张、乐寿堂楼上东北间床罩内东墙画条一张，着黄念画。养性殿西北间仙楼下东间北墙东边门上画条一张、乐寿堂楼上西南间罩内西墙格顶上画斗一张、乐寿堂后层夹道东间罩内东墙画斗一张，着顾全画。乐寿堂楼上东南间罩内雕漆柜顶上画斗一张、乐寿堂后层夹道东稍间南墙门上画条一张、养心殿仙楼下东间南墙门上画条一张，着魏鹤龄画。乐寿堂中层西间罩外北墙方窗东边画一张、乐寿堂楼上西里间南间东墙横披一张、养性殿西北间仙楼下东间北墙画一张，着贾全画。乐寿堂后殿西里间北墙方窗西边画一张，着姚文瀚画。乐寿堂楼上东稍间东墙横披一张、养性殿西暖阁东墙横披一张、倦勤斋东里间东墙画斗一张，着徐扬画。乐寿堂楼上东里间莲花罩外南间东墙横披一张、乐寿堂楼上西北间楼上西北间罩内东墙画斗一张，着谢遂画。乐寿堂楼上东北间床罩内南墙画斗一张、乐寿堂东间寝宫东墙横披一张、乐寿堂后层西里间南北窗画对一副，着方琮画。乐寿堂后层西北间罩内南墙格顶上横披一张、乐寿堂中层西间罩外北墙方窗西边画条一张、楼上西南间外间西墙通景大画一张、楼上西间西墙横披一张、养性殿西南间北墙通景大画一张，着袁瑛画。乐寿堂楼上西间罩内北墙西边门上画条一张，着程志道画。乐寿堂楼上东间东墙柜顶上画斗一张、乐寿堂后层夹道东稍间外南墙东边门上画条一张、乐寿堂楼上东北间床罩内西墙画一张、乐寿堂楼上西里间南间西罩南墙画一张，着周本画。

初十日接得本报带来信帖，内开本月初六日枪上首领张保祥来说，太监胡世杰传旨：将武功良具内交线枪六十杆，回銮时在圆明园伺候呈览。钦此。于二十日将武功良具内交枪六十杆，并未刻字玉枪底十三件上贴刻字本文，安在奉三无私呈览。奉旨：交枪四十杆内挑出平长一杆，将新虎神枪续入乾隆年造枪内第一杆，再武功良具折内有自来火二号交枪，枪名俗气，俟此俗名者交大人们另拟枪名，如伊不能拟者，交于敏中拟名呈览，其玉枪底交如意馆即刻字，得时陆续安装。钦此。于四月二十七日将御制奇准神枪一杆、御制应手枪一杆、御制威赫枪一杆、纯正神枪一杆、准正神枪一杆、威远枪一杆、百中枪一杆、各安得玉字玉枪底，持进交太监胡世杰呈览。奉旨：知道了。钦此。

十九日接得员外郎六格押帖，内开二月十八日首领董五经交宣纸三十七张。传旨：将宣纸交如意馆，着魏鹤龄、周本、姚文瀚等画。钦此。

计开：宁寿宫颐和轩东楼上中间床罩内东墙靠背上横披一张、西间楼下西夹道北墙假门上画条一张、倦勤斋楼上东明间西墙横披一张、西四间殿药栏外西墙门画条一张，着魏鹤龄画。熙和轩东楼上中间罩外南墙画条一张、三友轩明间东墙北边假门上画条一张、倦勤斋西四间东楼上南墙横披一张，着周本画。景福宫北间东墙上横披一张、熙和轩西间楼下北间迎门壁子上画条一张，着贾全画。熙和轩西南间罩外东墙画一张、遂初堂东里间南罩内西墙画一张，着姚文瀚画。遂初堂东间南夹道东墙画条一张，着袁瑛画。倦勤斋楼上明间北墙画对一副，着方琮画。熙和轩东楼上中间罩外北墙画条一张、景福宫东北间楼下夔龙门内东墙横披一张、熙和轩西间楼下北间迎门壁子上画条一张、三友轩明间西墙南边假门上画条一张、倦勤斋西间床罩内西墙内画斗一张，着黄念画。倦勤斋西四间药栏外西墙门上画一张、景福宫东北间楼下夔龙门外西墙门上画一张，着程志道画。倦勤斋东间罩内东墙横披一张、熙和轩西间楼下南间罩内西墙横披一张，着谢遂画。景福宫东南间西墙画斗一张、熙和轩东南间罩外东墙画条一张、景祺阁下东里间东墙靠背两边画对一副、竹香馆楼上罩内南墙画条一张、熙和轩西间楼下中间罩中北墙画条一张、符望阁西门内南间罩外南墙画对一副，着杨大章画。三友轩西间罩内东墙画条一张、倦勤斋西间床罩内东墙画条一张、景福宫后层明间西墙门北边横披一张、倦勤斋楼上明西间东墙横披一张、明间楼下床罩内西墙顶格上横披一张、遂初堂东间罩内北墙画斗一张，着顾铨画。

十九日接得员外郎六格押帖，内开二月十九日首领董五经交宣纸二十七张。传旨：将宣纸交如意馆，着方琮、魏鹤龄、谢遂等画。钦此。

计开：宁寿宫玉粹轩南墙方窗西边画条一张、符望阁南门内东间北墙挂轴心一轴，着方琮画。乐寿堂后层西北间北墙横披一张、乐寿堂西里间南墙画斗一张，着徐扬画。玉粹轩明间罩外南墙假门上画条一张、竹香馆楼下明间北墙门上画条一张，着魏鹤龄画。符望阁南门平台东边床罩内北墙画条一张，着谢遂画。符望阁西门北间罩外画一张、竹香馆楼上罩外北墙画一张，着姚文瀚画。符望阁西门内明间南墙画斗一张、符望阁北门内西间西墙夔龙门两边画对一副、玉粹轩明间罩中北墙横披一张，着贾全画。竹香馆南夹道东墙门西面画条一张、符望阁西门内明间北门东边画斗一张，着周本画。倦勤斋东北间北墙通景大画一张、符望阁二层楼上东间罩内东墙宝座上横披一张、竹香馆楼上南夹道东墙门东边画条一张、符望阁南门内平台东边床罩内画条一张，着袁瑛画。竹香馆楼下明间罩内西墙横披一张、符望阁二层楼上西间罩内西墙横披一张、符望阁南门内北墙画对一副，着徐扬画。竹香馆楼下明间北墙画条一张，着朱宪章画。竹香馆北间西墙画条一张、符望阁西门内南间床罩内北墙画条一张、符望阁东门内明间南夹道南墙门西边画斗一张，着黄念画。

十九日接得员外郎六格押帖，内开二月二十日首领董五经交：御笔竹清纸米芾尺牍四开、御笔竹清蔡襄诗帖字四开、御笔竹清纸山水画四开、御笔竹清纸花卉四开、御笔藏经纸胜赏大字一张、仇英西园雅集图挂轴一轴。传旨：交如意馆，将御笔字画裱册页四册，其御笔大字换挂轴诗堂用。钦此。

十九日接得员外郎六格押帖，内开二月二十日首领董五经交宣纸三十三张。传旨：将宣纸交如意馆，着黄念、徐扬、贾全等画。钦此。

计开：宁寿宫转角楼西楼下北间罩内西墙画条一张、萃赏楼上东间床罩内西墙柜顶上画条一张，着黄念画。转角楼西楼下中间罩内北墙画条一张，着杨大章画。转角楼西楼下中间罩外南墙画条一张、萃赏楼上西间罩中西间画条一张，着方琮画。延趣楼下南间罩内南墙画条一张，着徐扬画。转角楼南楼下中间东墙南边假门上画条一张，着朱宪章画。转角楼南楼下西间北墙真假门中画斗一张、西楼下南间南墙西边假门上画条一张、萃赏楼上东里间北夹道南墙西边假门上画条一张、萃赏楼下东间罩内北边格顶上画斗一张、旭辉庭北间西墙字斗两边画对一副，着周本画。萃赏楼下中间东墙罩内北墙画一张、转角楼下中间东墙门中画斗一张、萃赏楼下西间罩中画斗一张，着贾全画。转角楼下东间莲花罩外西墙门中画斗一张、萃赏楼上东里间南夹道北墙东边假门上画条一张、萃赏楼下明间西墙南边假门上画条一张、玉粹轩南北墙格子东边假门上画条一张、萃赏楼上西床罩内东墙画条一张，着顾全画。

十九日接得员外郎六格押帖，内开二月二十一日首领董五经交张宗苍仿赵令穰山水一轴、汪由敦临苏轼春帖字词一轴。传旨：着交如意馆配囊。钦此。

四月十三日接得员外郎六格押帖，内开三月二十一日首领董五经交墨刻天竺五印度伪讹字十开。传旨：着交如意馆裱册页一册。

钦此。

十三日接得员外郎六格押帖，内开三月二十二日首领董五经交：御笔千里马说字手卷一卷、御笔画通鉴宋太祖云守财事字手卷一卷、御笔师说大小手卷二卷。传旨：着交如意馆配袱别，样子发往南边，依前做法照样送来。钦此。于十月二十五日将苏州送到玉别锦袱各四件呈进讫。

十三日接得员外郎六格押帖，内开三月二十三日首领董五经交：元唐棣岗峦松影一轴、董诰恭仿洒粉雪景山水一卷。传旨：着交如意馆，将挂轴囊手卷做匣、配袱别，样子发往南边，照样做来。钦此。

十三日接得员外郎六格押帖，内开三月二十六日太监尼鲁里传旨：如意馆现做梧桐木三屏峰，着仇忠信照安澜园树根屏峰款式一样成做，得时配石座。钦此。于四十一年二月十八日接得员外郎六格押帖一件，内开二月初六日将做得梧桐木三屏峰一座持进呈览。奉旨：着地方配座，在敞厅配石座，若安在殿内配花梨木座。钦此。

十三日接得员外郎六格押帖，内开三月二十八日首领董五经交沈周支硎遇友图手卷一卷、王穀祥梅竹手卷一卷。传旨：着交如意馆做锦套三个。钦此。

十三日接得员外郎押帖，内开三月二十九日首领董五经交文嘉仿米芾苕溪春色手卷一卷、紫光阁锡（赐）宴图手卷一卷。传旨：着交如意馆，俱各做匣，其紫光阁锡（赐）宴图手卷配袱别，样子发往南边，照样做来。钦此。

二十三日接得员外郎六格押帖，内开四月初一日太监胡世杰传旨：养性殿东暖阁仙楼上线法画上御容一幅、画门二张，着艾启蒙画脸像，其衣纹陈设、古铜器俱着姚文瀚画。钦此。

二十九日接得员外郎六格押帖，内开四月初七日太监胡世杰交御笔墨刻白塔山记十开。传旨：着交如意馆裱册页一册。钦此。

五月十四日接得员外郎六格押帖，内开四月二十九日首领董五经交御笔黄笺纸效仇远十二辰体咏金川事解闷字一张无地方、御笔古色纸字一张。传旨：着交如意馆裱手卷二卷。钦此。

十四日接得员外郎六格押帖，内开四月二十九日首领董五经交御笔藏经纸五君子歌字横披一张，随张若霭五君子图手卷一卷。传旨：着交如意馆着方琮画山水横披一张，换张若霭君子图手卷画心，用将换下画心一张并五君子歌字一张、引首大字一张做手卷，样呈览，另裱手卷一卷。钦此。

三十日接得员外郎六格押帖，内开二十日首领董五经交董邦达画寒溪雪屋一轴、钱维城画洋菊一轴、赵宗汉雁山叙别图一轴。传旨：着交如意馆，俱各配囊。钦此。

三十日接得员外郎六格押帖，内开二十一日首领董五经交：钱维城画梅茶水仙一轴、蒋廷锡画葵萱绚采一轴、钱维城画春畴淑一轴、明张元举古木竹石一轴、王蒙松风泉石图一轴、董其昌林泉秋色一轴、王绂携琴访友图一轴、陈裸山池清夏一轴、钱榖渡口云泉一轴、陆治百合花一轴、管道升画茄一轴、宋刻丝和鸣鸾凤图一轴、李嵩荷亭消夏图一轴、王蒙松林高逸一轴、周用锄经图一轴、顾源喜雨图一轴、邹一桂画春林乳燕一轴。传旨：着交如意馆，俱各配囊。钦此。

三十日接得员外郎六格押帖，内开二十五日太监胡世杰传旨：宁寿宫景福宫仙楼上四面墙着潘廷章配油画挂屏四副，东墙着王幼学等配画柱子线法假门美人二副。钦此。

三十日接得员外郎六格押帖，内开二十五日太监胡世杰交紫檀木嵌银河图洛书虞书十二张匣盖一件。传旨：着将银片银丝逢单改安银片，逢双改安银丝圈，其花纹俱各擦磨上亮泥金，阴道内另填泥金，其余俱各收什好。钦此。

七月初四日首领吕进忠来说，首领董五经交御笔林下戏题字横披一张。传旨：着交如意馆裱手卷一卷，发往南边配袱别，着造办处配雕龙匣，得时由报发来。钦此。

二十二日由报代来信帖，内开十七日首领董五经交白玉渔樵耕读山子一件各贴御笔本文，木座。传旨：随报往京内交如意馆，照本文刻字，得不必发来，俟回銮时呈览。钦此。

九月初三日接得员外郎六格押帖一件，内开八月十三日接得报上带来首领董五经交：御笔西番莲画一张、董诰画册页一页八开随样、御笔林下戏题字横披一张、墨榻一本、御笔字册页八开、御笔字册页八开俱随样。传旨：着交如意馆，将西番莲画裱挂轴一轴，林下戏题字裱手卷一卷，随袱别交造办处做紫檀木雕龙匣刻签，册页二十四开裱册页三册，得时俱由报发来，其墨榻裱得时不必发来。钦此。

十月十二日接得员外郎图阿押帖，内开九月二十二日首领吕进忠交乾清宫职贡图四卷一份、旧宣纸八张。传旨：着贾全、顾全照乾清宫职贡图尺寸大小一样各画一份。钦此。

十二日接得员外郎图明阿押帖，内开九月二十八日太监胡世杰传旨：南巡图第十一卷、十二卷俱着徐杨（扬）画。钦此。

十二日接得员外郎图明阿押帖，内开初三日首领吕进忠交御笔藏经纸画墨竹梅横披一张、御笔藏经纸画墨竹梅横披一张，并随御临玉枕兰亭手卷二卷、御笔维摩诘所说经一部三册。传旨：着交启祥宫，将御笔藏经纸画墨竹梅横披二张、裱做手卷二卷，其御书维摩诘所说经一部着装潢。钦此。

闰十月十二日接得员外郎六格押帖，内开十月二十四日太监胡世杰传旨：宁寿宫遂初堂东配殿现贴耕织图线法，东墙上接画线法五层，着王幼学等画。钦此。

十二日接得员外郎六格押帖，内开十月二十五日太监胡世杰传旨：宁寿宫遂初堂东配殿现安耕织图线法画片五层背后，着王幼学等俟有空时照前面一样画。钦此。

十一月初七日接得员外郎图明阿押帖一件，内开闰十月十四日首领董五经交御笔黄笺纸读左传季文子出莒仆字一张。传旨：着交启祥宫裱手卷一卷。钦此。

初七日接得员外郎图明阿押帖一件，内开闰十月十四日首领董五经交御制燕京杂咏四首张照书册页一册、张照临苏轼归去来辞诗册页一册。传旨：着交启祥宫配锦套。钦此。

初七日接得员外郎图明阿押帖一件，内开闰十月十五日首领董五经交丁云鹏扫象图一轴、郑重达摩渡江图一轴。传旨：着交启祥宫，将郑重达摩渡江挂轴照丁云鹏挂轴宽另裱挂轴一轴。钦此。

初七日接得员外郎图明阿押帖一件，内开闰十月十五日太监胡世杰交御笔墨刻文渊阁记字十开、御笔墨刻文津阁记字十阁（开）、御笔墨刻哨鹿赋字十开。传旨：着交启祥宫俱各裱册页。钦此。

初七日接得员外郎图明阿押帖一件，内开闰十月十九日首领董五经交丁观鹏画罗汉十七轴。传旨：着交启祥宫，去下轴头，有用处用，杆子两头平面糊锦。钦此。

十八日接得员外郎图明阿押帖一件，内开十一月初九日太监胡世杰交碧玉宝三方内有瓦钮一方、螭虎二方。传旨：着交启祥宫，将瓦钮宝照螭虎宝改做。钦此。于本月将瓦钮宝一方改不得螭虎，另挑收贮回残碧玉一块照螭虎宝一样画得一方，一并交太监胡世杰呈览。奉旨：做宝碧玉成做宝二方，比引首大样些，其螭虎宝一方、瓦钮宝一方交内库收贮。钦此。

十二月初三日接得员外郎六格押帖一件，内开十一月二十七日首领董五经交御笔黄笺纸读礼记文王世子篇字一张。传旨：着交启祥宫裱手卷一卷。钦此。

十七日接得员外六格押帖一件，内开十二月初七日太监如意交青白山料玉十四块。传旨：着交启祥宫画样呈览。钦此。于本日陆续将白玉一块重二百四十斤画得凫鱼壶纸样一张。又将青白玉一块重二百八十斤画得册宝四份宝见方四尺，身高一寸五分，钮高一寸五分，册页每片长八尺宽四寸，厚二分五厘每份十片。又将青白玉一块重一百五十斤画得宝月瓶纸样一张。又将青白玉一块重八十斤画得冠架一份、香筒四对、轴头四对。又将青白玉一块重一百八十斤画得云龙洗纸样一张。又将青白玉一重一百十斤画得笸纸样一张。又将青白玉一块重八十斤画得文王鼎纸样一张。又将青白玉一块重七十五斤画得盘一件、壶盖一件，于初十日交太监如意呈览。奉旨：凫鱼壶一件、册宝四份交苏州织造舒文处成做。香筒四对、冠架一份、轴头四对、宝月瓶一件、文王鼎一件交两淮盐政伊龄阿处成做，其冠架、香筒照从前做过样式一样成做。云龙洗一件、笸一件交长芦盐政西宁处成做，三处活计俱要赶紧做，不可迟慢。杯一件、壶盖一件留启祥宫做，余玉五块着启祥宫收贮做材料用。钦此。

于四十一年正月二十四日员外郎四德、库掌五德将长芦盐政西宁送到玉云龙洗木样一件、玉笸木样一件持进交太监胡世杰呈览。奉旨：玉云龙洗照样准做，其玉筐交如意馆照凫鱼壶上花纹画样呈览。钦此。

随将玉筐一件交如意馆，照凫鱼壶上花纹一样画得花纹样并盖边上粘得放大蜡样，持进交太监胡世杰呈览。奉旨：将筐身上花纹并盖上花纹俱做阳纹，底足上蕉叶花纹成做阴纹，其盖边上照放大蜡样一样成做。钦此。于四十一年十一月十九日员外郎四德、库掌五德将两淮送到青白玉香筒四对、玉轴头四对、冠架一份持进交太监如意呈进讫。青白玉香筒四对交佛堂三对，交宁寿宫一对，青玉轴头四对交启祥宫，青玉云龙洗一件交启祥宫刻诗交热河。于四十二年六月二十八日员外郎五德将苏州送到青白玉宝一方册页一份持进交太监如意呈进交广储司讫。于四十二年七月二十五日员外郎四德、五德将玉文、玉鼎一件随木座盖玉顶持进交太监如意呈进刻三等。七月二十九日员外郎四德、五德将苏州送到青白玉宝一方、册页十片持进交太监如意呈进交广储司讫。于四十二年九月二十四日员外郎四德、五德将苏州送到青白玉宝一方、册页一份持进交太监如意呈进交广储司讫。于四十二年十二月初二日苏州送到玉宝一方、册页一份交太监厄勒里呈进，交刘洗收广储司讫。于四十三年五月十六日员外郎四德、五德将苏州送到青白玉宝月瓶一件持进交太监厄勒里呈进，交万寿山讫。

珐琅作

正月初三日员外郎四德、库掌五德来说，太监胡世杰交嵌玉紫檀木文具一对。传旨：着配装鼻烟壶，先呈样。钦此。于初五日将嵌玉紫檀木文具一对查得热河带来配盖磁鼻烟壶内挑得五彩画珐琅鼻烟壶二对、磁套蓝鼻烟壶二对，并将文具内配装得铜胎西洋珐琅鼻烟壶四对、磁鼻烟壶四对、玻璃画珐琅鼻烟壶二对、白玉鼻烟壶二对、碧玉鼻烟壶二对、套红鼻烟壶一对、套绿鼻烟壶一对、缮写清单一件，俱交太监胡世杰呈览。奉旨：磁鼻烟壶四件准装，另配盖，其铜胎珐琅鼻烟壶四对、玻璃画珐琅鼻烟壶二对、套红套绿鼻烟壶各一对交珐琅处成做。再将白玉碧鼻烟壶各二对交启祥宫挑玉成做。钦此。

于四十一年九月二十九日员外郎四德、库掌五德将嵌玉紫檀木文具一对配装得玻璃鼻烟壶等，并将苏州送到玉鼻烟壶持进交太监胡世杰呈览。奉旨：将屉内配黄绫半截套，将鼻烟壶安稳。钦此。于十月初四日将紫檀木文具内盛玉鼻烟壶四件配得黄绫半截套样，持进交太监胡世杰呈览。奉旨：玉的不必，其余俱照样准做。钦此。于四十一年十月十二日将紫檀木文具各盛鼻烟壶配得套呈进讫。

二月二十九日接得郎中柏永吉押帖一件，内开二月二十日镶蓝旗满洲副都统武备院乡金将画得皇极殿安供掐丝珐琅龙挂香筒一对纸样一张、掐丝珐琅角端一对纸样一张、掐丝珐琅象鼻腿鼎炉四件纸样一张，交太监胡世杰呈。于十二月二十七日员外郎四德、库掌五德、福庆将做得宁寿宫掐丝珐琅象鼻腿鼎炉四件持进交太监胡世杰呈览。奉旨：另看地方安设，准时再配座。钦此。于十二月二十七日员外郎四德将珐琅香筒一对、角端一对持进交太监胡世杰呈进交原处讫。于四十一年十二月二十七日员外郎四德、库掌五德、福庆、笔帖式九格将掐丝珐琅象鼻腿鼎炉四件配得紫檀木，持进交太监如意呈览。奉旨：着交王忠看地方安设。钦此。

九月十五日接得郎中柏永吉押帖，内开九月二十五日太监胡世杰传旨：保和太和殿内东西暖阁着做掐丝珐琅陈设四件，先呈样。钦此。于初八日将配保和、太和殿内画得：掐丝珐琅象鼻腿鼎炉纸样一张、掐丝珐琅兽耳方壶纸样一张、掐丝珐琅三足鼎炉纸样一张、掐丝珐琅周敦纸样一张，俱交太监胡世杰呈览。奉旨：俱着照样准做。钦此。于四十一年二月初六日将做得保和太和殿内镀金一遍珐琅兽耳方壶一件、珐琅三足鼎炉一件，持进呈览。奉旨：外面俱着再镀金二遍，其鼎炉里子亦着镀金一遍。钦此。于二月十五日将保和太和殿内镀金一遍珐琅象鼻腿鼎炉一件、珐琅周墩一件，持进呈览。奉旨：外面俱着再镀金二遍，其象鼻腿 鼎炉里亦着镀金一遍。钦此。于二月十五日将掐丝珐琅兽耳方壶一件、掐丝珐琅三足鼎炉一件，持进交太监胡世杰呈览。奉旨：将兽耳方壶一件、三足鼎炉一件按格空高矮配座。钦此。

铸炉处

正月初十日员外郎四德、库掌五德来说，太监胡世杰传旨：照吉云楼下明东间现供呀吗达嘎佛一样成造一尊，得时在宁寿宫佛日楼下供。钦此。

十一日员外郎四德、库掌五德来说：太监胡世杰交镶嵌松石青金珊瑚铜镀金背光座骑吼烧古文殊菩萨一尊班禅厄尔得呢进。传旨：着交金辉照样成造一尊，其镀金处尽力加倍，镀什颜色务要一样，佛法身烧古处亦要与原样一样。钦此。于二月初五日副都统金辉将交出骑狮子文殊菩萨一尊打得坯片二盘，并将烧古铜片一块按例五次镀金铜片一块，持进交太监胡世杰呈览。奉旨：将做样烧古菩萨另配大镀金狮子一件，其现在镀金狮子着配安小法身烧古菩萨一尊，其现造骑狮子文殊菩萨着照放大骑狮子菩萨一样成造，其配放大狮子及法身收小，菩萨先拨蜡样呈览。钦此。于二月二十三日将拨得文殊菩萨添配放大狮子蜡样一尊，并将镀金狮子配造文殊菩萨收小蜡样一尊，持进交太监胡世杰呈览。奉旨：配造文殊菩萨蜡样盘膝莲座再收小五六分呈览，其狮子蜡样准做，得时串铃镀金狮子并下座亦照菩萨一样烧古。

钦此。于二月二十六日将文殊燕萨莲座收小六分蜡样一尊安在雍和宫大和斋呈览。奉旨：照样准做。钦此。于九月二十八日将骑狮文殊菩萨一尊并原交烧古菩萨一尊，配得骑吼观音蜡样二尊、骑象普贤蜡样二尊，安在南苑呈览。奉旨：准照拨得蜡样成造。钦此。于四十一年十一月初九日副都统金辉将现造未完配造铜胎鈒高六尺四寸六分骑象普贤菩萨一尊、骑吼观音菩萨一尊，并将高一尺九寸六分骑象普贤菩萨一尊、骑吼观音菩萨一尊，俱交太监如意呈览。奉旨：高二尺四寸六分骑象菩萨象上莲花往前挪一寸，骑吼菩萨往前挪五分，其高一尺九寸六分菩萨前后有不均之处亦照此样挪改。钦此。于十二月十九日副都统金辉将交出藏里成造烧古镀金观音菩萨一尊，内用狮子文殊菩萨一尊，原交铜镀金狮子，配造文殊菩萨一尊，并声明旧狮子样式坯胎甚糙，请旨按现造狮子样款成造，或将旧狮子另行收什之处俱交太监胡世杰转奏。奉旨：其旧狮追金毁铜，准照新狮子样式成造，先拨蜡样呈览，现造成菩萨烧古颜色照依旧烧古颜色一样烧古，狮子并下座背光莲花俱镀金。钦此。于十月十七日将烧古未得文殊菩萨二尊，随原交烧古文殊菩萨一尊，安在大和斋呈览。太监胡世杰传旨：做样文殊菩萨古色内已有金之处着交金辉设法烧做，亦照原样已有金处一样烧做。钦此。于四十一年二月初一日将配造四次镀金烧古骑狮子文殊菩萨三尊安在养心殿呈览。奉旨：配造得高二尺四寸六分新旧文殊菩萨二尊，暂供宁寿宫佛日楼下，俟藏里造得观音菩萨送到时，与现暂供旧文殊菩萨成一堂供奉，其佛日楼下暂供新造得高二尺四寸六分文殊菩萨一尊，并高一尺九寸六分文殊菩萨一尊，俱交铸炉处，各添配观音菩萨一尊，得时各成一堂供奉。钦此。于二月初四日将画得骑吼观音菩萨纸样一张、骑象普贤菩萨纸样一张，持进交太监胡世杰呈览。奉旨：吼象俱要放大呈览。钦此。

初五日将画得吼象放大画得菩萨纸样二张持进交太监胡世杰呈览。奉旨：照放大画样准做。钦此。于二月二十五日将拨得旧法身配拨得放大吼一件连如意云座配成一尊，换下旧小吼一件。配拨得法身收小连背光座观音菩萨一尊，又照刮金毁铜狮子样式按换下旧小吼尺寸连背光座满拨得文殊菩萨一尊，持进交太监如意呈览。奉旨：将旧法身观音菩萨其现配得尺寸放大蜡吼照样准做，再换下旧小吼配拨得法身收小观音菩萨一尊，并照依毁铜狮子样式满拨得文殊菩萨一尊，此二尊菩萨法身背光莲花座俱着收小，拨得再看狮子并吼尺寸不用动。钦此。于二十七日将铜文殊菩萨一尊、铜观音菩萨一尊、铜普贤菩萨一尊、俱按四次镀得金，交太监如意呈览。奉旨：交佛堂，俟明年请出，另换好颜色松石镶嵌。钦此。于四十二年三月十四日将文殊菩萨等五尊另换得松石呈进，交佛堂讫。于四十二年十月初五日将旧吼座各一件，配造观音菩萨一尊、骑狮子文殊菩萨一尊，俱镀金一次。又将旧观音菩萨一尊配得吼座各一件，俱镀金一次，持进交太监胡世杰呈览。奉旨：大吼座着加镀金三次，其新造文殊菩萨一尊、观音菩萨一尊除现有旧吼座不镀外，其余应镀处再镀二次。钦此。

二十五日员外郎四德来说：太监胡世杰交铜镀金利益显行手持金刚一尊、马头金刚画样一张、铜镀金利益青衣手持金刚一尊、不动金刚画样一张。传旨：照马头金刚画样成造一尊，与显行手持金刚配成一对。照不动金刚画样成造一尊，与青衣手持金刚配成一对，得时俱在佛日楼供奉。钦此。于四十年九月二十七日副都统金辉将配造得铜护法佛二尊、原交旧铜护法佛二尊，俱交太监胡世杰呈览。奉旨：旧铜镀金佛二尊有不齐全处收什妥协镀金一次。钦此。

二月初十日副催长明德持来宁寿宫知会事一件，内开宁寿宫各院内安设路灯折片。于三十九年十二月二十日具奏。奉旨：旧路灯交铸炉处收什见新，添路灯交铸炉处铸造。钦此。又将丹陛上陈设日晷、月晷等项地盘画样呈览。奉旨：乐寿堂月台亦安日晷、月晷，养性殿前配日晷，亦安三鹤鼎。其余照样准安。钦此。钦遵。相应抄录原奏片，并画样移送铸炉处，遵照奏准事宜，将应收什旧路灯十六座领去。其应新造路灯十二座、嘉量一件、三鹤鼎一件、月晷二座、日晷四座派员赴工，查量尺寸，照式成造，送工安设等因，呈明忠勇公福康安、总管内务府大臣刘浩、英廉、四□。批准在案，随奉谕作速赶办，务于新正皇上进宫时预备呈览等谕，相应一并知会贵处，查照可也。随遵旨：宁寿宫各院内安设路灯二十八座。查旧有铜路灯十六座，均有榫窍不全，檐头勾滴歪纽，门铜幪破坏之处。请交铸炉处粘补见新，在于东西两路安设。其添做之路灯十二座亦请交该处成造，得时在于中一路应设处安设。其石座交该工，将旧有者见新收什，新添者添办安设。为此谨奏。奉旨：知道了。钦此。于本月十一日笔帖式同德持来旨意一件，内开烫得宁寿宫月台上陈设月影分时刻烫样一座，交太监胡世杰转呈览。奉旨：铜月影交金成做，时刻交做钟处分刻成做。钦此。于闰十月初二日库掌五德、福庆将做得铜嘉量斗一座，并将乾清宫安设嘉量斗一座因刻满汉字，持进交太监胡世杰呈览。奉旨：交懋勤殿，着翰林写汉字，其清字交本上写样呈览。钦此。于闰十月初五日库掌五德、福庆将嘉量斗一座上贴得懋勤殿写出汉字本，文本上写出清字本文，持进交太监胡世杰呈览。奉旨：照样准刻。得时镀金二遍，其旧嘉量斗一座加镀金一遍。钦此。于十二月二十七日将乾清宫嘉量斗一份镀金一次呈览讫。于十二月二十四日员外郎四德、库掌五德、福庆将旧嘉量斗一件镀得金一次，持进交太监如意呈览。奉旨：着再镀金一遍。钦此。

四十一年九月二十七日副都统金辉将造得镀金加（嘉）量斗一件安在养心殿呈览。奉旨：嘉量斗再镀金二次。钦此。

十一月初八日副都统金辉将宁寿宫皇极殿安设三次镀金嘉量斗一件安在斋宫呈览。奉旨：安设该处。钦此。

四月初一日接得内务府大臣刘浩交来旨意帖一件，内开面奉上谕：热河文殊菩萨庙铜镀金顶即著金　再镀金一次。再普乐寺上乐王佛亭铜镀金顶亦著金　再镀金一次。钦此。于十九日奴才金　谨奏，为奏闻事查得热河文殊菩萨庙铜镀金顶一座加镀一次按例应用金五十五两一钱七分三厘，请向广储司银库支领应用。交原办镀金之库掌马清阿、笔帖式同德等带领匠役前往，敬谨镀饰。俟驾幸热河时呈览后再行安设。再上乐王佛亭铜镀金宝顶一座查得系乾隆三十年七月二十二日原任卿三格、现任郎中萨哈亮监造。原册内照例用过金六十七两一钱九分，此项应用金两亦请向广储司银库支领，带往备用。但原造之铜顶胎股并镀饰活计情性尺寸，奴才面交该员等，在彼详细查算。统俟呈览后再行镀饰。谨此奏闻。奉旨：知道了。钦此。

闰十月初八日员外郎四德、库掌五德来说，太监胡世杰传旨：着传与金　查铜瓶一对，在蕴真斋对鹤安设。钦此。于初十日催长同德持来旨意帖一件，内开本月初八日和奉旨：蕴真斋前丹陛上现安之铜鹿着挪在文渊阁月台上安设。其蕴真斋丹陛上另查成对铜器安设，如无，向铸炉处查用。钦此。于初九日德和将蕴真斋撤下铜鹿在文源阁安设。画得纸样一张，查得库贮长方铜鼎炉一对，配得石座一对，安在蕴真斋。铜鹿分位画得纸样一样，并将长方铜炉一件持进，转呈御览。奉旨：照样添座准安。其铜鼎炉交金　配盖。钦此。

玻璃厂

十月十三日库掌五德、福庆来说，太监胡世杰交：汉玉观音一尊莲花木座、玻璃罩，汉玉达摩一尊木座。传旨：将汉玉达摩照观音莲花托座、玻璃罩一样配座，玻璃罩红片金垫，得时在宁寿宫转楼安供。钦此。于四十一年七月初五日将紫檀木座玻璃罩内供玉佛呈进讫。

匣裱作

四月二十九日员外郎四德、库掌五德来说，太监胡世杰交：雕紫檀木嵌玉扇面式盒一对成郡王、雕回纹锦边嵌玉水仙紫檀木扇面式盒一对果郡王进。传旨：将嵌玉雕紫檀木二对盒里打磨收什配册页呈览。钦此。于五月初一日员外郎四德、库掌五德、笔帖式福庆将嵌玉盒二对系将盒里打磨好，各配得册页样一册，持进呈览。奉旨：册页样交懋勤殿伺候上写画，其盒底留下，查玉器配装。钦此。于本日员外郎四德、库掌五德来说，太监胡世杰交嵌玉紫檀木盒二对，一盒内盛：白玉秋蝉一件、汉玉带钩一件、汉玉螭虎鸡心玦一件、汉玉穿带一件、汉玉乳丁璧一件柳、汉玉螭虎鸡心玦一件俱有柳。一盒内盛：汉玉螭虎镶嵌一件、汉玉卧蚕昭文带一件、汉玉勒子一件、汉玉结子一件、汉玉素昭文带一件、汉玉秋蝉一件。一盒内盛：汉玉乳丁昭文带一件、汉玉乳丁璧一件、汉玉秋蝉一件、汉玉卧蚕昭文带一件、汉玉乳丁压脐一件、汉玉秋蝉一件。一盒内盛：汉玉乳丁璧一件、汉玉螭虎鸡心玦一件、汉玉卧蚕昭文带一件、汉玉穿带一件、汉玉秋蝉一件、汉玉素璧一件。传旨：着摆样呈览。钦此。于九月二十二日将嵌玉盒二对内盛玉器配得册页，呈进文渊阁淳化轩安讫。

十月初九日库掌五德、福庆来说，太监胡世杰交青玉单螭虎耳杯一件随座、青玉双兽耳炉一件商丝座盖玉顶、青白玉桃式杯一件、青白单螭虎耳栀一件、青白玉腰元笔掭一件、青白玉小元笔掭一件乌木座、青白玉三层盒一件、青玉唐罗喜一件、青玉小元香盒一件、青白玉瓜式洗一件、青玉兽面双盒一件、青玉卧蚕盒一件、汝釉笔掭一件乌木座、观窑鸭式水壶一件、观窑元罐一件银胆乌木座、哥窑小碗二件乌木座、古铜竖耳小鼎炉一件黄杨木座、青玉靶镀金鞘单小刀二把、袁瑛画山水手卷一卷。传旨：俱入百什件。钦此。

十一月十二日员外郎四德、库掌福庆来说，太监胡世杰交圆明园皇舆全图八套俱有虫蛀。传旨：将图内合牌胎拆下，另换木胎。图有不齐全处着找补收什，其糊锦套亦另换木胎。钦此。于四十一年正月十二日奉旨：着问金辉现改做圆明园安设皇舆全图为何不得，查明回奏。钦此。于本日谨奏，遵旨查得改做皇舆全图八套系交该作催长舒明阿承办。今询据现在办料，尚未成做。但此项活计系去年十一月内交办之事，现宜随时赶做，乃至今止于办料，尚未成做，实属迟滞，请将催长舒明阿罚俸三个月，以示惩戒等因。缮写折片交太监胡世杰具奏。奉旨：知道了。钦此。于四十一年十月十八日员外郎四德、五德、福庆将皇舆全图一份计八套另换木衬板托裱得，持进交太监如意呈览。奉旨：仍交圆明园安设。查此图共有几份，糊裱此图用何物打糨子，查明回奏。钦此。于十九日员外郎四德、库掌五德、福庆查得皇舆全图共八份，乾清宫安设一份，圆明园安设一份，系用白面矾水打得糨子情节，交太监如意口奏。奉旨：知道了。钦此。

十二月十三日员外郎四德、库掌五德、福庆来说，太监如意交：

嵌假金刚石珐琅靶铁炕老鹳翎鞘单小刀二把随鞔绿子皮套、糊文锦长方匣一件重华宫百什件、一件系粤海关送到。传旨：将小刀二把照糊锦长方匣一样配匣盛装，其换下绿皮套做材料用。钦此。十二月二十三日员外郎四德等持小刀二把配得糊锦匣盛装，持进交太监如意呈进交宁寿宫讫。

灯裁作

正月初四日军机处传，赏达赖喇嘛、班禅厄尔德呢玻璃、铜器、朝珠、荷苞等，配箱盛装，黑毡马皮包裹，内塞垫棉花。发报记此。计开赏班禅厄尔德呢，松石佛一尊银佛窝、正珠念珠一盘、云产石朝珠一盘、铜胎珐琅大盖罐一对、铜胎珐琅花瓶一对、铜胎珐琅碗一对、铜胎珐琅五寸盘六件、铜胎珐琅大盘一件、套蓝玻璃瓶一对、翡翠玻璃瓶一对、呆黄玻璃五寸盘一对、录玻璃碗一对、亮蓝玻璃碗一件、玻璃双喜瓶一件、素玻璃鼻烟壶四件、大荷苞一对、小荷苞五对、北背坐褥一份。赏达赖喇嘛，铜珐琅双喜瓶一对、铜珐琅奔巴壶一件、铜珐琅壮罐一件、铜珐琅五寸盘四件、套红玻璃石留罐一对、套红玻璃双喜瓶一件、茶色玻璃铙碗一对、录玻璃茶钟一对、亮蓝玻璃碗一件、汉黄玉盖卮一件、素玻璃鼻烟壶四件、大荷苞一对、小荷苞五对。赏弟木胡图克图，铜珐琅碗一对、铜珐琅五寸盘一对、香色玻璃五寸盘一件、水晶五螭洗一件、呆黄玻璃瓶一对、素玻璃鼻烟壶二件、大荷苞一对、小荷苞三对。

十九日军机处交养心殿西暖阁五方佛画样一张、八大菩萨画样一张。佛日楼骑吼观音菩萨画样一张。玉萃轩喜金刚画样一张、秘密佛、上乐王佛、呀吗达嘎、吉祥天母、岳帝主画样五张。闪缎二匹、片金二匹、倭缎二匹、蟒缎一匹、妆缎二匹、上用缎九匹、铜镀金铃杵一份、大哈达一个、金锞九个、银元宝九个。传旨：将佛样并金银、缎匹等配箱盛装，包裹塞垫，交班禅厄尔德呢使臣带往。钦此。

二十一日接得敬事房传单一件，内开传做：黄红白香圆一百五十个、大份锭子扇器三匣、中份锭子扇器八匣、紫金锭二百五十包、蟾酥锭二百五十包、离宫锭二百五十包、盐水锭八百包，以备端阳节应用。记此。于二月二十一日造办处谨奏，为奏闻事据敬房传单，内开传做：红黄白香圆一百五十个、锭子药扇器大匣三匣、中份扇器八匣、紫金锭二百五十包、蟾酥锭二百五十包、离宫锭二百五十包、盐水锭八百包，以备端阳节呈进。查造办处三十九年成造过赏用发报锭子药大匣二十匣、中匣二十匣。并旧存大匣七匣、中匣十九匣、各样扇器七百挂、盐水锭二十包，此内于三十九年傅用过。赏用督抚提镇军营用大匣二十四匣、中匣二十六匣、小匣一匣无存，将中匣减半改装小匣一件。赏用外仍存大匣三匣、中匣十二匣、小匣一匣、各样扇器七百挂、盐水锭二十包，不足今年发报应用。请再添造锭药半份，计：大匣二十匣、中匣三十匣、以备陆续赏用，查现存各样扇器七百挂、盐水锭二十包，拟入于本年新造匣内配装。所有应领药料内照数扣除外，至现今合配二项锭子药所需药料，照例买办，其应领朱砂三十八斤七两六钱、雄黄三十五斤八两二钱、墨十二斤五两七钱五分、麝香七斤五两九钱四分。查库贮麝香无存，仅存朱砂十一斤十四两五钱五分、雄黄十七斤四两二分四厘、墨二十一斤三两二分，除足敷配用外，其库贮之朱砂、雄黄既不敷造，仍请贮库以备成造零星别项活计应用。所有现需配造药锭之朱砂等物理合奏明，由内庭请领朱砂三十八斤七两六钱、雄黄三十五斤八两二钱、麝香七斤五两九钱四分，以便发给配造等因，缮折持进交太监胡世杰具奏。奉旨：知道了。

钦此。

二月十五日员外郎四德、库掌五德、笔帖式福庆来说，总管李裕交旧氆氇坐褥面一件九洲清晏换下。传旨：保和太和宝座上现设氆氇褥面糟旧，着用此氆氇褥面换用。钦此。于本月二十八日换做得交讫。

十六日员外郎四德、库掌五德、笔帖式福庆来说，太监胡世杰传旨：养性殿东西暖阁仙楼上着铺糙红毡。钦此。于本月二十六日铺讫。

三月三十日员外郎四德、库掌五德来说，总管王成传旨：宁寿宫着养性殿东暖阁宝座床、乐寿堂仙楼下明间面北宝座、西稍间高矮床俱铺富川席，沿青缎边。钦此。

三十日员外郎四德、库掌五德来说，总管王成交白地红花猩猩毡一块石青妆缎边绫里。传旨：着沿青缎边，在符望阁地平上铺。钦此。于四十年九月十一日将做得花毯四块交原处铺讫。

三十日员外郎四德、库掌五德来说，总管王成交花毡二十块。传旨：着沿青布边，在乐寿堂三友轩颐和轩等处铺。钦此。

四月初二日员外郎四德、库掌五德来说，太监胡世杰交紫檀木罩盖盒一件，内盛御笔三传晋假道伐虢辩手卷一卷玉别锦袱。传旨：盒内做绪桂花香面，白纳绸垫。钦此。于二十三日将罩盖盒一件配得白纳绸垫呈进讫。

十月初七日库掌五德、福庆来说，太监胡世杰传旨：佛堂供花今年少做二对。再查每对值银多少查明回奏。钦此。于初十日造办处谨奏。奉旨：查得年例，养心殿佛堂内大供花六对、小供花二对。九洲清晏大供花六对、小供花二对。天香亭大供花一对。共十七对，内大供花高一尺二寸。每对成做工料合银一两八钱四分三厘，买办价银一两二钱。现今买办较比成做节省银六钱四分三厘。小供花高六寸，每对成做工料合银九钱二分一厘，买办价银六钱，现今买办较比成做节省银三钱二分一厘。缮写折片交太监胡世杰具奏。奉旨：知道了。钦此。

二十七日库掌五德、福庆来说，太监胡世杰交织线旧毯一块。传旨：将线毯周围添接黄毡牙子，沿青布边，内衬布二层。所用黄毡即在里子上裁下黄毡添接，其裁下黄毡处用黄布添补，得时在文渊阁主敬殿地平上铺设。钦此。于闰十月初三日将录毡一块沿得边呈进讫。

二十七日库掌五德、福庆来说，太监胡世杰传旨：宁寿宫颐和轩殿内铺羊毛花毡二块，玉粹轩殿内铺羊毛花毡三块，莲花室殿内铺羊毛花毡一块，俱沿青布边。钦此。于闰十月初八日将羊毛花毡六块呈进原处铺讫。

二十七日库掌五德、福庆来说，太监胡世杰传旨：养性殿三希堂照养心殿三希堂窗户台上现挂锦帘一样成做锦帘一件，曲尺上成做绸刷二件，猩猩毡软帘一架，纱帘一架安挂。钦此。于闰十月二十二日将毡帘一架、刷子二件呈进原处安讫。

闰十月初七日库掌五德、福庆来说，总管李裕传旨：阅武楼上明间现设宝座上迎手、靠背、座褥一份，并西北间罗汉床上绣褥一件、迎手一对、绣墩四件，西里间宝座上绣褥一件，再东西间椅子十二张上绣垫俱配锦套。钦此。于二十日将锦套二十四件呈进讫。

十七日库掌五德、福庆来说，太监胡世杰交绣香色缎帘面四件石青缎刷子月白绫里景祺阁、绣紫色缎帘面四件随石青缎刷子样，带月白绫里，遂初堂。传旨：着按门宽窄镶边先挑锦呈览。钦此。于十一月十六日将绣香色缎帘面四件、绣紫色缎帘面二件，因镶边挑得内库绿大花锦一匹、洋锦一匹，持进交太监胡世杰呈览。奉旨：不必镶锦边，其窄小处着拼宽，并刷子俱要接绣做。钦此。

十一月二十日员外郎四德、库掌五德、福庆来说，太监胡世杰交画像佛四十四张。传旨：着照养心殿西暖阁楼上现供佛像一样镶边成做，在养性殿西暖阁楼上供。钦此。

计开：五方佛五张、白永保护法一张、六臂护法一张、尊圣佛母一张、白伞盖一张、八大菩萨八张、成锁观音一张、如意观音一张、吉祥天母一张、六臂马头金刚一张、四座金刚一张、大威吽声金刚一张、大轮手持金刚一张、金刚亥母一张、无哉佛母一张、持嘎布拉喜金刚一张、威罗瓦一张、智行佛母一张、六面威罗瓦一张、天王四张、秘密不动金刚一轴、坛城三轴、上乐王二轴、一勇威罗瓦一轴、四面勇保护法一轴、四臂勇保护法一轴、白上乐王一轴。

炮枪作

十月初十日掌稿笔帖式海寿持来工部印文，内开谨奏为请旨事。准满洲火器营具奏。本年九月初七日带赴芦沟桥演放炮位，查得正黄旗、厢红旗子母炮二位炮身裂缝。奏请咨部照例修理一折。奉旨：知道了。钦此。钦遵。随派出员外郎科灵阿详细查看去后，今据该员呈称，正黄旗子母炮一位，安放子母炮处所上口左右两边裂缝各一道，各宽一分、长八分。厢红旗子母炮一位，安放子母炮处所上口左右边裂缝一道，宽一分、湾长三寸有余。修理难期坚固，演放诚恐震裂等语。臣等查得子母炮位系属军器要需，既有裂缝，势难修理，自应换给。前乾隆三十一年九月内据满洲火器营以正白旗子母炮一位微有裂缝，奏交臣等部修理，经臣部查向裂（例）各处领用子母炮位，俱由臣部奏明，交与养心殿造办处拨给母炮一位、子炮五个，以资演放在案。今正黄旗厢红旗前项裂缝炮位应照旧例换给，理合奏明，交与造办处在于库存炮位内拨给。满洲火器营正黄旗：母炮一位、子炮五个、什物一份。

厢红旗：母炮一位、子炮五个、什物一份。俱一体换给，以资演放。所有该营送到裂缝废炮并随炮各项什物应令该营送交养心殿造办处查收。为此谨奏，请旨等因。于乾隆四十年九月二十九日奏。本日奉旨：依议。钦此。钦遵。相应抄录原奏，移咨造办处查收办理等因，前来回明公额驸福隆安、尚书英廉、大人金辉，回明总管永德、佛宁，准行记此。

正黄旗计开：二位子母炮一尊、星二个、子五个、朝天镫一个、大小欃三个、大小刮子二个、锤子一把、火钳子一把、炮架子一个、梯子二个、风火轮四个、黄布口袋四条、炮衣一件、子匣一对、黄布乞单一块、鞍笼二块、油单二块、皮搭子一个、大药葫芦一个、烘药葫芦一个、驼炮鞍子一个、驼子鞍子一个、屉二块、韂二块、嚼子二付、鞦二付、肚带一根、绊胸一根、过梁肚带二根、轴棍二根、肚带一根、梯胸二副、提钩五个、绊胸一付、铁锉一把、木锉一把。

厢红旗计开：十二位子母炮一尊、星一个、朝天镫一个、大欃一个、小欃一个、刮子一个、锤子一把、钳子一把、炮架一个、大欃一根、小欃一根、支杆一根、风火轮二对、黄布套一条、炮衣一件、子匣一个、黄布乞单一块、鞍笼一块、油单一块、皮褡一个、大药葫芦一个、烘药葫芦一个、驼炮鞍子一付、屉一块、子匣一件、屉一块、驼子鞍子一副、韂一块、嚼子二副、鞦二根、肚带二根、绊胸一条、韂一块、过梁肚带二条、轴棍二根、绊胸一根、软鞦二根、印册一本。

铜板处

十一月十七日太监胡世杰传旨：着金辉照粤海关送到得胜图铜板样在京内雇觅好手匠役刊刻铜板样呈览。钦此。于十二月十四日副都金辉觅得画匠四名、铜匠四名，画得小图样一张，做得铜板一块，刻得一角，随印得纸样，交太监胡世杰呈览。奉旨：将铜板照小样刻，完时再行呈览。钦此。于四十一年二月初一日员外郎四德、库掌五德福庆照粤海关送到得胜图铜板样式，刻得长七寸五分、宽四寸五分铜板一块，随印得纸样三张，并自十一月十八日起至四十一年二月三十日止，内除放匠，每日用画匠四名、刻图匠四名刻做。六月八日交太监胡世杰口奏。奉旨：知道了。钦此。

金玉作

正月十九日员外郎四德、库掌五德来说，太监胡世杰交：通眼大东珠二颗系内库、金镶松石青金字斋戒牌一件随一面玻璃紫檀木匣。传旨：将东珠二颗配绦子、打结子、在斋戒牌上拴用，其匣内配做屉板下槽安稳。钦此。于二十四日将金镶松石斋戒牌一件用交出东珠二颗拴办得绦子，并将紫檀木匣一件配得屉做样，持进交太监胡世杰呈览。奉旨：照样准做。钦此。

二十九日员外郎四德、库掌五德来说，太监如意传旨：养性殿明窗照养心殿明窗一样安玻璃，再所有格子、格洞并古玩匣上俱着安玻璃。钦此。于二月初九日造办处谨奏：查传做宁寿宫等处有应安设古玩等格并佛格等项活计，共需用大小玻璃一千二百二十二块。今查库内现存玻璃大小六百六十六块，并本年交出灯片玻璃一百三十六块。

详加查对，与现在需用玻璃尺相符者五百三块，拟全数配安。其余存玻璃虽尚有二百九十三块俱小件者，尺寸窄小，不敷配用，其长大宽件又未便零星裁用，所有现在尚少玻璃七百十九块。理合请旨，应否交粤海关监督，按尺寸照数采买作速运京应用之处。缮写折片交太监胡世杰具奏。奉旨：不必交粤海关采买。将现有之玻璃先行配安，其不足之玻璃俟有玻璃时再行配安。钦此。

四月初一日员外郎四德、库掌五德来说，太监荣世泰传旨：含经堂西暖阁仙楼上现供银珐琅五供样式甚好，着照此样成做银珐琅五供一份，随花蜡香靠炷香等。钦此。于初八日照得含经堂西暖阁仙楼上现供银珐琅五供样，画得五供纸样三张、珐琅供花纸样一张，持进交太监胡世杰呈览。奉旨：照样准做。钦此。于九月二十六日将银珐琅镶金五供一份呈进，交宁寿宫讫。

十二日掌稿笔帖式海寿持来堂抄一件，内开为装潢四库全书一百二十二套，应用象牙别子一百二十二对，相应知会造办处，照尺寸成做应用可也等因，回明公额驸福隆安、尚书英廉、都统安□、大人金辉，回明总管永德、佛宁，准行记此。

九月二十九日员外郎四德、库掌五德、笔帖式福庆来说，总管桂元交乌鲁木齐砂金六十一两五钱八分七厘。传旨：着熔化。钦此。于十月初三日库掌五德、笔帖式福庆将砂金一两熔化，得九成金九钱八分，折耗二分，持进交太监胡世杰呈览。奉旨：准熔化。钦此。于十月十六日库掌五德、福庆将砂金熔化得九成金重六十两六钱二分，折耗九钱六分七厘，持进交太监胡世杰呈览。奉旨：有用处用。钦此。

十一月初五日员外郎四德、库掌五德、福庆来说，太监胡世杰交银间镀金佛窝一座随银巴达马座，内供催生石站象栴坛佛一尊。传旨：

着照样成做佛窝一座，内供之佛成造绿法身站像佛一尊，着问喇嘛应造何样佛，画样呈览。得时在养性殿西楼上安供。钦此。于十二月初一日员外郎四德、库掌五德福庆将五月头次交出做朝珠记念珠儿、八宝等余剩松石四十七块重六斤四两内，挑得松石五块重十八两，料估拟造站像弥勒佛一尊，拨得蜡样一尊，又挑得松石六块重十二两三钱，料估做佛座一件，持进交太监胡世杰呈览。奉旨：准照样成造。钦此。四十一年二月二十五日库掌五德等将造得银间镀金佛窝一座、松石佛一尊，并做样佛窝催生石佛俱持进交太监胡世杰呈进，交原处讫。

十一日员外郎四德、库掌五德、福庆来说，太监胡世杰交墨漆画金花葫芦钟一件系茶房。传旨：着另做银里。钦此。于本月二十一日员外郎四德等将葫芦钟一件配得银里，持进交太监胡世杰呈进，交原处讫。

十二月初九日笔帖式海寿持来堂抄一件，内开奴才福隆安谨奏。乾四十年十一月二十一日奉旨：英华殿内所挂妆缎哈达等项俱属糟旧，着更换悬挂。钦此。钦遵。奴才即交衣库更换上用妆缎十七匹、官用缎二十八匹、哈达一百三十八个、素纺丝旗七块，于十一月二十四日照式悬挂。讫今将换下旧妆缎十七匹、官用缎二十八匹、哈达一百三十八个、素纺丝旗七块恭呈御览。于十二月初二日交太监高升转奏。奉旨：将妆缎十七匹内留用三匹，其余十四匹交到造办处追金。官用缎二十八匹、哈达一百三十八个着祭山领应用。每次祭山领用缎多少，哈达几个，彀用几次，查明再行覆奏。遵旨查得祭山每一次用五色官用缎二丈五尺、官用缎二十八匹，计一百十二丈足，四十四次。余剩二丈每一次用哈达二个，哈达一百三十八个足用六十九次。奴才交该库收贮，以备陆续应用外，妆缎十四匹交造办处追金。为此谨奏。于十二月初四日交太监高升转奏。奉旨：知道了。钦此。

油木作

正月十一日员外郎四德、库掌五德来说，太监胡世杰传旨：景阳宫现收供六成金塔一座，着在颐和轩东间佛堂内居中安供，添配香几，先画样呈览。钦此。于二十四日将照颐和轩佛堂金塔画得香几纸样一张，持进交太监胡世杰呈览。奉旨：照样准做紫檀木香几。钦此。二十日员外郎四德、库堂五德来说，总管李裕首领倪兴旺传旨：乾清宫四海升平灯二对、养心殿四海升平灯二对，并淳化轩四海升平灯三对灯座上流云粗糙，俱往细致里漆画。钦此。于二月初五日将乾清宫等处灯座上流云粗糙另画得五彩流云样，持进交太监胡世杰呈览。奉旨：俱准照五彩流云样另漆画。钦此。

二月二十三日掌稿笔帖式海寿持来关防处印文一件，内开现用上乘圆顶黄车一辆、备用黄车一辆，去岁随围经雨水，将漆水崩裂，并帏帘鞍鞊俱已颜色糙旧，不敷应用。相应照例行文贵处，应换造者换造，应粘补者粘补见新送来，以备次此随围应用等因，前来回明公爷福大人安英金准行遵此。总管永佛准行记此。

计开：圆顶黄车一辆车顶身俱各补粘，油饰见新，车辕一副弯曲应行换造，车轮一对破裂应行换，糙旧落色应行换造、黄哆罗呢长顶帏帘一份、黄哆罗呢半截顶帏帘一份糙旧落色应行换造、御制纱帘一份、黄绦络一份、黄布裕旱套袖子一份、黄布半圆一个、明黄皮鞊鞍二副、黄鞍笼二个、各长二尺宽一尺八寸擦脚白毡二块应行换造、拴车上饰件用长五丈黄丝线小绦子一盘、拴车顶用长四尺宽一尺白色鹿皮一块、垫车用长三尺宽二尺黄色鹿皮一块，以上俱系换造，于四月十三日员外郎四德、库掌五德为换造上乘车冬夏季顶帏帘二份，挑得内库黄猩猩毡一板，持进交太监胡世杰呈览。奉旨：俱准换做。钦此。

二十三日员外郎四德、库掌五德、笔帖式福庆来说，太监胡世杰交铜无量寿一尊、铜释迦牟尼佛一尊中、铜不动佛一尊、铜白伞盖佛母一尊、铜文殊菩萨一尊左、铜弥勒菩萨一尊、铜释迦牟尼佛三尊内一尊无镀金左二、铜无量寿佛一尊、铜绿救度佛母二尊左三、紫檀木三屏峰一座上供铜佛佛堂收供右一、铜无量寿佛一尊、铜释迦佛一尊右二铜释迦牟尼佛一尊、铜释迦牟尼佛一尊、铜无量寿佛二尊右三。传旨：将铜佛十八尊照交出三屏峰样式做法成做三屏峰六座，中间屏峰要高，左右屏峰高矮叠落成做。其无金释迦牟尼佛一尊见肉尼金开脸像染青发，得时刻字填金，在颐和轩楼上安供。钦此。于九月二十日库掌五德将三屏峰六座上各供铜佛三尊持进交太监胡世杰呈进，交原处讫。

三月初一日员外郎四德、库掌五德来说，太监胡世杰交西番经六十页随画经头经尾二页，系阿旺班珠尔胡土克图写得。传旨：将中正殿现收供经五部取来，照样配经头、经尾、经绦经板、袱子。壮（庄）严经一部，得时并做样经五部，俱在宁寿宫随六品佛供奉。钦此。于四十一年十月二十九日将经六十页配得经绦板呈进，交宁寿宫讫。

四月初九日副首领张启来说，太监胡世杰传旨：将思永斋现设银架风琴着拆出，配香几座，在宁寿宫陈设。钦此。于四十二年正月初七日员外郎四德、库掌五德将宁寿宫现安银架风琴画得西洋式香几纸样一张，持进交太监荣世泰呈览。奉旨：照样准做素的。钦此。于四十二年五月十三日将做得宁寿宫银架风琴上配得紫檀木香几一件，持进交太监如意呈览。奉旨：着安设。钦此。于本日将紫檀木香几一件呈进交宁寿宫讫。

二十五日员外郎四德、库掌五德来说，太监胡世杰交：御笔宣纸文津阁匾本文一张热河行宫、御笔宣纸文渊阁匾本文一张澹泊宁静。传旨：着做一块玉黑漆铜字匾二面，各随托钉、挺钩，其文津阁匾一面赶驾幸热河以前要做得，送往该处安挂。钦此。于五月二十二日将做得铜镀金字漆匾一面持进交太监胡世杰呈览。奉旨：送往热河。钦此。

五月十二日员外郎四德、库掌五德来说，太监胡世杰交白玉鸠杖头玉底方竹诗意拐杖一件。传旨：将诗填黑漆，宝填红漆。钦此。于二十一日将方竹诗意拐杖一件上安白玉杖头，杖底上诗字填得黑漆，宝填得红漆，持进交太监胡世杰呈览。奉旨：着在乐寿堂宝座傍边安设。钦此。

六月二十九日首领曹进忠交白纸清汉字武英门扁文一张、白纸清汉字武英殿扁文一张、白纸清汉字后殿扁文一扁（张）、白纸清汉字东西配殿扁文二张。传旨：着照本文成做扁五面。钦此。于七月初三日为做武英殿清汉字扁五面，因本文上无写做法，随查得武英门并武英殿只有斗扁二面，上系扫青地铜镀金汉字单满洲字。其扁胎净心，其扁胎尺寸较此与新交出本文尺寸相仿，但今料估得仍用旧胎股改做，仍用旧汉字。再后殿并东西配殿俱系新添做等情，回明尚书英，大人金。随奉谕：着将此情节寄信与热河，如何成造之处请示前来。遵此。于初六日接报上信帖，内开遵照来帖，随向懋勤殿董首领斟酌。据伊说此扁系公爷奏请成做，必得请示公爷。奉谕武英扁额亦该照文华殿扁额一样成做。着请示英大人或交工成处办理，或交造办处成做等谕，回明英大人，着交造办处成做。遵此。

十月初一日员外郎四德、库掌五德、福庆来说，太监胡世杰交楠木三屏峰一座，内供铜弥菩萨一尊、铜释迦佛一尊、铜大持金刚一尊。楠木三屏峰一座，内供铜观音菩萨一尊、铜不动菩萨一尊、铜录救度佛母一尊。传旨：将屏峰二座背后俱写四样字，佛号罩油，得时交宁寿宫萃赏楼安设。钦此。

十六日库掌五德、福庆来说，太监胡世杰传旨：乐寿堂西暖阁楼上现安紫檀木边画玻璃围屏八扇，着配杉木胎包厢，紫檀木须弥座垫起。钦此。

十八日库掌五德、福庆来说，太监胡世杰传旨：大和斋后殿西里间东墙现贴冷枚画美人图一张揭下，往高里贴，下边安柏木门坎，要与西边门坎一般高，上边安横楣板，左右安抱框，画上空堂处着启祥宫画横楣罩。钦此。

闰十月十六日首领曹进忠来说，太监胡世杰传旨：宁寿宫颐和轩殿内现供银珐琅五供二份、萃赏楼殿内现供银珐琅五供二份，各配雕龙蜡一对。钦此。

二十日库掌五德、福庆来说，太监胡世杰传旨：着将养性殿三希堂殿内现安曲尺上添配顶子，其壁子糊黑纸。再北夹道内查玻璃挂屏一件安挂。钦此。于二十八日为养性殿安挂镜一件，查得库贮高力木包厢楠木胎有锡玻璃插屏身一件呈览。奉旨：准用其边框，用楠木包厢紫檀木成做挂屏一件。钦此。

十一月初七日库掌五德、福庆来说，太监胡世杰传旨：养性殿乐寿堂殿内现设太极炉二件配做香几座、红猩猩毡垫。钦此。于十二月二十七日员外郎四德将太极炉二件配得香几，持进交太监胡世杰呈进讫。

二十一日员外郎四德、库掌五德、福庆来说，太监胡世杰交：掐丝珐琅兽面双环瓶一件、掐丝珐琅奔巴瓶二件、掐丝珐琅甘露瓶一件、掐丝珐琅美人觚一件、掐丝珐琅奔巴壶二件、掐丝珐琅花尊一件。传旨：俱配紫檀木座，得时在宁寿宫供文佛前用。钦此。于本月二十九日员外郎四德等将掐丝珐琅奔巴瓶一件壶一件各配得座，持进交太监如意呈进交佛堂讫。于十二月初二日员外郎四德等将掐丝珐琅奔巴壶一件、美人觚一件配得座，持进交太监如意呈进交佛堂讫。于十二月初十日员外郎四德等将珐琅花尊一件、兽面瓶一件各配得座，持进交太监胡世杰呈进交宁寿宫讫。于十二月十一日员外郎四德等将珐琅奔巴瓶二件配得座，持进交太监如意呈进交佛堂讫。

十二月十六日员外郎四德、库掌五德、福庆来说，太监常宁传旨：宁寿宫倦勤斋现设斑鸠报时钟一架，着配香几座。钦此。于本月十八日员外郎四德、库掌五德、福庆将宁寿宫倦勤斋现设斑鸠报时钟一架添配香几座，画得高一尺五寸八方、径二尺四寸五分香几座纸样一张，交太监如意呈览。奉旨：照样准做楠木香几座。钦此。

钱粮库

十月二十五日库掌五德、福庆来说，太监胡世杰交：高力木边座玻璃插屏一座、紫檀边座玻璃插屏一对、紫檀边座玻璃插屏一座、紫檀边座玻璃插屏一座、花梨边座玻璃插屏一座、紫檀边座玻璃插屏一座、锦边挂镜一件、楠木边挂镜一件、紫檀边挂镜一件、紫檀边座玻璃插屏一座、紫檀边画玻璃挂镜一座、紫檀边座画玻璃插屏一座、楠木边座画玻璃插屏一座、紫檀边座玻璃插屏一座、紫檀边座玻璃插屏一座、榆木边座插屏一座、紫檀边座插屏一座、黑漆描金边座插屏一座、紫檀边挂镜一件、紫檀边座插屏一座、榆木挂镜一件、紫檀边座插屏一座、洋漆边座插屏一座、紫檀边座画玻璃插屏一座、紫檀镶铜边插屏一座、洋漆边座插屏一座、紫檀厢银母边座插屏一座、金漆边挂镜一件、榆木边座插屏一对、金漆边挂镜一对、金漆边画玻璃挂镜一件、紫檀边画玻璃挂镜一件、榆木边座插屏一座、牙边挂屏一件、黑漆挂屏一件、榆木边画玻璃挂镜一件、紫檀边挂屏一件、玻璃一块、紫檀木厢玻璃花卉九屏峰一座，内查得玻璃大小二十七块，内查得破玻璃十块。传旨：将插屏、挂屏背后有画者起下交进，内有成对插屏挑出收什呈览。金漆边追金熔化。玻璃并插屏有用处用。钦此。于闰十月二十三日将拆去玻璃紫檀木插屏边二对、边座大小三件持进交太监胡世杰呈览。奉旨：着好生收贮，俟有地方时贴字画安设。钦此。

热河随围

六月初五日员外郎四德来说，太监鄂勒里交：铜镀金骑象普贤一尊、铜镀金骑狮子文殊一尊、铜镀金骑吼观音一尊同福寺。传旨：着交金辉镀金一遍呈览。钦此。于十七日将镀金佛三尊镀得金一遍呈进，安在烟波致爽殿内呈览。奉旨：着刘浩监视再镀金一遍呈览。钦此。于二十四日内务府大臣刘浩监视，将铜镀金菩萨三尊加镀金一遍持进，安在烟波致爽殿内呈览。奉旨：着安厢嵌，开脸像染发。钦此。于二十九日将铜镀金二遍佛三尊脸像染发呈进，交原处讫。

十一日员外郎四德来说，太监胡世杰传旨：热河烟波致爽殿内现供金厢八宝玻璃罩着快做，随报发来。钦此。于七月初七日接得果报，寄来玻璃罩八件，各随紫檀木座并赔补另烧造玻璃罩折片一件呈览。奉旨：交佛堂安供，不必另行赔烧。钦此。

九月初九日员外郎四德来说，太监鄂勒里交：铜胎镀金鞔录沙鱼皮锭丁表套一件、乌银镀金什件鞔录沙鱼皮花羊角靶巡幸小刀一把。传旨：到圆明园时再向四执事要单小刀一把，俱照表套上锭丁样式做巡幸小刀木样一件、单小刀木样一件。准时连表套巡幸小刀鞘单小刀鞘二件、木样二件，俱发往粤海关交德魁，照表套上绿沙鱼皮颜色一样鞔做巡幸小刀鞘二件、单小刀鞘二件，俱要铜口、铜底，得时连表套并做样小刀一并送来，其刀头刀靶留京交造办处成做。钦此。于九月二十九日将热河带来绿沙鱼皮鞘巡幸小刀一把、四执事交来绿沙鱼皮鞘单小刀一把，照得热河带来绿沙皮锭丁表套样，做得巡幸小刀木样一件，画得单小刀纸样一张，其刀鞘束子亦照表套口铜边画得束子样，鞘口画得象牙口样呈览。奉旨：俱发往粤海关，交德魁照样成做鞔绿沙鱼皮钉金丁巡幸小刀鞘二件、单小刀鞘二件。所鞔绿沙鱼皮务照发去表套上绿沙鱼皮身分颜色一样，其什件刀头、刀靶留京成做。钦此。于四十一年四月二九日将粤海关送到绿沙鱼皮鞘单小刀二件、巡幸小刀二件呈进讫。

广木作

正月初七日员外郎四德、库掌五德来说，太监胡世杰交：铜观音菩萨一尊、紫檀木文雅龛一座内供铜文殊菩萨一尊，随银珐琅间金背光座，玻璃欢门。传旨：观音菩萨照龛内文殊菩萨银背光座一样配背光座、配文雅龛一座安供，成一对，得时在养性殿西佛堂夹屏峰安供。钦此。

二月初六日员外郎四德、库掌五德、笔帖式福庆来说，太监胡世杰交：嵌青玉人鹿炉顶紫檀木盖一件养性殿北窗台上、汉白玉穿花龙炉顶一件、嵌青玉螭苓炉顶紫檀木盖一件倦勤斋楼上西间案上、白玉穿花龙炉顶一件、嵌青玉穿花龙顶紫檀木盖一件颐和轩西间月牙桌上、汉玉云龙炉顶一件、嵌青玉穿花龙顶紫檀木盖一件养性殿面西大宝座南边玻璃格内、汉白玉穿花龙炉顶一件、嵌汉青玉百鹭是荷顶紫檀木盖一件乐寿堂面西大宝座北边玻璃格内、白玉穿花龙炉顶一件、嵌汉青玉松鹿顶乌木盖一件。传旨：将紫檀木盖五件上玉顶起下，用交出玉顶五件嵌安，其乌木盖上玉顶亦起下，用换下百鹭是荷炉顶嵌安，得时并换下炉顶一同呈览。钦此。于本月十二日将炉盖换得顶并交出玉炉顶一并呈进讫。

二十二日员外郎四德、库掌五德、笔帖式福庆来说，太监胡世杰传旨：养性殿明窗照养心殿明窗现安香几，都盛盘一样成做一件。钦此。

二十三日员外郎四德、库掌五德、笔帖式福庆来说，太监胡世杰交紫檀木九屏峰一座上供铜佛九尊、铜无量寿佛一尊中、铜文殊菩萨一尊左一、铜白伞盖佛母一尊左二、铜黄财母一尊左三、铜白救度佛母一尊左四、铜文殊菩萨一尊右一、铜弥勒菩萨一尊右二、白伞盖佛母一尊右三、铜文殊菩萨一尊右四。传旨：将九屏峰座下长高五寸，交出铜佛九尊照样配做屏峰一座，成一对，得时刻字填金，在颐和轩楼上安供。钦此。于九月二十二日库掌五德将做得九屏峰一座、铜佛九尊持进交太监胡世杰呈进，交原处讫。

十月十六日库掌五德、福庆来说，太监胡世杰传旨：乐寿堂明殿后间现设陈香山子一座，着配八方玻璃罩，其山子下商丝木座将丝子起下熔化，木座收小打磨好。钦此。于闰十月二十四日将沉香山景一座配得八方玻璃罩木样，并将商丝座束腰腿子拆下，改得烧饼座样，上画粉道，持进交太监胡世杰呈览。奉旨：八方罩照样准做，其底座亦准改做所商丝子起下熔化。钦此。于四十一年十二月初五日将木座起下银丝四分熔化呈进讫。

三十日库掌五德、福庆来说，太监胡世杰交嵌银母字白塔山记罩盖匣一件永安寺，内盛册页一册。传旨：照样呈做合牌画样呈览，其做样匣盖有裂缝处线缝收什。钦此。于闰十月十二日将白塔山记匣一样配得合牌罩盖匣样，册页一册样壳面并匣盖上画得雕龙样，交太监胡世杰呈览。奉旨：俱照样准做。匣盖上准照雕龙样成做，壳面不必做雕龙，着糊锦。其匣盖交懋勤殿着翰林拟写签字，赶十二月初八日以前要得。钦此。于十一月二十八日将白塔山记册页配得匣呈进讫。

闰十月二十一日库掌五德、福庆来说，太监胡世杰交白玉鸠杖头玉底竹杖一根。传旨：着配紫檀木架，先呈样。钦此。于二十四日将玉竹杖一根画得香几架纸样一张，持进呈览。奉旨：照样准做，架下配托泥。钦此。于十一月二十日将玉竹杖一根配得架，呈进皇太后讫。

二十三日库掌五德来说，太监胡世杰交碧玉乐寿堂鉴藏宝一方。传旨：着配匣盛装，先呈样。钦此。于十一月初一日将碧玉宝一方配得合牌罩盖匣样，上画雕龙样，持进交太监胡世杰呈览。奉旨：照样准做。钦此。于四十一年四月二十七日将玉宝一方配得匣进讫。

十一月初五日员外郎四德、库掌五德、福庆来说，太监胡世杰交：铜镀金四臂观世音菩萨三尊、铜镀金观世音菩萨二尊、铜镀金白救度佛母二尊、铜镀金文殊菩萨五尊、玻璃罩一件红玻璃顶随紫檀木莲花瓣座。传旨：将铜佛十二尊照交出玻璃罩、莲瓣座样款做法，各配玻璃罩、莲瓣座安供，座下刻四样字，俱先呈样，得时在养性殿西楼上安供。钦此。通高八寸六分玻璃厂立柱。于本月二十二日员外郎四德、库掌五德、福庆将铜镀金佛十二尊内一尊配得莲瓣座木样、合牌玻璃罩样，持进交太监胡世杰呈览。奉旨：俱照样准做。钦此。

十九日员外郎四德、库掌五德、福庆来说，太监胡世杰交：铜胎珐琅桃式水盛一件、铜胎珐琅珊瑚顶壶一件、铜胎珐琅木靶木顶壶一件、铜胎珐琅筒子炉二件、铜胎珐琅瓶盒一件、铜胎珐琅元盒一件、铜胎珐琅甘露瓶一件、铜胎珐琅双环盖罐一件、铜胎西洋珐琅莲花水盛随紫檀木座、铜胎西洋珐琅串枝莲炉一件随紫檀木座、盖、玛瑙顶、铜胎西洋珐琅菊花式盒一件、铜胎西洋珐琅串枝莲柘榴罐一件、铜胎西洋珐琅蕉叶瓶一件、铜胎西洋珐琅福寿观音瓶一件、铜胎西洋珐琅牡丹花篮一件。传旨：着各配楠木匣盛装，匣盖上刻名色签子。钦此。九月二十二日库掌五德、福庆将珐琅水盛等十六件配得匣，持进交太监如意呈进，交乾清宫讫。

十九日员外郎四德、库掌五德、福庆来说，太监胡世杰交汉唐各式铜古镜一百面。传旨：着照斋宫现安西清古鉴册页套匣一样配做，先呈样。钦此。

计开：汉宝鉴一件、汉瑞兽鉴一件、汉鸾兽鉴一件、汉益寿鉴一件、汉花乳鉴一件、汉枚乳鉴二件、汉王氏鉴一件、汉万字鉴一件、汉龙氏鉴一件、汉长贵富鉴一件、汉神人鉴一件、汉四神鉴三件、汉长宜子孙鉴二件、汉四灵三瑞鉴三件、汉十二辰鉴三件、汉八乳鉴二件、汉明光鉴二件、汉四乳鉴三件、汉千秋鉴五件、汉尚方鉴七件、汉青白鉴五件、汉海兽葡萄方鉴五件、汉海兽葡萄鉴二十二件、唐鸾兽鉴六件、唐双鸾鉴五件、唐宝相花鉴三件、唐瑞兽鉴二件、唐凫雁花枝鉴三件、唐雀绕花枝鉴二件、唐宝花鉴一件、唐海马葡萄鉴一件、唐三乐鉴一件、唐云龙鉴一件、唐四神八卦鉴一件。又于四十一年五月初五日员外郎四德、库掌五德、福庆将各式古镜一百面照西清古鉴册页匣样配得合牌 样一件，随字画元光纸样持进，交太监胡世杰呈览。奉旨：册页匣照样准做，其画片交如意馆姚文瀚等并董诰、弘旿分画，字片交懋勤殿翰林们写。钦此。又于本月十二日员外郎四德、库掌福庆为糊西清古鉴套应糊文锦因本库无存，请领内库文锦八丈，随二色文锦样二块，持进交太监胡世杰呈览。奉旨：不必用文锦，着内库香色地白花锦糊饰。钦此。

四十二年七月二十八日员外郎四德、五德来说，太监厄勒里传旨：现做西清古鉴箱送进呈览。钦此。随将现做未完西清古鉴箱持进交太监厄勒里呈览。奉旨：持出快做赶万寿前呈进。钦此。于四十二年十一月十九日员外郎四德、五德将做得西清古鉴一份持进交太监如意呈进，交宁寿宫讫。

二十八日员外郎四德、库掌五德、福庆来说，太监如意交：铜胎画珐琅蚕耳长方盖炉一件、铜胎广珐琅蚕耳双陆瓶一对、铜胎画珐琅包袱锦盖罐一件、铜胎画珐琅人物盖钟一对、铜胎画珐琅高妆元盒一对、铜胎珐琅法盏一件、铜胎画珐琅元笔筒一对、铜胎画珐琅兽面罐一件、铜胎画珐琅柿子人物盖罐一件、铜胎画珐琅有架盖罐一件、铜胎画珐琅蕉叶花觚一件、铜胎画珐琅四季花鸟瓶一件、铜胎画珐琅福寿常清瓶一对、铜胎画珐琅八角方盒一对、铜胎画珐琅双凤有盖罐一件、铜胎珐琅莲托壶钟一件、铜胎珐琅合欢盖罐一件随座、铜胎珐琅喜相逢葵花式碗一件、铜胎珐琅渣斗一件、铜胎珐琅九九渣斗一件、铜胎珐琅三层盒一件、铜胎珐琅厂口人物瓶一件、铜胎珐琅提梁盖罐一对、玻璃胎珐琅西番叶渣斗一件、玻璃胎珐琅人物诗意瓶一件、玻璃胎喜相逢诗意纸槌瓶一件、玻璃胎福寿葫芦瓶二件、磁胎画珐琅甘枝梅花碗一件俱宁寿宫。传旨：俱配楠木匣盛装，将成对者配匣一件盛装，匣盖上刻字。钦此。九月二十二日库掌五德、福庆将珐琅陈设三十七件配得匣，持进交太监如意呈进交原处讫。

十二月初七日员外郎四德、库掌五德、福庆来说，太监如意交红漆菊瓣盖钟一对随紫檀木盘一件，系苏州新送到。传旨：紫檀木盘内配托脐二个，将盖钟安稳，交淳化轩案下摆。钦此。于本月十五日员外郎四德等将红漆盖钟一对随盘安设得脐，持进交太监如意呈进交淳化轩讫。

乾隆四十一年

金玉作

正月初七日员外郎四德、库掌五德、福庆来说，太监胡世杰传旨：宁寿宫着做宴上器皿一份，除有并查用外，应添配者添配。钦此。大宴器皿一份：冬青釉盖罐一对现有、白地紫花磁执壶一对现有、青玉盖罐一对现有、白玉爵盘一份查用、青玉爵盘一份查用、青玉碗一件查用、青玉大碗一对查用、青玉钟十个启祥宫挑玉成做。新做：金折盂一件随金杓二把、金碗盖金托盘一份计二十件、金执壶一对、金大罐一件金里、金多穆一对、掐丝珐琅执壶一对、掐丝珐琅钟十件、红漆金龙宴桌一张。苏宴器皿一份：掐丝珐琅折盂一件随杓二把现有、白玉碗一件随金盖金托盘现有、金爵盘一份现有、掐丝珐琅爵盘一份现有、金执壶一对现有、玉大碗四件现有、乌银钟十件现有、掐丝珐琅碗十件现有、磁执壶一对查用。新做：金小罐一对现有、掐丝珐琅大罐一件金里、掐丝珐琅多穆一对、玉罐 一对启祥宫挑玉成做。于正月二十一日员外郎四德、库掌五德来说，太监胡世杰交金折盂一件上嵌珊瑚青金松石垫子、金杓一把上嵌珊瑚青金松石垫子、金壶一把上嵌珊瑚青金松石垫子、金大罐一件上嵌珊瑚青金垫子、金多穆一对每件嵌珊瑚顶一个，东珠四十三颗、小正珠二十四颗，大红宝石十五块，小红宝石六十二块，大蓝宝石十六块、掐丝珐琅大罐一件上嵌青金珊瑚录苗石垫子。俱系茶膳房交出做样。传旨：新传做宁寿宫大宴器皿照交出金折盂、杓子等并珐琅大罐多穆一样成做，其珐琅大罐多穆上绿苗石垫子起下，另换好颜色松石垫子。钦此。本月二十四日交出松石顶金小罐一件系做样。于二月十二日员外郎四德、库掌五德、福庆来说，太监胡世杰交冬青釉拱花执壶二件各随木座，大宴用。传旨：将执壶高些，木座一件照矮些木座改做，一样成一对。钦此。于二月初三日员外郎四德、库掌五德、福庆来说，太监胡世杰传旨：现传做苏宴内金罐一对不必成做。钦此。于本月初七日将做样金罐一件交进讫。

二月初八日库掌五德福庆来说，太监胡世杰交伽楠香朝珠一盘，随珊瑚佛头塔记念大坠角，碧牙西背云上嵌小正珠八颗、红宝石小坠角二个、蓝宝石小坠角一个、加间小正珠四颗、一号松石朝珠身一串。伽楠香朝珠一盘，随珊瑚佛头塔记念大坠角，碟子背云上嵌五等正珠五颗、碧牙西坠角三个、珊瑚豆三个、二号松石朝珠身一串。传旨：将伽楠香朝珠二盘上装严拆下，在交出松石朝珠身二串上拴办朝珠二盘，其伽楠香朝珠身二串交进。钦此。于十五日将松石朝珠身二串用交出伽楠香朝珠二上珊瑚佛头等装严拴办，得朝珠二盘，换下伽楠香朝珠身二串，呈览。奉旨：松石朝珠二盘交王成换下，伽楠香朝珠身二串安九洲清晏大宝座。钦此。

五月初五日员外郎四德、库掌五德来说，太监胡世杰交：银间镀金奔巴壶二件上嵌珊瑚绿苗垫子、银耳环十五支各随珑油珀珠内有碎小珊瑚珠十三个、银什二十八块上嵌珊瑚绿苗石垫子，镶嵌不全、银耳环七支随珊瑚珠九个、蓝玻璃珠二个、珊瑚松石垫子不齐全、银顶二个、铜什二件、铜底板银面什儿一件上嵌珊瑚绿苗石垫不全、破坏银耳环十支连珊瑚共重十一两五钱。传旨：着熔化珊瑚珠碎小垫子做材料用，其铜什毁铜。钦此。

初五日员外郎四德、库掌五德来说，太监胡世杰交：金杯一件重六两，系八成金。银包金条一件重七钱，系七成金。无靶金杓一件重四钱，系八成金。金条一根重九两九钱，系八成金。金片一件重五钱，系九成金。金镯一件重二两，系六成金。金一包重十三两七钱，系六成金。银碗口一件。银耳环十八支上嵌珊瑚等，镶嵌不全。无镶嵌银耳环十八支。传旨：着熔化。其破坏不齐镶嵌做材料用。钦此。于十二月初五日员外四德、库掌五德等将金杯一件熔化，得八成金重五两八钱五分。银包金条一根熔化，得七成金重四钱银重三钱。金杓一件熔化，得八成金重四钱。金条一根熔化，得八成金重九两九钱。金片一件熔化，得九成金重五钱。金镯一件熔化，得六成金重二两。金一包熔化，得六成金重十三两七钱。银碗口一件熔化，得银重四钱。银耳环十八件熔化，得银重十八两一钱。耳环十八件熔化，得银九两五钱，并拆下镶嵌垫子等交太监如意呈进，金银交王成讫。镶嵌做材料讫。

九月二十九日员外郎四德、库掌福庆来说，首领刘秉忠交：金冠簪一对银挺二支连珠石重四钱，系八成金，重三钱。金别簪一支系八成金，连石二块重四钱五分。金小罄一对八成金，重八分。金托挂一对八成金，重六钱二分。千金如意一付八成金，重一两七钱五分。金面花一支连石银挺重四钱，八成金，重二钱五分。金蝴蝶一对连石银挺重四钱五分，八成金重二钱五分。金冠一顶八成金，重六钱。金簪二支八成金，重一两八钱五分。金蝙蝠一对连石银挺重四钱，八成金，重三钱。金正凤一个重三钱五分。金灯笼环一对八成金，重三钱。金环二对八成金重四钱。金镯二对八成金重八两五钱。金戒指二对八成金，重五钱五分。金如意一件八成金，重五钱。金零饰八成金，重六钱，内拆下银挺七支重四钱五分。银凤一支。冠簪一对连石共重四钱五分。小珠花一支计珠十九颗。银贴金花六支。银珐琅小脚锁二支。银珐琅鹦哥二支。银贴金锁一把。银累丝镯二支。银手铃五个。银珐琅锁一把。银加官一个。银小镯二支。银环二支。银茶匙十件。银麒麟锁二把练一根。银寿星三个。银戒指七个。银珐琅花簪六支。银冠簪四支。珠顶花一支计珠十二颗。银小镯二支。银片锁大小十四把。银珐琅耳坠六支。银小边簪四支。银冠一顶。珠边花一对计珠四十颗。珠面花一支计珠十八颗。珠边花一对计珠二十颗。银紫金三顶随珠石。银托盘十七件。银如意二柄。银杯三十二件。银爵杯三十五件。银匙十四把。银斗一件。银锁二把。银珐琅壶一把。青玉破坏提梁卣一件。青玉破坏磬一件。青玉破坏提梁钟一件。绿苗石如意一柄四截。油珀如意一柄三截。以上玉石五项于四十三年十月十一日崇文门领去讫。紫檀木磬架二件、乌木磬架一座俱系熊学鹏名下。传旨：将金花等认看成色，并银器熔化拆下宝珠石交进，假珠石做材料用，其破坏玉器如意、变价木架座做材料用。钦此。

十月十九日员外郎四德来说，太监常宁交铜镀金释迦牟尼佛一尊。传旨：着配银佛窝一座，得时在养心殿西暖阁供柜上供。钦此。于四十二年五月十一日将铜佛一尊配得佛窝一座呈进讫。

十一月十三日员外郎四德、库掌五德来说，太监如意交：紫檀木嵌玉松麟墨床一件瀛台、紫檀木嵌玉卷书墨床一件、紫檀木嵌玉螭虎璧墨床一件、紫檀木嵌玉卧蚕押脐墨床一件、紫檀木嵌玉押脐墨床一件、紫檀木嵌玉龙墨床二件、紫檀木嵌玉桃花墨床一件俱养心殿。传旨：着擦抹好，交懋勤殿代往盘山。钦此。于十四日将嵌玉墨床八件擦抹好呈进讫。

十二月二十六日员外郎四德、库掌五德来说，太监常宁传旨：照养心殿东暖阁团圆桌上现设象牙鹊雀一对、鹌鹑一对，并都盛盘一样各成一对，得时在养性殿团圆桌上陈设。钦此。于四十二年七月十八日将象牙鹊雀鹌鹑各一对俱随都盛盘呈进讫。

二十六日员外郎四德库掌五德来说太监如意交：三色垫子铜边一面银片录皮鞘剑二十五把、三色垫子一面录皮银鞘剑十九把、三色垫子铁边录皮银鞘剑三把、三色垫子铁鋄金边绿皮鞘剑四把、银什件绿录皮鞘腰刀十二把、镀金什件黑皮鞘腰刀三把、铁鋄银什件录皮鞘腰刀七把、铜什件录皮鞘腰刀三把、银什件黑皮鞘腰刀一把、铁鋄金什件录皮鞘腰刀二把、银什件红皮鞘腰刀三把、银什件二色皮鞘腰刀六把、银什件二色皮鞘腰刀各一把、银什件青漳绒鞘腰刀一把、银什件黑皮火镰二把。传旨：将刀剑等俱擦抹收什好，镶嵌垫子添配，有不齐全处收什。钦此。于四十二年六月十二日将腰刀四十五把、剑五十一把俱收什，添配得镶嵌，俱交太监如意呈览。奉旨：腰刀配皮签子，交武成殿、武备院各十块把，其剑交宁寿宫、圆明园、万寿山、瀛台等处各十把，热河六把，盘山五把。钦此。于四十五年八月初九日将镶嵌剑五把呈进交盘山讫。

油木作

正月三十日员外郎四德、库掌五德、福庆来说，太监胡世杰交檀香边漆泥子挂屏龛一座系章嘉胡图克图进。传旨：着在宁寿宫玉粹轩殿内南墙西边安挂。东边门斗上添画坛城，其北墙现挂挂屏龛两边添对子一付，俱照檀香挂屏龛边样成做，量准尺寸抹样呈览。钦此。

五月初一日库掌五德福庆来说，太监胡世杰交：白缎画金龙铁鋄银顶纛一杆阿桂、黄缎画金龙铁鋄银顶纛一杆丰升额、黄缎画金龙铁鋄银顶纛一杆福康安、黄缎画金龙铁鋄银顶纛一杆奎林、黄缎画金龙铁鋄银顶纛一杆海兰察、黄缎画金龙铁鋄银顶纛一杆霍隆武、白缎画金龙铁鋄银顶纛一杆额森特、黄缎画金龙铁鋄银顶纛一杆乌什哈达、白缎画金龙铁鋄银顶纛一杆普尔普。传旨：将纛九杆照武成殿现设楠木箱一样，配三层屉楠木箱一件盛装，得时刻字交武成殿摆。钦此。于九月二十二日库掌五德将纛九杆配得楠木箱一件呈进。奉旨：交懋勤殿刻诗。钦此。

九月初六日总管王成交：白玉夔龙磬一件随紫檀木架、青玉索子福禄寿磬一件随洋漆架、青玉索子花蓝磬一件随紫檀木架、白玉异兽磬一件随紫檀木架、白玉磬一件随紫檀木架、白玉索子诗意磬一件随紫檀木架、蔡玉索子吉庆磬一件随紫檀木架、甘黄玉提梁卣一件随紫檀木架、汉玉夔龙夔凤磬一件随紫檀木架、汉玉乳钉铎一件随紫檀木架、月白磁长方盆景一件随苓芝花、均釉花瓶一件、广珐琅方瓶一件、黄杨木镶嵌紫檀木边万字笔筒一件。传旨：着均釉瓶、珐琅瓶并盆景俱配座，玉磬另拴绦子，俱粘补收什见新，入寿意。记此。

二十六日员外郎四德、库掌五德、福庆来说，总管王忠交菩提子二千九百六十三个。传旨：打眼灌香成做念珠。钦此。于十一月十七日员外郎四德、库掌五德、福庆、笔帖式九格将菩提念珠五串灌得香，交太监如意呈进，交内讫。于十二月二十二日太监刘进玉将菩提念珠五串灌得香，交太监如意呈进，交中正殿讫。于四十二年正月初七日员外郎四德、库掌五德、福庆、笔帖式九格将菩提念珠十串灌得香，随余剩菩提珠一包交太监荣世泰呈览。奉旨：菩提念珠十串交佛楼和尚们拿熟，其余剩菩提珠做材料用。钦此。

铜鋄作

正月初四日员外郎四德、库掌五德、福庆来说，太监胡世杰传：

养性殿东暖阁翠赏楼景祺阁挂大吉葫芦三个，遂初堂挂双喜挂屏一件，用如意钉十二个。记此。于本日将做得如意钉持进交原处讫。

四月二十九日员外郎四德、库掌五德来说，太监胡世杰交：白玉刀靶四件、青白玉刀靶二件、白玉靶二件。传旨：将刀靶配做腰刀，先画样呈览，其玉靶二件配做凉扇用。钦此。于本日太监胡世杰交白玉腰刀靶一件、白玉素剑靶一件、青玉磨花剑靶一件、青玉素剑靶一件、汉青玉素剑靶一件。传旨：将腰刀靶配做腰刀一靶，其剑靶四件配做回子刀四把，先画样呈览。钦此。于五月初八日将白玉刀靶五件画得鞔金桃皮鞘玲珑什件腰刀纸样一张呈览。奉旨：照样准做。其什件交武备院凿做。钦此。随将白玉靶一件、青玉靶四件、汉玉靶一件，画得靶黄皮银什件回子刀纸样一张、鞔红皮铜镀金火漆什件回子刀纸样一张，交太监如意呈览。奉旨：俱照样准做。好玉靶者配做银什件鞔黄皮回子刀。钦此。于十一月初九日将现做未完玉靶腰刀五靶请商做刀名号数呈览。奉旨：着挑好名色刀名商做，其号数按天、地、人字号接续商做。钦此。

于十二月初九日将玉剑靶二件配得鞔红皮鞘火漆什件回子刀二把呈进讫。于十一日将玉靶鞔黄皮银什件回子刀二把呈进讫。于十二日将玉靶鞔红皮火漆什件回子刀二把呈进讫。于二十日将玉靶鞔黄皮鞘银什件回子刀一把呈进讫。于四十二年五月初一日将外郎四德将现做未完玉靶腰刀上刀头五件各贴得乾隆年制款样，内一把天字十六号拟得月刃刀名，一把地字十五号拟得寒锋刀名，一把地字十六号拟得章威刀名，一把人字十五号拟得苍精刀名，一把人字十六号拟得摇电刀名，俱交太监如意呈览。奉旨：俱准商做。钦此。于四十三年四月初九日员外郎四德来说，太监如意传旨：将现做玉靶金桃皮腰刀送进呈览。钦此。随将玉靶五件内四件已做什件刀盘鞘子未鞔桃皮，其余现成做未完，呈览。奉旨：已做得什件鞘子快鞔金桃皮，得时呈览，拟交盛京，其余持出成做。钦此。于五月初四日将玉靶鞔金桃皮腰刀五把靶上点得安销丁拴绦子墨点，挑得内库松石珠五个做结子用，交太监如意呈览。奉旨：玉靶准照墨点打眼，松石珠准用。钦此。于闰六月十四日将玉靶腰刀五把拴得提拌绦子，安得松石结子，持进呈览。奉旨：将腰刀五把内一把交回执事，在坤宁宫挂，其余四把俟现做玉靶腰刀得时添用六把，共凑十把配楠木箱一对盛装。钦此。于九月二十六日将玉靶腰刀四把呈览。奉旨：将腰刀持出归入现收腰刀一事。钦此。于四十四年十一月十二日员外郎四德、五德将玉靶金桃皮腰刀十把做得楠木罩盖匣二件盛装，安在斋宫呈览。奉旨：将青玉靶腰刀二把、玉剑靶腰刀一把上玉靶另换现在成做腰刀上好玉靶，换安得时交于敏中写刀名，刻在匣盖，交宁寿宫。钦此。于十二月十九日将楠木箱一对内盛玉靶腰刀十把内三把另换得玉靶，换下青玉靶二件镶嵌青白玉刀靶一件，持进呈览。奉旨：将楠木箱交懋勤殿拟名，换下玉刀靶三件仍配做回子刀用。钦此。

皮裁作

正月初三日员外郎四德、库掌五德、福庆来说，太监胡世杰传旨：养性殿东西暖阁照养心殿东西暖阁现铺花毡一样铺花毡。钦此。于本月二十八日员外郎四德、库掌五德为养性殿东暖阁铺地毡，挑得内库绿地紫花毡五卷，养性殿西暖阁铺地毡挑得内库白地红花毡五卷，持进交太监胡世杰呈览。奉旨：先用白地红花毡在养性殿东暖阁铺用，如有余再料估西暖阁等处铺用，其余绿地紫花毡暂不必用。钦此。于本月十二日将做得花毡持赴原处铺讫。

初四日副库掌伊昌阿来说，太监处传：赏达赖喇嘛、班臣厄尔得呢等铜磁珐琅器皿荷苞等，配箱盛装，垫塞棉花，包裹黑毡马皮。发报记此。计开，赏达赖喇嘛：松石佛一尊银龛、催生石钵一件、甘黄玉麻姑献寿花插一对、绣鹅黄缎金龙袍一件、广珐琅瓶一对、铜胎珐琅遮灯格子一件、套蓝玻璃瓶一对、缠丝玻璃花浇一对、小荷苞五对、红漳绒四匹、坐褥靠背迎手一份、铜铃杵一份、碧玉如意一柄、云产石朝珠一盘、铜珐琅盘一对、套红玻璃五供一份、套蓝玻璃石榴罐一对、鹅黄瓣花大荷苞一对、鹅黄毡二板、玻璃卓灯二对，达喇嘛来使带去。赏班臣额尔得呢：刻丝无量寿佛一轴、广珐琅多穆一对、广珐琅盘一件、套蓝玻璃瓶一对、琥珀色玻璃盘一对、小荷苞五对、绣鹅黄缎金龙袍一件、广珐琅香几一件、广珐琅碗一对、缠丝玻璃花浇一对、鹅黄缏花大荷苞一对、坐褥靠背迎手一份。赏第穆胡土克图：绣鹅黄缎金龙袍一件、催生石钵一件、青玉欢喜花插一件、广珐琅花插一对、铜掐丝珐琅盘一对、金星玻璃方瓶一件、套蓝玻璃瓶一对、套红玻璃石榴罐一对、绿玻璃瓶一对、大荷苞一对、坐褥靠背迎手一份、碧玉如意一柄、小荷苞三对。赏拉穆吹忠：广珐琅盘一对、琥珀色玻璃盘一对、鹅黄毡一板、小荷苞二对、大荷苞一对、套紫玻璃笔筒一件、红玻璃瓶一件。赏达赖喇嘛过经师傅噶尔丹锡克图阿旺吹扎：广珐琅碗一对、广珐琅盘一对、套红玻璃瓶一对、亮蓝玻璃碗一对、茶色玻璃盘一对。赏公班第达：水晶三多尊一件、广珐琅盘一对、套蓝玻璃石榴罐一对。赏公珠尔玛特旺扎尔：广法盘一对、套蓝玻璃瓶二件。赏公扎什那穆扎尔：广珐琅盘一对、琥珀色玻璃挠碗一对。赏台吉巴尔桑策凌：斐翠玻璃挠碗一对。赏达尔汗堪布噶尔桑丹怎：亮蓝玻璃挠碗一对。赏台吉索诺木旺扎尔：斐翠玻璃挠碗一对。赏台吉索诺木拉什：亮蓝玻璃碗一对。赏台吉伊什旺对：斐翠玻璃挠碗一对。赏阿齐图诺木汗胡弼尔汗：绿玻璃碗一对。赏达尔汗堪布罗卜藏格勒克：亮蓝玻璃盘一对。于本月初十日将玻璃盘碗等配得箱，持赴交讫。

十八日接得敬事房传单一件，内开传做：黄红白香元一百五十个、大份锭子扇器三匣、中份锭子扇器八匣、紫金锭二百五十包、蟾酥锭二百五十包、离宫锭二百五十包、盐水锭六百包，以备端阳节呈进。随回明公额驸福隆安、大人英廉、金辉准行遵此。总管永德、佛宁准行，记此。于二月初三日造办处谨奏，为奏闻事，据敬事房传单，内开传做红黄白香元一百五十个、锭子药扇器大匣三匣、中匣扇器八匣、紫金锭二百五十包、离宫锭二百五十包、盐水锭八百包，以备端阳节呈进。查造办处乾隆四十年成造过赏用发报锭子药大匣二十匣、中匣三十匣，并旧存大匣三匣、中匣十二匣、小匣一匣，此内于四十年赏赐督抚提镇军营，用过大匣二十五匣、中匣二十三匣、小匣一匣。其大匣不足应用，即将中匣四匣改装大匣二匣赏用外，仍存中匣十五匣，并中匣改装大匣余剩之彩画锭二十个、红牌子二十个、黑牌子二十个、盐水锭四包，不敷今年发报应用。请再添造锭子药大匣二十匣、中匣十五匣，以备赏用。查现存彩画锭二十个、红牌子二十个、黑牌子二十个、盐水锭四包，拟入本年新造匣内配装，于应用药料内照例扣除不领外，至现今合配二项锭子药所需药料照例买办。其应领朱砂三十五斤五两五钱五分、雄黄三十三斤十一两、墨十一斤七两九钱、麝香六斤十三两七钱二分，查麝香库贮无存，仅存朱砂八斤十两四钱四分、雄黄十一斤六两四钱四分四厘、墨八斤三钱，均不敷配造。仍请贮库以备成造，别项活计应用所有现需配造锭子药朱砂等物，理合奏明，由内庭请领朱砂三十五斤五两五钱五分、雄黄三十三斤十一两、墨十一斤七两九钱、麝香六斤十三两七钱二分，以配发给配造。缮折持进交太监胡世杰具奏。奉旨：知道了。钦此。

二月初七日交出朱砂二十三斤、雄黄三十五斤十四两二项交萨炳阿领去讫、麝香二斤二钱交和宁领去讫。

二月二十三日交出墨二包，共重十一斤七两九钱。

灯裁作

二月初六日库掌五德、福庆来说，太监胡世杰传旨：宁寿宫中一路应挂之神画样呈览，准时发往苏州成做。钦此。于三月初三日库掌丘德、福庆拟做，皇极殿：东西暖阁堆仙童门神二副高三尺、宽一尺九寸。宁寿宫：东暖阁堆仙童门神一副高二尺七寸、宽一尺七寸。东门堆帅神一副高二尺、宽一尺一寸五分。养性殿：东西暖阁堆仙人们神二副高二尺五寸、宽一尺九寸。景祺阁：阁下堆仙人门神一副高二尺四寸、宽一尺六寸。共堆做门神七副。宁寿宫：正门画仙女门神一副高二尺九寸、宽一尺五寸。养性殿：东净房画门神一副高一尺六寸、宽九寸。乐寿堂：三友轩前后隔扇画仙女门神二副高二尺四寸、宽一尺三寸。东净房画门神一副高一尺六寸、宽九寸。颐和轩：后隔扇画判门神一副高二尺七寸、宽一尺五寸。楼上下傍门画仙童门神三副高一尺六寸宽七寸。楼上正隔扇画仙人门神一副高一尺七寸、宽九寸。东西廊画门神二副高一尺九寸、宽九寸。景祺阁：阁上正隔扇画判门神一副高一尺七寸、宽一尺。穿廊东西隔扇画帅门神二副高二尺三寸、宽一尺八寸。阁上东隔扇画仙人门神一副高一尺七寸、宽一尺三寸。西廊门画门神一副高一尺八寸、宽一尺二寸。东顺山房画门神一副高二尺、宽八寸。东净房画门神一副高二尺、宽八寸。东敞厅画门神二副高二尺五寸、宽一尺一寸。如亭：南门画门神一副高一尺五寸、宽六寸。景福宫：景福门画老仙人门神一副高三尺、宽二尺。屏门画老仙人门神一副高三尺、宽一尺八寸。前后隔扇画仙童仙官们神二副高二尺一寸、宽一尺二寸五分。东顺山房画门神一副高一尺五寸、宽八寸。梵华楼：正隔扇画帅神门神一副高二尺一寸、宽一尺三寸。西廊门画判门神一副高一尺五寸、宽八寸。佛日楼：楼上正隔扇画帅神门神一副高一尺八寸、宽一尺一寸。楼下正隔扇画老仙人门神一副高一尺九寸、宽一尺。西净房画门神一副高一尺三寸、宽八寸。西廊门画门神一副高一尺五寸、宽一尺。东廊门画门神一扇高一尺七寸、宽一尺四寸。旭辉庭：正隔扇画仙人门神一副高二尺一寸、宽一尺二寸。遂初堂：垂花门画老仙人门神一副高二尺六寸、宽一尺七寸。屏门画仙官门神一副高三尺三寸、宽一尺六寸。前后正隔扇画仙童门神二副高二尺、宽一尺二寸。东西配殿画判门神二副高二尺五寸、宽一尺三寸。东配殿内画仙女门神二副高一尺八寸、宽七寸五分。南门画仙童门神一副高一尺七寸、宽九寸。东廊门画门神一副高一尺七寸五分、宽八寸。西净房单画门神一扇高一尺八寸、宽一尺三寸。后穿堂向东画门神一副高一尺七寸、宽八寸。向北画门神一副高一尺七寸、宽一尺二寸。延趣楼：楼上隔扇画仙人门神一副高一尺九寸、宽一尺二寸。楼下隔扇画老仙人门神一副高二尺二寸、宽一尺二寸。北夹道画仙童门神一副高二尺四寸、宽六寸。萃赏楼：前后隔扇画仙人门神三副高二尺六寸、宽一尺一寸。楼上前后隔扇画仙判门神二副高一尺九寸、宽一尺二寸。东廊门画门神一副高一尺八寸、宽一尺。东净房画门神一副高一尺七寸、宽一尺。转角楼：楼下向东画帅神门神一副高二尺六寸、宽一尺二寸。楼上向西画判单门神一扇高一尺七寸、宽一尺四寸。向东画老仙人门神一副高一尺六寸、宽七寸。穿廊门画门神一副高二尺、宽八分。符望阁：楼上隔扇画帅神门神四副高二尺三寸、宽一尺。楼下隔扇画仙童仙女门神四副高二尺六寸五分、宽一尺四寸。西游廊画仙童门神一副高一尺九寸、宽一尺。玉粹轩画仙官门神一副高二尺一寸五分、宽一尺四寸。净坐心室画仙人门神一扇高一尺八寸、宽一尺四寸。倦勤斋：正隔扇画仙人门神一副高二尺五寸、宽一尺七寸。向东画仙判门神一扇高一尺六寸、宽一尺二寸。向南画仙人门神一副高一尺八寸、宽九寸。东游廊画仙童门神一副高一尺五寸、宽五寸五分。后屏门画门神一副高二尺、宽一尺三寸。共画门神七十三副五单扇。缮写清单二件，由本报发去，交员外郎四德，持进交太监胡世杰具奏。奉旨：堆门神照数交苏州成做，画门神照数交造办处画。钦此。于十月十八日员外郎四德、库掌五德、福庆将宁寿宫随门神对子八十三副裁得白绢，持进交太监如意呈览。奉旨：交懋勤殿，着于敏中办写。钦此。于十二月初三日员外郎四德、库掌五德、福庆将苏州送到堆门神七副持进交太监如意呈览。奉旨：交宁寿宫。钦此。于本日交宁寿宫讫。于十九日员外郎四德、库掌五德、福庆为苏州送到堆门神七副上所镶之边系五色菱花锦现做对子七副，因无此样锦，挑得绿菱花锦一匹，持进交太监如意呈览。奉旨：对子边准用此绿菱花锦镶做。钦此。

十月二十三日员外郎四德、库掌五德来说，首领刘秉忠交：哥釉蓍草瓶一件、青花白地梅瓶一件、青花白地玉壶春一件、五彩抱月瓶一件、官釉天盘口瓶一件、均釉双耳瓶一件、绿磁双耳云龙瓶一件、均釉瓶一件、冬青釉双耳瓶一件俱木座。传旨：将瓶内各配通草花，得时呈进皇太后。钦此。于十一月初十日将磁瓶九件各配得草花呈进讫。

十一月十九日员外郎四德、库掌五德来说，太监如意交：画像善名称吉祥王如来一张、燃灯佛一张、释迦佛一张、弥勒佛一张、迦叶佛一张、金刚不动佛一张、无胜吉祥如来一张、法海雷音如来一张、药王琉璃光如来一张、宝月智严光普自在王如来一张、金色宝光妙行成就如来一张、法海圣慧游戏神通如来一张，俱系宁寿宫东暖阁楼上。观音文殊普贤菩萨一张、六臂勇保护法一张、秘密佛威罗瓦上乐王佛一张，俱系养心殿西暖阁。法帝主一张、勇保护法一张、咂威喇嘛一张，俱系玉粹轩。传旨：着镶边配轴头，先挑材料呈览。钦此。于十二月初六日将无倦斋画像佛三轴上挑得内库红洋锦一块做边用，黄洋锦一块做牙子用，青片金红片金各一块做牙子用。并将玉粹轩画像佛三轴上挑得内库月白元金片金一块镶边，用红黄绿石青洋锦各一匹做牙子用。又将宁寿宫画像佛十二轴挑得石青洋锦一匹镶边用，黄洋锦一匹红绿片金各一匹做牙用。俱交太监如意呈览。奉旨：俱准用。钦此。于十二月初七日员外郎四德、库掌五德来说，太监传旨：现做宁寿宫镶边挂像佛赶年要得。钦此。

于初十日中正殿交：画像祖师十三张、释迦佛一张、弥勒佛一张、阿弥陀佛一张、无量寿佛一张、白救度一张、绿救度一张。俱颐和轩东暖阁楼上。咂威喇嘛一张、帝狱主一张、勇保护法一张、阿弥陀佛一张、威罗瓦坛城一张。俱系抑斋。传旨：着镶边配轴头。钦此。于十二月二十七日将宁寿宫佛像十二轴并无倦斋、玉粹轩佛像各三轴呈进讫。

舆图房

七月二十六日接得副催长海柱持来奏折底一件，内开臣舒赫德、阿桂、英廉谨奏，为敬谨酌奏，请圣训事。前钦奉谕旨，今将盛京、吉林等处地方图样另行开展，绘为大图，并将所有各事迹节举大要兼清汉字分注图中，以备观省仰见我皇上敬承谟烈念切开创鸿图，欲以垂久远之至意。臣等伏查旧有皇舆全图共排，内载盛京等处地方正两排有余，其方幅有限，除载列地名之暇，不能复为标识。自应将盛京等处另绘全图，载入一切事迹，以昭详备。但恭查实录内所载各事迹甚多，即摘叙大要注入图内，亦不能太简。若按一地名分注一事迹，则清汉字行数不少而图之尺寸亦难展绘。今臣等再四商酌，所有图内地名有事迹者即叙载年月，并摘其要领数语标识于地名之下。即如萨尔浒山一处，拟注以天命四年三月，明兵四十七万分路来攻，太祖高皇帝统师歼其兵六万于此。凡图内有事迹，各地名俱拟照此标注。但查图内方格，每格仅止二寸，今所拟标识字迹虽属无多，而每格仍须量为展加六寸，方敷添注。其格项事迹图内既不能多行载入，臣等拟于图后照依次序，用清汉字详细录载，以便按图稽考。如此办理，前有标题，后有记载，似合体式。谨就臣等愚见所及，先行绘写图样，恭呈谕览，是否有当，伏候训示遵行。再从前曾经奉旨交盛京等处将军补行查出之地名，共七百余处，除应添入新图外，仍交舆图处将旧图详细增添，归入十排内刊刻存贮。合并声明谨奏。大学士于敏中字寄、大学士舒赫德、协办大学士尚书公阿桂、刑部尚书英廉。

乾隆四十一年七月十八日奉上谕：据舒赫德等奏，将盛京等处地方另行展绘，全图标题纪载，并请将各事迹兼清汉字依次附载图后，用备稽考。绘图呈样，自应如此办理。此图绘成刊刻时应将朕前日所降谕旨列于图首，以昭久远。至皇舆全图盛京仅有两排，止须将新查地名添入原图，照旧标识地名，毋庸纪载事迹，将此传谕知之。钦此。

记事录

三月初三日笔帖式海寿持来礼部汉字一件，内开为钦奉上谕事，仪制司案呈乾隆四十一年二月二十五日，本部恭领加上皇太后徽号敕谕一道，相应恭录，行文工部、内务府。将盛玉册、玉宝匣架、袱套、锁钥等项敬谨制造可也等因，前来回明中堂英廉、大人金辉、回明总管佛宁，准行记此。

十八日接得行在造办处寄来信帖，内开初九日太监胡世杰交功克金川得胜图九张各随说帖一张。传旨：着交如意馆艾启蒙、姚文瀚照先准过图样尺寸章法另行起稿，得时陆续送来呈览。钦此。

五月十二日员外郎四德、库掌福庆来说，太监胡世杰传旨：着丰升额、英廉照管西洋人艾起蒙、潘廷章在京内造办处画功臣像，其应画之人着丰升额传赴前来，再已故者亦着丰升额查看面貌相对者绘画。钦此。

七月十七日接得掌稿笔帖式海寿持来工部印文一件，内开工部为钦奉上谕事，制造库案呈。乾隆四十一年七月初九日准礼部咨称，内阁抄出。奉上谕：奉皇太后懿旨，顺嫔着晋封为妃。钦此。

所有应行典礼，各该衙门查例办理。钦此。钦遵。查定例内，册封妃，给金册、龟钮金印，金印由臣部铸造，金册并盛册之匣架、袱褥、仪仗等项，俱交与工部造办等因于兹。

乾隆四十一年七月初五日题，初八日奉旨：依议。钦此。钦遵。知照前来查，册封妃应给金册壹份，并盛册匣架、银镀金什件等项，例系本部会同造办处成造。仪仗壹份本部会同銮仪卫成造。相应移咨造办处，即行派员过部，以便会同成造可也。

又工部印文一件，内开工部为呈明事都水司案，呈准礼部文内开恭照册封顺妃，应用宣读笺册印之式，造送内阁，以便届期应用等因。随经呈明，原派员外郎阿尔呼达恭造，因该员现有差务，另派员外郎德起会同造办处，照依金册印式样恭造，送交内阁应用，仍知会造办处可也等因。回明中堂英廉，准行遵此。总管佛宁准行记此。于本日随奉中堂谕，着派员外郎连城、库掌福庆监视成办。遵此。

十月十八日军机处传：赏西北两路军营荷苞、福字、银锞，配箱盛装塞垫，包裹黑毡马皮。发报记此。伊犁伊勒图计：福字一张、花大荷包一对、小荷包一对、银钱二个、银锞四个，并索诺木策凌、永庆、全鉴、余金鳌，每人花大荷包一对、小荷包一对、银锞四个。库尔喀喇乌苏格奉额计：大荷包一对、小荷包一对、银锞二个。乌什桌克托、舒泰：每人花大荷包一对、小荷包一对、银锞四个，并鄂斯满，计：大荷包一对、小荷包一对、银锞二个。喀什噶尔雅德：大荷包一对、小荷包一对、银锞四个，并阿奇木、色提布阿勒弟，每人大荷包一对、小荷包一对、银锞二个。英阿杂尔素尔坦和桌：大荷包一对、小荷包一对、银锞二个。叶尔羌马兴阿、淑保：每人大荷包一对、小荷包一对、银锞四个，并鄂对，花大荷包一对、小荷包一对、银锞二个。和阗长福、德风：每人大荷包一对、小荷包一对、银锞二个。土尔番额敏和卓计：花大荷包一对、小荷包一对、银锞四个，并素赖满计：花大荷包一对、小荷包一对、银锞四个。哈密伊萨克：花大荷色一对、小荷包一对、银钱二个、银锞四个。巴里坤戴兴阿计：大荷包一对、小荷包一对、银锞二个。古城永安计：大荷包一对、小荷包一对、银锞二个，并胡土苓阿、车木楚克扎布，每人大荷包一对、小荷包三对、八宝一份，并明善、发福星，每人大荷包一对、小荷包一对、银锞四个，并车登多尔吉计大荷包一对、小荷包三对、八宝一份，并索林计：大荷包一对、小荷包一对、银锞四个。

二十八日军机处交，赏达赖喇嘛蟒缎一匹、妆缎一匹、锦二匹、彰绒二匹、玉陈设一件、珐琅碗二件、珐琅盘二件、红玻璃鼻壶一件、玻璃瓶一件、大荷苞一对、小荷包一对、哈达一个。赏班禅厄尔德尼：蟒缎一匹、妆缎一匹、锦二匹、彰绒二匹、小晶瓶一件、玻璃瓶一件、珐琅碗二件、珐琅盘二件、大荷包一对、小荷包一对、玻璃鼻烟壶一件、哈达一个。赏第穆胡土克图蟒缎一匹、妆缎一匹、锦一匹、彰绒一匹、珐琅碗一件、珐琅盘一件、小荷包二对、玻璃鼻烟壶一件、哈达一个。传旨：着配箱盛装塞垫，包裹黑毡马皮。记此。

十一月初六日军机处传：赏班禅厄尔德尼海龙褂蟒袍等项，配箱盛装塞垫，包黑毡马皮。发报记此。计开：黄缎面海龙褂一件、鹅黄蟒袍料一件、银龛一座内供催生石佛一尊、磁五供一份木座、珊瑚朝珠一盘随青金佛头塔、松石背云记念、碧牙西大小坠角、加间珠子四颗。

十五日笔帖式同德持来旨意帖二件，内开大学士舒赫德谨奏：查得安南钱十七串，共八千三百三十文，计四十一种，其中太平等钱二十三种，为数较多，谨遵旨于每种内检出十文进呈。又大观等钱十八种，每种原数俱不及十文。令将原钱一并恭进，其余各钱交与造办处销毁。谨奏。于十一月初九日奉旨：知道了。钦此。

十二月十二日掌稿笔帖式海寿持来工部汉字印文，内开乾隆四十一年十二月初四日准礼部文开，恭照此次册封诚嫔，循嫔典礼应用宣读纸册二份，相应移咨工部，即照恭造金册之式，造送内阁，以便届期应用等因，前来相应呈明。派出员外郎舒通阿，前往会同造办处官员照依金册式样作速敬谨办造纸册二份，交送内阁，以便届期应用。再派郎中都尔松阿随工查验，将用过物料及尺寸做法据实开单，加结呈报，以凭核销，相应移咨造办处，查照办理可也等因。回明尚书英廉、公额驸福隆安、大人金辉，回明总管永德、佛宁。准行记此。

行文

正月二十日员外郎四德、库掌五德来说，太监胡世杰传旨：宁寿宫景祺阁寝宫夔龙门外两边换嵌玉挂屏做春屏彩胜一对，景祺阁门外穿堂元光门两边换节画成做春屏彩胜一对，萃赏楼下面西宝座靠背上换方琮画斗亦做春屏彩胜一件，俱量准尺寸，发往苏州，交舒文成做送来。钦此。景祺阁寝宫夔龙门两边春屏彩胜一对，高三尺二寸、宽二尺一寸。景祺阁门外穿堂元光门两边春屏彩胜一对，高三尺一寸，宽二尺二寸。萃赏楼下面西宝座靠背上春屏彩胜一件，高三尺五寸、宽三尺八寸。于四十一年十二月二十四日员外郎四德、库掌五德等将苏州送到春屏彩胜五件持进交太监如意呈进，各按原处挂讫。

二十六日接得员外郎六格押帖一件，内开正月初六日首领董五经交：仇英春山游骑一卷、朱玉上元灯戏图一卷、元人杂蔬写生一卷、弘旿石匣龙潭图一卷、弘旿含晖顺序二册、弘旿荟景成观二册、宋人上林瑞雪一轴、宋人货郎图一轴、元海云雪经探春一轴、赵雍三阳开泰一轴、边文进香海鸣韶一轴、王冕墨梅一轴、元人簪花钟馗一轴、王谔溪桥访友一轴、文徵明清溪茅屋一轴、李士达岁朝村庆一轴、李肇亨鹊送春声一轴、顾正谊开报喜一轴、明人合笔早春仙世一轴、刘原起雪景一轴、蒋廷锡五清图一轴、永瑢严寺春雪一轴、永瑢山村秋树一轴、周昉书麻姑仙坛记并图一轴。传旨：着交启祥宫，将挂轴做囊，册页做套，手卷配袱别，样子发往南边，依前做法照样做来。钦此。于四十一年七月二十八日随围库掌五德将苏州送到玉别锦袱六份呈进讫。

二十六日接得员外郎六格押帖一件，内开正月初六日首领董五经交御笔黄笺纸三老五更说字手卷一卷、御笔黄笺纸读礼记文王世子篇字手卷一卷。传旨：着启祥宫配袱别，样子发往南边，依前做法照样做来。钦此。

二月十五日库掌五德来说，总管王成传旨：圆明园、长春园等处年节陈设盆景四十件，陈旧落色。着交长芦盐政西宁、杭州织造福海、江宁织造基原、九江关监督全德，每处各十件，将旧色退去，另着色见新，算贡呈进。钦此。随交：长芦盆景十件，计开：绢花红漆梅花式盆景一对、绢花红漆长方盆一对、牙花紫檀镶玻璃盆景一对、牙花铜珐琅海棠式盆景一对、绢花黄杨镶玻璃八方盆一对。并交杭州盆景十件，计开：牙花青花磁长方盆景一对、牙花均釉菊瓣腰元盆景一对、牙花汝釉入角长方盆景一对、绢花白磁如意口渣斗盆景一对、牙花泡速山景一件、牙花铜珐琅镶玻璃长方盆景一件。又交江宁盆景十份，计开：牙花五彩磁腰元盆景一对、牙花绿釉荷叶盆景一对、牙花冬青釉葵花盆景一对、绢花蓝玻璃海棠盆景一对、牙花鹤鹿山景一件。随交九江关盆景十件，计开：牙花铜珐琅入角长方盆景一对、牙花铜珐琅海棠式盆景一对、绢花红漆菱花式盆景一对、牙花泡速素山盆景一件、牙花木胎嵌冻石长方盆景一件、绢花红雕漆菱花式盆景一对。于十二月十五日将江宁送到收什见新盆景十件呈进讫。于十二月十五日将杭州送到收什见新盆景十件呈进讫。于十二月十五日将九江关送到收什见新盆景十件呈进讫。

五月初四日员外郎四德、库掌五德、福庆来说，太监鄂勒里传旨：养心殿东暖阁大宝座、正宝座、明窗宝座，并后殿明殿大宝座上现铺设迎手、靠背、坐褥量准尺寸，交舒文绣做四份，坐褥要绵花胎，算伊贡内呈进。除此外不必再进。钦此。

六月初八日灯作催长常住将画得养心殿东暖阁坐褥、靠背、迎手画样三份，内一份着色，后殿明殿着色坐褥、靠背、迎手画样一份，并绣褥尺寸单一份衣素褥尺寸单一份，由报发去等因。于六月初九日库掌五德接到画样四份，交太监鄂勒里呈览。据伊说此样不必呈览，已有旨意，照旧花样画样，发往苏州绣做，多加绵花放厚就是了等语。记此。六月十一日将画迎手、靠背、坐褥样四份交苏州坐京家人苏赫领去讫。于十一月十三日库掌五德、福庆将苏州织造舒文送到绣迎手靠背、坐褥二份交太监如意呈进讫。于四十一年十二月二十四日员外郎四德、库掌五德等将苏州送到明窗绣迎手、靠背、坐褥一份交太监如意呈进交原处安讫。于四十二年八月初十日员外郎四德、五德将苏州送到后殿绣迎手、靠背、坐褥一份交太监如意呈进，交原处讫。

六月十七日接得郎中图明阿押帖一件，内开本月十二日首领董五经交御题徐扬画墨法集要图沈初书说手卷一卷、御制五福颂弘旿书手卷一卷、御笔四大字引首一张随赵孟頫乐志论书画合牌手卷一卷、贾全画二十七老沈初书诗手卷一卷、周之冕花卉手卷一卷、刘原起喜雨图手卷一卷、弘旿画万年瑞松手卷一卷、文徵明关山积雪图手卷一卷、王翚秋江晚渚图手卷一卷、文嘉遥山高树图一轴、文徵明春山夜雨图一轴、莫是龙仿赵大年江乡小景一轴、文伯仁仿荆浩笔意一轴、陈宪章山水一轴、邹一桂岁寒三友图一轴、钦揖仿赵孟頫设色山水一轴、曹知白山水一轴、明宣德画金盆鹁鸽一轴、蒋廷锡画牡丹一轴、赵孟坚素心兰一轴、陆治锦葵文雉图一轴、宋刻丝萱荣芸秀图一轴、吴云溪午纳凉图一轴、宋人神禹开山图一轴、高克恭山水一轴、明人画观音大士像一轴、明人画文殊大士像一轴、明人画普贤大士像一轴、陈洪绶莲池应化一轴、王履吉楷书十册、王石谷墨迹一册。传旨：着交如意馆，将挂轴配囊，内四轴安绫签子。王石谷册页做锦套。王履吉楷书十册做匣。手卷一卷换引首，用四大字一张。其余手卷俱各做匣，配袱别，样子发往南边，依前做法照样做来。钦此。于四十二年二月初五日员外郎四德、库掌福庆将苏州送到玉别锦袱八份交太监如意呈进，交如意馆讫。

十月二十日接得郎中圆明阿押帖，内开十六日董五经交御笔笺纸搜苗猎狩说字手卷二卷、御笔读孟子滕公章句手卷二卷、御笔书洪咨夔春秋说谕隐公作伪事手卷一卷、御笔读汉书手卷一卷。传旨：着交启祥宫配袱别，样子发往南边，照样送来。钦此。于四十二年五月二十三日将苏州送到玉别锦袱六份呈进讫。

十一月十九日员外郎四德、库掌五德来说，太监如意交：画像十臂观音一轴、绣秘密佛一轴、绣威罗瓦一轴、绣上乐王佛一轴俱银轴头，俱吉云楼佛箱内。传旨：着交苏州织造舒文处，照画像佛一样绣做三轴，照绣佛像三轴各绣做二轴，得时不必沿边、配轴头，即送京着造办处沿边、配轴头。钦此。于四十三年正月二十七日将苏州送到绣佛像三轴随做样佛像一轴呈进讫。于十一月二十七日将苏州送到绣佛像六轴随做样佛像呈进讫。

热河随围

六月十三日太监如意传旨：布达拉庙都罡殿南楼东西间供塔楼内南墙上现挂连七挂像佛各一轴，两边白子比明间现挂佛像白子大了，着请来各将锦边放宽，要与明间现挂佛像白子一样。钦此。于十四日将布达拉庙南楼上连七挂像佛二轴请来量得，须加宽二寸等情，又挑得芳元园库内织锦一匹、金黄绸一块呈览。奉旨：准其每道边用锦加宽二寸改做。钦此。

七月十二日太监如意传旨：万壑松风殿内现设围屏十二座，座子亦用紫檀木包厢。钦此。于八月初六日将围屏十二扇座子包得紫檀木呈进讫。

二十日总管倪兴旺交：紫檀木边嵌珐琅片挂屏一对、紫檀木边嵌玉挂屏三对、文竹格子挂屏一对、缂丝挂屏一对。传旨：将挂屏六对在清闷格等处安挂。钦此。计开：清闷阁珐琅片挂屏一对、横碧轩嵌玉挂屏一对、水芳岩秀嵌玉挂屏一对、金莲映日嵌玉挂屏一对、云帆月舫文竹屏挂缂丝挂屏各一对。

二十四日总管倪兴旺交嵌玉字挂屏二件。传旨：着在千尺雪殿内北间东西墙上挂。钦此。

广木作

二月初四日员外郎四德、库掌五德来说，太监胡世杰传旨：养心殿东暖阁大宝座现安嵌玉二块紫檀如意，着画样带往圆明园，挑玉成做如意一柄。钦此。于初六日库掌五德、福庆来说，太监胡世杰交汉玉莲鹅一件、汉玉汗纹琴扫把一件。传旨：着东暖阁大宝座陈设如意样成做如意一柄，先做样呈览。钦此。于初八日将汉玉莲鹅一件、汉玉琴扫把一件照养心殿东暖阁大宝座现设如意样做得刁虞书十二章如意木样一件呈览。奉旨：准照样往细致里做。钦此。于四月二十七日将嵌玉紫檀木如意一柄呈进讫。

四月二十九日员外郎四德、库掌五德来说，太监胡世杰交：錽金什件嵌珊瑚录（绿）苗石剑一把、银什件嵌珊瑚录（绿）苗石鞔皮剑二把、嵌珊瑚录（绿）苗石鞔皮银什件剑一把、嵌珊瑚录（绿）苗石鞔二色皮银什件剑一把阿桂丰盛额进。传旨：将剑五把有不齐处粘补收什，配楠木罩盖匣一件盛装，安格断五个，得时交武成殿摆。钦此。于四十二年三月初十日将嵌珊瑚录（绿）苗石剑五把配得楠木匣，交懋勤殿，匣盖上刻得四样字呈览。奉旨：交武成殿。钦此。

五月初六日员外郎四德、库掌福庆来说，太监胡世杰交雕云龙插盖手卷匣一件，上刻御笔紫光阁五十功臣像赞签子。传旨：着照样成做一件，得时装新画五十功臣像手卷用。钦此。于十月初十日员外郎四德将雕龙匣一件持进呈进讫。

十月初二日员外郎四德、库掌五德来说，太监如意交：象牙马吊牌四十个、纸马吊牌四十张、珐琅书套式匣一件内盛黑红墨、象牙骨牌一份、紫檀木双陆盘一件、哥窑杯盘壶一件、掐丝珐琅炉一件、蜡阡一对、紫檀木嵌果子围棋盘一份、雕漆斗一件。传旨：将象牙马吊牌、纸马吊牌照交出书套式匣样配有屉匣盛装。骨牌一份配紫檀木拉道填金匣。双陆盘照样收短一寸成做一件，内配玉双陆骰子。相棋随棋盘着启祥宫挑玉呈览。哥窑杯盘壶一份配紫檀木。都盛盘一件安托挤。珐琅炉蜡阡照样成做一份，其围棋盘一件照样成做一件，刁漆斗一件配玻璃罩，得时在养心殿围元桌上安设。务赶十二月初十日要得。钦此。于初九日交红漆斗一件如意馆收什得。传旨：刁漆斗俟明年撤年节陈设后发往苏州，里子从漆见新，外面不必动，再照样成做二件送来。钦此。

十一月十八日员外郎四德、库掌五德来说，太监如意交白玉养心殿宝三方。传旨：着配匣盛装，先呈样。钦此。于二十四日将玉宝三方配得合牌罩盖，匣样上画汉纹式样，持进呈览。奉旨：照样准做，不要面签。钦此。于四十二年正月初七日将白玉宝三方配得罩盖匣呈进讫。

二十二日员外郎四德、库掌五德来说，太监如意交碧玉圆明园引首宝三方。传旨：着配匣盛装，先呈样。钦此。于二十六日将玉引首宝三方配得合牌罩盖，画样上画汉纹式花纹呈览。奉旨：照样准做。钦此。于四十二年正月二十二日将碧玉圆明园宝二方引首一方配得紫檀木匣盛装呈览。奉旨：引首宝上字刻的浅，交如意往深里刻。钦此。

匣裱作

二月初三日员外郎四德、库掌五德来说，太监胡世杰交青玉宝一方、青玉册页十片。传旨：着配罩盖匣盛装，先呈样。钦此。于初四日将玉宝一方、册页十片各配得盒牌、罩盖画样一件，并恭查乾隆三十六年皇太后八旬大庆用过骚青纸泥金字表折一份，其糊锦壳面套匣等件经本处奏明，由内库领用，大花宋锦成做在案。今加上皇太后徽号所用骚青纸泥金字表折上壳面套匣等件之锦请照例向内库领用，缮写折片呈览具奏。奉旨：罩盖匣准做。其宋锦准向里要用。钦此。于初六日总管王成交黄地大花宋锦一块。传旨：着做表折上壳面套匣棉锦套用。钦此。于四月二十日接得行在造办处信帖，内开十八日奉中堂英廉谕，为画呈进皇太后表折头尾花纹，着寄与行在应将如何办理之处，回明寄信来京，以备赶画等谕，随将此情等因回明中堂于。于本日中堂于面奉旨：此次表折头尾花纹俱画云龙。钦此。随奉中堂于谕：往细致里画，其面签上字我寄信与董大人去等谕。今将黄纸表折仍由报发回，急速办理等因，于二十一日库掌舒明阿随画得九龙纸样一张、独龙纸样一张，呈中堂香阅。随奉谕：准用九龙样画泥金头尾。遵此。于四月二十七日将做得紫檀木宝匣一件、册页匣一件进交如意馆讫。于四月二十八日将骚青纸表折一份持赴交懋勤殿讫。

四月二十九日库掌五德、福庆来说，太监如意交文竹长方罩盖匣一对，内盛：御笔阅永定河记手卷一卷、御笔渔樵二十四咏手卷一卷。传旨：将盒打磨好，交瀛台。钦此。于五月十六日将文竹罩盖匣一对内盛手卷一卷呈进讫。

五月初五日员外郎四德、库掌五德福庆来说，太监胡世杰交：定磁双螭虎水盛一件架座、汉白玉骆驼一件木座、汉白玉鸡一件木座、汉玉双喜筒子一件铜胆木座、青白玉娃娃二件木座、白玉三阳开泰一件木座、汝釉小瓶一件木座、青白玉鹿苓芝一件木座、白玉娃娃二件木座、青花白地小瓶一件木座、青绿八卦水注一件随水汲木座、白玉仙人一件木座、汉白玉素洗一件木座、白磁小娃娃一件木座、青白玉小罐一件木座、白磁斗式罐一件随汉玉胆面木座、汉白玉玉兰花二件木座、汉青玉异兽一件木座、汉白玉莲鹅一件木座、青玉猫一件木座、五彩酒元一件木座、白玉长方洗一件木座、汉白玉羚羊一件木座、青白玉小花樽一件木座、汉玉马一件木座、汉玉拱璧一件架座、汉青玉犬一件木座、汉青玉骆驼一件木座、汉玉荷叶笔掭一件木座、汉青玉象一件木座、白玉卧马一件木座、汉白玉乳丁压脐一件木座。传旨：着配装百什件。钦此。

十一月十九日员外郎四德、库掌五德来说，太监如意交嘎布拉扎穆鲁鼓一件，上随金厢松石腰箍金圈、松石结子、白绫绣八宝飘带、珠挂络五挂计珠十五颗、嵌红宝石坠角三个、蓝宝石二个、珊瑚豆三个、鞔皮画金套一件、铜铃杵一份俱慧曜楼收供，随鞔皮画金套盛装。传旨：着办写达赖喇嘛恭进大益利嘎布拉扎穆鲁鼓铃杵，四样字白绫签字，得时交养性殿收供。钦此。于十一月二十六日将扎鲁鼓铃杵一份写得白绫签呈进讫。

十二月初九日员外郎四德、库掌五德来说，太监常宁传旨：着金辉会同董五经将宁寿宫梵华楼上楼下六品佛门十二座照慧曜楼门斗上现贴磁青纸四样泥金字说语一样，办写二十四张，其纸向懋勤殿要用，其汉字着翰林写，其余三样字着交章嘉胡土克图办写。钦此。随副都统金辉派人查看得梵华楼上东间东墙现挂红洋锦边护法一轴，因高不能贴四样字语，将护法一轴交太监常宁呈览口奏。奉旨：将护法挂轴份位，着按假门筒上边贴四样字。佛说护法挂轴着将红洋锦边里子去了，托贴在假门筒内。钦此。

如意馆

一月二十六日接得员外郎六格押帖一件，内开正月初四日首领董五经交：仇英水月大士一轴、明人九天庆祝图一轴、番画无量寿佛一轴、蒋王氏绣线观音大世一轴、陈淳先春锦绣图一轴、丁云鹏芝兰瑞石一轴、张景苍画四景山水一轴、兰瑛画仙洲瑞石一轴。传旨：着启祥宫将挂轴做囊，册页做套。钦此。

二月十八日接得员外郎六格押帖一件，内开正月十九日太监胡世杰传旨：着交如意馆，从四十年起每年每月初一日十五日沐佛日，万寿日用内库锦装黄御笔心经各一份，其袱子俱安白绫里子。钦此。

五月十六日接得郎中图明阿押帖一件，内开五月初七日首领董五经交徐扬宣纸画南巡图十二卷。传旨：着交如意馆裱手卷十二卷。钦此。用楠木天杆长二尺四寸、见方五寸十二根，地杆长二尺四寸、径圆一寸十二根。

十六日接得郎中图明阿押帖一件，内开初六日太监胡世杰传旨：着西洋人艾启蒙、贺清泰、潘廷章画油画脸像一百个。钦此。

十六日接得郎中图明阿押帖一件，内开初七日太监胡世杰传旨：紫光阁前抱厦东墙平定金川告成太学碑文绢字一张，西墙着徐扬、姚文瀚画噶喇依得胜图绢画一张。钦此。

六月十七日接得郎中图明阿押帖一件，内开本月十二日首领董五经交：御笔黄笺纸平定两金川告成太学碑文字一张、胡桂宣纸山水横披一张。传旨：着交如意馆，将字画横披裱手卷二卷。钦此。

十七日接得郎中图明阿押帖一件，内开六月初三日首领董五经交宣纸六张。传旨：着徐扬画金川战图。钦此。

十七日接得郎中图明阿押帖一件，内开六月初三日首领董五经交宣纸四张。传旨：着徐扬画皇太后万寿图。钦此。

九月二十六日员外郎四德、库掌五德、福庆来说，太监如意交：孔雀膀一千二百披署云贵总督图思德进、孔雀膀一千二百披署云南巡抚图思德进。传旨：将孔雀膀十披交启祥宫，其余俱交武备院。钦此。于本月二十七日将孔雀膀二千三百九十披武备院领去讫。启祥宫领去孔雀膀十披。记此。

十月初五日接得郎中图明阿押帖，内开九月二十九日首领董五经交：御笔用白居易新乐府五十章诗字八十一开、御笔字八开画四开、金士松写平定两金川碑文字四十一开。传旨：着交启祥宫，将御笔字画裱册页三册，御笔用白居易新乐府五十章诗字八十一开裱册页四册，金士松写平定两金川碑文字四十一开裱册页四册，共做一插套。钦此。

初十日接得郎中图明阿押帖，内开初一日首领吕进忠交御笔笺纸搜苗猎狩字二张、御笔读孟子滕文公章句字二张。传旨：着交启祥宫裱手卷四卷，得二卷交造办处做紫檀木雕龙匣，给热河摆，余二卷归宸翰。钦此。于十三日员外郎四德库掌五德将启祥宫现裱御笔笺纸搜苗猎狩字手卷一卷、御笔读孟子滕文公章句字手卷一卷配得盒牌雕龙匣样一件，交太监如意呈览。奉旨：照样准做。钦此。于十二月二十七日员外郎四德、库掌五德福庆将雕龙手卷匣二件，内盛搜苗猎狩手卷一卷、读孟子滕文公章句字手卷一卷持进交太监如意呈览。奉旨：

着交懋勤殿刻签子。钦此。

珐琅作

二月二十六日接得行在造办处寄来信帖，内开二十三日太监胡世杰传旨：着烧做掐丝珐琅炉瓶三式十份随木座，得时在南苑陈设。钦此。随奉金大人谕，着交珐琅处急速烧造，务于回銮以前要得，如不能全得，务必赶做几份。遵此。于四月二十五日将掐丝珐琅炉瓶三式十份随木座呈进讫。

八月十四日报上寄来旨意帖一件，内开八月初九日总管倪兴旺传旨：要炉瓶盒十份，俟回銮至圆明园时再画样呈览。准时务于明年巡幸以前发往热河安设。钦此。炉口径过四寸三分、径过三寸四分、二寸五分三分。于四十二年五月初三日郎中柏永吉将做得掐丝珐琅炉瓶三式十分交太监如意呈进，入流水档内配座讫。

十月初五日员外郎四德、库掌五德来说，太监如意交：铜药师佛一尊、掐丝珐琅六方龛一座木座、掐丝珐琅葫芦龛一座布达拉庙。传旨：将铜佛一尊配紫檀木墩垫起，照交出珐琅六方龛一样配龛一座，下面亦配花黎木座，在两边安供，其葫芦龛上螺蛳收什好，在中间安供成一堂。钦此。

十一月十五日接得郎中柏永吉押帖，内开初五日太监鄂勒里传旨：着珐琅处照西清古鉴内挑选好款式陈设大小画样呈览。钦此。于十四日郎中柏永吉画得掐丝珐琅陈设纸样十二张，持进交太监如意呈览。奉旨：照样准做掐丝珐琅钵盂炉一件、周饕餮鼎一件、狮子瓶一件、甗一件、夔龙樽一件、飞脊花樽一件、周敦一件，其余不必做。钦此。于四十二年正月初八日郎 中柏永吉将做得掐丝珐琅夔龙樽一件、飞脊花樽一件交太监荣世泰呈览。奉旨：着再镀金一遍，其夔龙樽里子不必再镀。钦此。于正月十四日将做得掐丝珐琅镀金二次飞脊元瓶夔龙樽各一件持进呈览。奉旨：着交造办处配座。钦此。于二十二日将掐丝珐琅飞脊元瓶一件、掐丝珐琅夔龙樽一件各配云办腿木座样呈览。奉旨：照样准做。钦此。于二十九日将掐丝珐琅樽一件瓶一件配得座呈进讫。于二月二十四日将掐丝珐琅周饕餮鼎一件、狮子瓶一件交太监如意呈览。奉旨：俱着再镀金一次。钦此。于三月初二日将掐丝法镀金二遍周饕餮鼎狮子瓶各一件持进呈览。奉旨：着再镀金一遍，其周饕餮鼎一件亦着镀金一遍。钦此。于三月二十日接得郎中柏永吉押帖，内开十六日将镀金三次饕餮鼎一件、狮子瓶一件并现做未完掐丝珐琅钵盂炉等陈设持进呈览。奉旨：着照狮子瓶一件未完陈设内三足鼎、钵、盂、炉、甗等俱照样各做一件，共成四件。钦此。于四月初八日郎柏永吉将镀金一遍掐丝珐琅周墩钵、盂、炉、甗交太监如意呈览。奉旨：着外面俱着再镀金二遍，甗里亦镀金一遍，钵盂炉里不必再镀，其周墩一件交造办处配一寸高紫檀木座，得时交万寿山。钦此。于五月十七日将镀金五遍掐丝珐琅甗、钵、盂、炉、周墩各一件持进呈览。奉旨：甗一件、钵、盂、炉一件俱交乾清宫。周墩一件交造办处，配一寸高紫檀木座，交万寿山倚澜堂。钦此。于五月十七日将掐丝珐琅狮子瓶三足鼎炉、钵、盂炉、甗等交太监鄂鲁里呈览。奉旨：俟得时外面俱镀金五遍，里子俱镀金一遍。钦此。于四十二年五月二十八日将周墩一件配得座呈进讫。于六月初九日接得郎中柏永吉押帖，内开将做得镀金五遍狮子瓶、三足鼎、钵盂炉甗交太监如意呈览。奉旨：交造办处配紫檀木座，再照此四件样式每样各成做，一共成做四件。钦此。于六月十一日将珐琅狮子瓶一件配得木座样，持进交太监如意呈览。奉旨：照样准做。钦此。于六月十八日将狮子瓶一件配得座呈进讫。于七月初二日将钵盂炉一件配得座呈进讫。初七月初五日将掐丝珐琅甗配得座呈进讫。于七月初五日将掐丝珐琅三足鼎炉一件配得座盖请领内庭玉顶嵌安，交太监如意呈览。奉旨：准向王成要用。钦此。于七月初七日员外郎四德来说，总管王成交汉玉三喜顶一件。传旨：着在三足鼎炉上用。钦此。于初八日将三足鼎炉嵌得玉顶呈进讫。于九月初八日将现做未完三足鼎一件、钵盂炉一件、甗一件、狮子瓶一件交太监鄂勒里呈览。奉旨：俟得时外面俱着镀金五遍，其余三足鼎炉一件里子镀金二遍，其余里子镀金一遍。钦此。于九月二十九日将做得三足鼎炉一件配得座盖交太监鄂勒里呈览。奉旨：着向内库查玉顶嵌安。钦此。于三十日员外郎四德、库掌五德来说，太监如意交汉青玉莲鹅顶一件。传旨：着在炉盖嵌安。钦此。于十月初一日将三足鼎炉盖上嵌得玉顶呈进讫。于初九日将珐琅甗一件配得座呈进讫。于四十二年十月二十六日将狮子一件配得座呈进讫。于十一月十五日将钵盂炉一件配得座呈进讫。

十五日员外郎四德、库掌五德来说，太监如意交：磁胎画珐琅双带耳瓶一件、磁胎画珐琅合欢盖罐一件、铜胎广珐琅元盒一件、铜胎画珐琅元盒三件、铜胎画珐琅双耳罐一件、铜胎画珐琅查斗一件、铜胎画珐琅撇口罐一件、铜胎画珐琅瓶一件、铜胎画珐琅碟大小各一件、铜胎画珐琅盖碗一件珊瑚顶、铜胎画珐琅盘一件、铜胎广珐琅元盒一件、铜胎画珐琅杯盘壶一份、铜胎画珐琅撇口瓶一件、铜胎画珐琅盖罐一对、铜胎画珐琅酒壶一对、铜胎画珐琅瓜瓣卣壶一对、铜胎画珐琅撇口小瓶一对、铜胎画珐琅炉瓶三式一份、铜胎画珐琅双陆瓶一对俱乾清宫。传旨：着各配楠木插盖匣盛装，内有成对成份者配匣一件，其腰元盒三件亦配匣一件，得时刻名色签字。钦此。于四十二年九月二十日员外郎四德、库掌福庆将珐琅瓶罐杯盘等三十三件配得楠木匣二十件呈览。奉旨：懋勤殿刻名色签子。钦此。

十二月初九日员外郎四德、库掌五德来说，太监如意交：掐丝珐琅象鼻腿鼎炉一件、掐丝珐琅八仙庆寿樽二件、掐丝珐琅龙凤提梁壶一对、掐丝珐琅卣铫二件俱宁寿宫。传旨：着查镀饰过几遍金查明，连对牌呈览。钦此。随查得掐丝珐琅象鼻腿元炉一件系三十二年四月成做，按例镀饰金一遍，随镀金一遍，对牌一块。掐丝珐琅八仙庆寿樽一对、掐丝珐琅龙凤提梁壶一对、掐丝珐琅卣铫二件，以上三项系按例加三倍镀饰过，随镀金四次，对牌一块，呈览。奉旨：将樽壶卣铫仍交宁寿宫，其鼎炉按例加三倍镀饰。

铸炉处

正月初四日员外郎四德、库掌五德、福庆来说，太监胡世杰传旨：养心殿现设铜三鹤鼎炉腿子耳子有损坏处，着收拾。钦此。

十月初五日催长明德持来旨意帖一件，内开副都统金辉面奉谕旨：皇极门外现安铁缸分位，着造铜缸四口安设。钦此。副都统金辉谨奏，本年十月初五日奉旨：皇极门外现安铁缸分位，着造铜缸四件安设。钦此，钦遵。奴才随交铸炉处官员即行办造，今据该员等禀称，成造烧古铜缸四件做法系翻沙，先做模子，须刨坑，土坯砌成泥子，俟干透方用木车镟做。后罩皮干后，将沙皮起下，减子修灰，得时又将沙皮安放合对，其夹缝内用铜钉支住，外用铁丝捆住，沙皮又用劳麻黄泥麻做，用土埋住，方行住铸造。其层层做法，俱用泥水成做，必须天气和暖时成做，铸得方保无虞。今此次铜缸若于今冬做模，将来铸造时亦难免裂纹，不妥之处等语。奴才查铸造铜缸必须先做沙模，干后始行铸造。今时值冬令，若做泥水活计，其泥子恐不无冻化坍裂之虞。现令该员等备办各项物料，安炉，烧打铜斤，扬化铜条，俟明岁春融时，即令该员作速成砌泥子上紧，如式铸造。理合将实在情形先行奏明。谨奏。于十一月初二日交太监鄂勒里具奏。奉旨：知道了。钦此。

尚书英廉、副都统金辉谨奏，为约估铜斤工料银两事。乾隆四十一年十月初五日奉旨：皇极门外现安铁缸分位，着造铜缸四口安设。钦此。钦遵。奴才等随交铸炉处官员按前造过铜缸节省之例详加估计，成造口径五尺烧古铜缸四件，共约用黄铜二万二千八百五十七斤，买办物料及匠夫工价估用银一千八百二十三两四钱二分八厘。所需铜斤查铸炉处库存铜斤内足敷铸造，应用工料银两由本处库存银内支发，煤炭铁丝等项由各该处领取应用。奴才等另行派员查验核销，现今已令烧打铜斤，扬化铜条，备办各项物料，俟明春融和时，即令该员等成砌泥子，如式铸造。谨约用铜斤、工料、银两细数，敬缮清单具奏。于十一月十八日具奏。奉旨：知道了。钦此。

奴才英廉、金辉谨奏，为奏销工料银两铜斤事。乾隆四十一年十月初五日奉旨成造宁寿宫皇极门外换安铜缸四件俱已造得，按时安设。今据铸炉处官员等报称，成造口径五尺烧古铜缸四件，按例应用铸凿嵌补等匠八千三百五十五工，内节省二成计一千六百八十四工五分，实用六千六百八十四工五分。应用锉刮磨匠四千二百五十七工五分，内节省二成半计一千六十四工分，实用三千一百九十三工，共节省各项匠役二千七百三十五工，计工银四百二十一两一钱九分。除节省外，实用过铸凿锉刮等匠并烧古匠三百十九工，统计每工按一钱五分四厘核计，共用银一千五百七十两二钱六分一厘。刨坑拉运活计等项按例用夫一千二百四十七名，实用九百八十七名，每名按八分核计，用银七十八两九钱六分。铜缸四口通共用匠夫工价银一千六百四十九两二钱二分一厘，买办物料共用银一百九十二两一分。用过铸炉处存贮铜二万一千一百五十二斤十三两。呈报前来。奴才等随派郎中佛宁率同查核。房官员等详细查称斤两尺寸，除节省外，所用工料银两数目均与从前造过铜缸之例相符。奴才等覆查无异谨将用过工料银两细数敬缮清单，一并恭呈御览。谨奏。于四十三年七月十八日具奏。奉旨：知道了。钦此。

十一月十三日员外郎四德、库掌五德来说，太监如意交铜烧古乳炉十件。传旨：着收什古色。钦此。于十二月初二日将乳炉一件收什好呈览。奉旨：交三希堂安设。钦此。

乾隆四十二年

行文

二月初五日员外郎四德、库掌福庆、笔帖式九格来说，总管王成、倪兴旺交：花梨嵌牙画玻璃葫芦座灯一对九州清晏、彩漆画玻璃六方座灯一对如园、紫檀彩漆纳纱五福骈臻灯二对澄虚榭、紫檀画玻璃方灯十对、天心水面九对一对、安澜园一对一样、花梨宝盖绣纱灯四对、韶景轩六方二对、思永斋四方二对、紫檀画玻璃八方灯八对、汇芳书院四对、紫碧山房二对、严芳榭二对、紫檀宝盖穿建珠方灯八对清漪园、彩漆画明角连二灯一对清漪园、彩漆画明角连三灯一对清漪园、铜宝盖画玻璃方灯八对随换绿穗，熙春园。传旨：着交淮关监督伊龄阿收什见新。钦此。于四十二年十二月十六日伊龄阿送到收什见新灯四十四对呈进，交原处讫。

四月二十九日员外郎四德、五德来说，太监如意传旨：着传与粤海关监督德魁，将轿内安设之自打时刻钟采办一二件送来，或单打时刻带问者俱可。钦此。于八月初八日员外郎四德、五德将粤海关送到五针轿钟一件持进交太监如意呈进，交做钟处讫。于十一月二十三日员外郎四德、五德将粤海关送到五针轿钟一件持进交太监如意呈进，交做钟处讫。

五月初四日副都统金辉面奏：看得广东西洋珐琅料比较京内西洋珐琅料宝色水头俱各鲜明，奏请向德魁要些亮红亮绿各样颜色西洋珐琅料送来，以备成做西洋珐琅活计应用。奉旨：准向德魁要。钦此。于十一月十三日员外郎四德、五德将粤海关监督德魁送到西洋珐琅颜料六十四斤八两交太监如意呈进，交珐琅处讫。

二十六日员外郎四德、五德来说，太监常宁传旨：含经堂东配殿内南北次间依窗户间柱分中安设长一丈、宽二尺六寸、高三尺大案一对，穿堂内依南北坎窗方柱齐分中安设长一丈三尺二寸、宽三尺、高三尺大案一对。再文源阁、文渊阁、文津阁书格前分柱中各添设长七尺三寸四份，宽二尺六寸、高三尺大案一对，俱照养心殿东暖阁内东头现设紫檀木雕花案样画样，交粤海关监督德魁成做，算官贡内案数呈进。钦此。于六月初一日员外郎四德为含经堂东配殿并穿堂各安设大案一对，文源阁、文渊阁、文津阁各添设大案一对，俱照养心殿东暖阁现设雕花大案样式画得纸样一张，各贴尺寸黄签交太监常宁呈览。奉旨：照样准做。钦此。于十二月二十日粤海关送到大案五对呈进，各交该处安讫。

六月初七日接得郎中图明阿押帖，内开五月二十五日首领董五经交王绎松下听泉一轴、李昭道曲江图一轴、陈洪绶消夏图一轴、宋人画罂粟一轴、陆治林亭晚眺一轴、王蒙炉香读书图一轴、宋徽宗题赵士雷湘乡小景手卷一卷。传旨：着交如意馆，将挂轴配囊，手卷做匣配袱别，样子发往南边，依前做法照样做来。钦此。于十二月初二日将苏州送到玉别锦袱二份呈进讫。

初七日接得郎中图明阿押帖，内开五月二十七日首领董五经交仇英兰亭修禊图一轴、导源利溥弘旿敬绘一卷、御制阅武楼阅武诗并绘图恭和一卷、御制拟白居易新乐府，五十章一卷。传旨：交如意馆配匣，配袱别，样子发往南边，依前做法照样做来。钦此。于十二月二十三日将苏州送到玉别锦袱四份呈进讫。

二十六日员外郎四德、五德来说，太监常宁传旨：着传与苏州织造舒文，成做一面金纸、一面素白纸棕竹股、高六寸一分小扇三十柄，高六寸六分小扇三十柄。钦此。于十二月初二日将苏州送到棕竹小扇六十柄呈进交懋勤殿讫。

七月初二日接得郎中图明阿押帖一件，内开六月二十一日西洋人汪达洪现做自行船一件，面奏需用洋法条八根。奉旨：着粤海关监督德魁即速办来。钦此。于本年十一月二十二日员外郎四德、五德将粤海关监督德魁送到法条八根持进交太监如意呈进，交如意馆讫。

初七日员外郎四德、五德来说，协办大学士英面奉谕旨：着传与粤海关监督德魁，将上好白檀香木作速采办送来。钦此。于十月初八日员外郎四德、五德将粤海关监督德魁送到白檀香木八十二枝重一千陆十七斤十三两持进交太监厄鲁里，呈进交库讫。十二月二十六日员外郎四德五德将粤海关监督德魁送到地扪香十六枝重九百七十六斤持进交太监额厄里呈进交库讫。

八月初四日员外郎四德来说，太监如意传旨：御花园摛藻堂殿内现设书阁空处着安设大案。钦此。随将摛藻堂殿内东西次间并两间拟画得大案二对，画得地盘纸样一张呈览。奉旨：交粤海关监督德魁成做面宽一丈、进深二尺八寸、高三尺大案二对，其花样做法俱照先发去成做含经堂等处大案一样成做。得时陆续随贡呈进，俟送到时将现设绣墩撤下。钦此。于四十三年五月二十五日将粤海关送到紫檀木大案二对呈进讫。

九月十六日接得郎中图明阿押帖，内开九月初四日首领董五经交王蒙长江万里图手卷一卷、御笔平定两金川战图十六咏册页一册。传旨：着如意馆将册页做套，手卷做匣，配袱别，样子发往南边，依前做法照样做来。钦此。

十一月十二日员外郎四德、五德来说，太监鄂勒里交：西洋珐琅黄地五彩花卉元盒一件康熙御制款、金胎西洋珐琅鼻烟壶一件粉红玻璃盖、五彩磁暗八仙鼻烟壶一件铜镀金盖、俱乾隆年款。传旨：将珐琅元盒着图明阿看明样式、花纹，即交进着伊照此元盒样款变别花纹大小成做数十件。其鼻烟壶二件俱交图明阿带去，照珐琅人物鼻烟壶款式变别花纹成做鼻烟壶数十件，照五彩磁鼻烟壶款式变别花纹厚里下收薄些，成做西洋珐琅鼻烟壶十件送来。钦此。于二十八日员外郎四德、五德来说，太监鄂勒里传旨：将珐琅处现配鼻烟壶洋漆抽屉一样，做一合牌抽屉准样交图明阿带去，将先交伊照磁鼻烟壶成做西洋珐琅鼻烟壶十件即按抽屉样里口将鼻烟壶胎股收薄，成做得时在抽屉内盛装八件，其余剩鼻烟壶二件。钦此。于四十三年五月二十八日员外郎四德来说，太监鄂勒里传旨：着传与图明阿将现做上等西洋珐琅元盒鼻烟壶并嗣后传与上等小式陈设俱加倍镀金，颜色要好。其年例成做赏用珐琅瓶、罐、盘、碗现在停止不做，如再传做时仍照例镀金，不必加镀。钦此。于四十三年七月初八日将粤海关送到广珐琅盖碗一对、鼻烟壶十二件、磁胎鼻烟壶十件、元盒八对呈进讫。

十一月十二日接得郎中保成押帖，内开十一月三十日首领董五经交御笔大宝箴字手卷一卷、御笔详解费誓篇手卷一卷。传旨：着启祥宫配袱别，样子发往南边，依前做法照样做来。钦此。于四十三年三月二十六日将苏州送到玉别锦袱各二件呈进讫。

十二月二十九日员外郎四德五德来说，太监鄂勒里交绣线释迦牟佛一轴玉壶冰。传旨：着交苏州照样绣做四轴，佛像上诗句宝俱要一样。四十三年呈进二轴，连原样一并送来呈览后，即将新佛像交章嘉胡图克土背后装藏。其余二轴四十四年送来。钦此。于四十三年十二月十五日将苏州送到绣佛像二轴呈进讫。

如意馆

二月十二日接得郎中图明阿押帖一件，内开正月十二日太监如意交犀角二个。传旨：着如意馆做杯三件，先画样呈览。钦此。于本日画得秋山行旅图纸样一张、春溪渔乐图纸样一张交太监如意呈览。奉旨：照样准做，照宁寿宫现陈设犀角杯样式一样成做。钦此。

二十三日接得郎中图明阿押帖一件，内开二月十二日首领董五经交：御笔藏经纸临苏轼帖四开、御笔藏经纸树石四开、梁图治宣纸字八开、御笔藏经纸临马远水四开、御笔藏经纸临米芾帖四开、董诰宣纸画八开、御笔粉笺纸王羲之帖四开、御笔藏经纸字画各四开、御笔粉笺纸王羲之帖四开。传旨：着交如意馆，俱各裱册页。钦此。

二十三日接得郎中图明阿押帖一件，内开二月十四日首领董五经交御笔用白居易新乐府五十章诗字八十一开。传旨：着交如意馆裱册页四册。钦此。

二十三日接得郎中图明阿押帖，内开二月十七日首领董五经交：郑重一指华严挂轴一轴、金廷标丝纶图一轴、曹夔音画许浑诗意一轴、谢遂仿元人滕王阁图一轴、宋人千相观音一轴、戴进画袁安卧雪一轴、苏汉臣春韶婴戏一轴、陆治水仙文石一轴、徐贲朱竹一轴、袁裴锦圃文禽一轴、俞山蟠桃图一轴。蒋廷锡画岁朝图一轴。赵孟頫艺秀兰芳一轴，宋刻丝天仙供寿图一轴，王蒙云崖飞瀑一轴，张宗苍雪景一轴，任仁发云山行旅图一轴，文徵明书太上常清静经册页一册，山左名胜册页一册，冯无咎书佛说阿弥陀经一册，杜陵内史岁朝图一轴，王武画花卉册页一册。传旨：着交如意馆将挂轴十八轴配囊，内一轴配白绫签子，册页四册配套，内一册配白绫签子。钦此。

三月十三日接得郎中图明阿押帖，内开二月二十四日首领董五经交御笔写蒲公英手卷一卷、御笔写生春兰手卷一卷、御笔临吴踞二帖手卷一卷、御临蔡襄二帖手卷一卷、御临薛绍彭帖手卷一卷、御临苏轼二帖手卷一卷、御笔写生梅石手卷一卷、御笔写生葛蒲手卷一卷、御笔写生古柯手卷一卷、御临黄庭坚帖手卷一卷、御临米芾二帖手卷一卷、御笔写生风竹手卷一卷。传旨：着交如意馆，俱各换织锦带、双须玉别子。钦此。

十三日接得郎中图明阿押帖，内开二月二十五日首领董五经交：六阿哥书心经一轴、谢遂仿宋人神禹开山图一轴、六阿哥画山水册页一册。传旨：着交如意馆，将挂轴二轴配囊，其心经囊上安白绫签子，册页一册配套。钦此。

十三日接得郎中图明阿押帖，内开二月二十五日太监如意交前五十功臣像手卷一卷。传旨：着姚文瀚照功臣像款式起稿，另画一卷。钦此。

十三日员外郎四德、五德、笔帖式九格来说，太监常宁传旨：照现画大行皇太后圣容尺寸一样，着艾起蒙在咸福宫绘画孝贤皇后御容一幅。钦此。于本月十七日员外郎四德、五德、笔帖式九格来说，太监常宁传旨：依兰太王儒学绘画大行皇太后圣容完时，即着伊等进咸福宫绘画孝贤皇后冠服。钦此。又于本月二十九日副都统金辉奉旨：孝圣宪皇后御容暂且不必托表，敬谨包裹收供，俟冬季进宫后再托表。钦此。于十月初六日金辉谨奏，三月二十九日奉旨：孝圣宪皇后圣容暂且不必托表，敬谨包裹收供，俟冬季进宫后着启祥宫托表。钦此。再咸福宫现收供绘画孝贤皇后御容请旨，一并交启祥宫托裱，缮写折片，持进交太监常宁具奏。奉旨：着黄福在咸福宫托裱，嗣后写冬季进宫，不许写大进宫。钦此。

二十五日接得郎中图明阿押帖一件，内开三月十九日太监如意传旨：着艾启蒙照徐扬画平定金川得胜图十六张起稿呈览。钦此。

四月初七日接得郎中图明阿押帖，内开三月二十九日首领董五经交：唐寅金萱图一轴、佛说戒德香经一册、御笔墨竹一轴、御临王羲之丘令帖一轴、御临王羲之安和帖一轴。传旨：交如意馆，将挂轴各配囊，佛说戒德香经一册配套安白绫签子。钦此。

十七日接得郎中图明阿押帖，内开四月初七日首领董五经交：空心挂轴料一幅、空心手卷料一幅、俞和临张养浩书忠佑庙碑文一册、贾全画十六罗汉一册、邹一桂山水一册、方士庶山水一册、严宏滋人物一册、冷枚画仕女一册、梅倬画仕女一册、沈喻画仕女一册、明绣罗汉二册、吴镇秋江渔隐一轴、宋刻丝八仙拱寿图一轴。传旨：着交如意馆，将册页配套，内罗汉三册安白绫签子，挂轴配囊，内刻丝八仙拱寿一轴安白绫签子，挂轴手卷料收贮做材料用。钦此。

十七日接得郎中图明阿押帖，内开四月初七日首领董五经交：钱陈群和御制生夏诗二十首册页一册、佛说戒德香经一册、真禅内印顿证虚凝法界金刚智经三册。传旨：交如意馆，将生夏诗册页一册换木壳面，其旧锦壳面拆下做材料用。戒德香经一册添紫檀壳面。金刚智经三册做插套。钦此。

六月初七日接得郎中图明阿押帖一件，内开五月二十六日首领董五经交：金廷标箫声泉韶一轴、唐宋元画集锦册页一册、张照临米芾书曹植元会诗一册。传旨：着交如意馆，将挂轴配囊，册页做套。钦此。

初七日接得郎中图明阿押帖一件，内开六月初三日贺清泰画得攻克美诺得胜图一张，呈览。奉旨：着交金辉刻铜板。钦此。

十六日接得郎中图明阿押帖一件，内开六月初六日首领董五经交御制书于敏中写明臣史可法复书睿亲王事字一张，随旧手卷一卷。传旨：着交如意馆，将宣纸字一张添裱在手卷大字后。钦此。

十六日接得郎中图明阿押帖一件。内开六月初七日首领董五经交：御制滦河濡水源考证并图手卷一卷、濡源徵绘手卷一卷随紫檀木匣。传旨：着交如意馆，换一色锦包首，做双须玉别，手卷二卷做一匣成装，其旧匣做材料用。钦此。

十六日接得郎中图明阿押帖一件，内开六月十三日首领董五经交明臣史可法像手卷一卷。传旨：着如意馆做紫檀木匣一件。钦此。

七月初二日接得郎中图明阿押帖一件，内开六月十七日首领董五经交御题序字一张、于敏中跋字一张、铜板画得胜图十六张。传旨：着如意馆裱册页一册。钦此。

十一日接得郎中图明阿押帖一件，内开七月初二日太监鄂鲁里传旨：着如意馆画四阿哥朝像一幅。钦此。

八月二十九日接得郎中图明阿押帖，内开十七日太监鄂鲁里传旨：铜板得胜图三十份着送武英殿钩对、题字、裱册页，又打卷三十份着如意馆年底题奏。钦此。

十月十五日接得郎中图明阿押帖，内开十月初八日太监厄勒里交麻姑仙坛记本文四张。传旨：着启祥宫挑玉做册页六片。钦此。于本日挑得四等青玉石子一块重五十斤，画得长七寸、宽三寸、五分、厚二分五厘册页六斤，交太监厄勒里呈览。奉旨：照样随本文一件交苏州织造舒文处成做，玉料选净处做册页六片，得时照交去本文一样刻做。钦此。于十月初八日太监常宁交笔山木样一件。传旨：着启祥宫挑玉做笔山几件。钦此。于本日挑得三等玉石子一块重二十四斤，画得笔山五件交太监常宁呈览。奉旨：着交苏州织造舒文处，僮玉不拘大小，多做几件。青玉册页上剳下回残亦照笔山木样，僮玉不拘大小，做笔山几件。钦此。于二十一日交出本文四张、底面花样二张。于四十三年七月十七日苏州织造舒文送到青白玉笔山五件，持进交太监厄勒里呈进，交万寿山香山并三海各一件讫。于九月二十六日苏州送到玉册页一份玉笔山五件，持进交太监厄勒里呈进，交册页懋勤殿填金，笔山圆明园二件，三海三件讫。

十五日接得郎中图明阿押帖一件，内开九月二十七日太监厄勒里交：次些海螺六千七百四十五个、破坏不全海螺一万二百四十七个。传旨：交如意馆收贮，俟水法镶螺蛳墙用。钦此。

十五日接得郎中图明阿押帖，内开十月初九日首领董五经交御题序二十九张、于敏中跋字二十九张、铜板得胜图四百六十四张。传旨：着启祥宫裱册页二十九册。钦此。

十五日接得郎中图明阿押帖，内开十月初九日首领董五经交麻姑仙坛记四开。传旨：着启祥宫裱册页一册。钦此。

十一月二十九日接得郎中宝成押帖，内开十一月初三日首领董五经交：御笔黄笺纸西番莲赋字一张、御笔题梅花玉版笺六韵手卷一卷、御笔读汉书手卷一卷。传旨：着启祥宫将黄笺纸字照梅花玉版笺六韵手卷一样裱手卷一卷，其汉书手卷亦照梅花玉版笺六韵手卷收小去窄，另裱手卷。钦此。

十二月十二日接得郎中保成押帖，内开十一月二十八日首领董五经交春原阁骏图手卷一卷、丁观鹏画莲座大士文殊像各一轴、邹一桂画藤花古松一轴、钱维城画山水一轴、张苍松仿董北苑笔意一轴、唐岱仿吴镇画山水一轴、孙古画秋山楼阁图一轴、艾启蒙画双猿一轴、艾启蒙画风星一轴、艾启蒙画山猫一件、艾启蒙画额摩鸟一轴、艾启蒙画双猴一轴、姚文瀚仿宋人勘书图一图。传旨：着启祥宫配囊。钦此。

珐琅作

六月初五日员外郎四德来说，太监荣世泰传旨：符望阁西门内床上现设掐丝珐琅四轮方彝一件，照样烧造一件成一对。钦此。于四十三年十二月十一日郎中柏永吉持来题头帖一件，内开四十二年十二月十八日将做得镀金一遍掐丝珐琅四轮彝一件并原样一件持进交监荣世泰呈览。奉旨：着将四轮彝一件并原样一件里外俱再镀金一遍。钦此。

七月初五日接得郎中柏永吉押帖一件，内开六月十九日太监常宁传旨：泽兰堂着做掐丝珐琅陈设一件呈览。钦此。于本月二十五日郎中柏永吉将画得掐丝珐琅牺首罍合牌纸样一张交太监常宁呈览。奉旨：着照样准做。钦此。于八月十四日郎中柏永吉将做得镀金一遍掐丝珐琅牺首罍一件交太监鄂勒里呈览。奉旨：着再镀二遍。钦此。

九月二十六日员外郎四德、五德来说，太监鄂鲁里交：铜秋耳炉一件随铜奁、铜乳炉一件随铜奁、铜有盖竹节炉一件随铜奁、铜戟耳炉二件各随铜奁、铜钵盂炉一件俱富春楼撤下。传旨：着各配匙箸瓶香盒，先呈样。钦此。于二十八日员外郎四德、五德将铜有盖竹节炉等六件各画得匙箸瓶香盒纸样，交太监鄂鲁里呈览。随交出：青白玉诗意山水人物方盒一件木座三等、青白玉蕉叶方瓶一件商丝木座三等、青白玉蕉叶出脊方瓶一件木座三等、汉白玉素方盒一件木座三等、青白乳丁元盒一件木座三等、青白玉树根式瓶一件木座、青白玉出脊扁瓶一件木座三等、青白玉螭虎元盒一件木座三等、青白玉蚕纹方瓶一件木座三等、青白玉梅花方瓶一件木座三等、青白玉双管元瓶一件木座三等。传旨：将瓶内各配掐丝珐琅匙筯，其乳炉查王香盒一件呈览，钵盂炉配紫檀木座。钦此。于二十九日员外郎四德、五德将铜乳炉一件随里边交出青白玉双管匙筯瓶一件，查得活计库存收青白玉香盒大小六件，交太监如意呈览。奉旨：准用青白玉荔枝小元盒一件配紫檀木座安设。钦此。于十一月十四日员外郎四德、五德将铜炉六件各随玉香盒玉瓶配得珐琅匙筯，持进交太监厄勒里呈进，交宁寿宫三件、瀛台三件讫。

十月二十六日员外郎四德、五德来说，太监常宁交掐丝珐琅天鸡壶一件养心殿博古阁内。传旨：着加镀金二遍呈览。钦此。于本日太监常宁传旨：养心殿玻璃格内现安哥窑洗照交出，加倍镀金，珐琅天鸡壶一样成做一件，得时换摆。钦此。于十二月二十七日郎中柏永吉将做得掐丝珐琅天鸡壶一件交太监厄勒里呈览。奉旨：再镀金二遍。钦此。于四十三年正月十三日郎中柏永吉将掐丝珐琅天鸡壶一件镀得金二遍呈进，另有记载。

十二月二十四日员外郎四德、五德来说，太监厄勒里交掐丝珐琅元洗一件大明景泰款，随紫檀木座。传旨：将洗上款起下呈览。钦此。于二十五日将掐丝珐琅元洗一件底足上起下大明年制款，持进呈览。奉旨：照起下年款在底足上刻阴纹字。钦此。于二十八日将掐丝法元洗一件照起下年款底足内钩得大明年（景）泰年制款样呈览。奉旨：照样准刻，将刻款底足内镀金，其外面周围不必镀饰。钦此。于四十三年正月初六日员外郎四德、五德将掐丝法元洗一件足底上刻得大明景泰年制款持进呈览。奉旨：将年款加镀金一遍。钦此。于十三日将掐丝洗一件因镀饰年款经火刷炕，恐将洗两面镀金丝烧黑，请将两面俱满镀饰方能合式，并将掐丝珐琅法元洗一件一并交太监鄂勒里呈览。口奏奉旨：准满镀饰。钦此。于二十六日将掐丝珐琅元洗一件镀得金呈览。奉旨：着交景祺阁换摆，准时配座。钦此。于二十七日将掐丝法元洗一件在景祺阁换摆，随换下雕紫檀木方胜盒一件，内盛汉玉暖手二件呈览。奉旨：准换摆，配香几座，先呈样。钦此。于二月初一日将掐丝珐琅元洗一件配得香几座样呈览。奉旨：照样准做。钦此。于三月初三日将珐琅元洗一件配得座呈进讫。

玻璃厂

三月十九日员外郎四德、五德、笔帖式九格来说，太监常宁交：料丝玻璃塔一对随托座、料丝玻璃牌楼二座内一座柱子下边伤损、料丝玻璃斜山门大小八块俱有不齐全处、料丝玻璃栏杆十二块随紫檀木匣一件，水法殿。传旨：将有伤损牌楼一座设法收什，如不能收什，改做栏杆，得时配匣盛装，紫檀木旧匣做材料用。钦此。于九月二十日员外郎四德、五德将料丝玻璃塔牌楼斜山门等配得楠木罩盖匣一件盛装，持进交太监如意呈览。奉旨：将蜡去净呈览。钦此。

于九月二十六日员外郎四德、五德将料丝玻璃牌楼塔等随楠木匣一件持进交太监如意呈进，交水法殿讫。

二十日员外郎四德、五德来说，太监鄂勒里传旨：玻璃厂年例烧造玻璃器皿仍照例烧造。钦此。于二十七日将玻璃盘碗钟碟等一百件、鼻烟壶六十个呈进讫。于四十三年七月十一日将玻璃盘碗钟碟一百件、鼻烟壶六十个呈进讫。

铸炉处

正月初七日员外郎四德、库掌五德、福庆等来说，太监常宁传旨：着传与金辉，养性殿门外现设大铜狮子一对梅洗、金色不齐全处找镀，呈览后再满镀金一遍。钦此。五月二十九日员外郎四德、五德来说，太监荣世泰交铁镀金佛窝一座内供铜佛一尊，中扇佛冠损坏一块，达赖喇嘛进。铜镀金有背光站像佛一尊佛手内执事并背光俱不周正、班臣厄尔德尼进。传旨：将佛冠损坏处收什好，其站像不周正处收什周正。钦此。于六月初八日员外郎四德将铁镀金佛窝一座内供铜佛一尊系将佛冠损坏处收什好，铜镀金有背光站像佛一尊系将背光收什周正，交太监如意呈进。奉旨：着交佛堂。钦此。随交佛堂讫。

九月二十四日员外郎四德、五德来说，太监常宁交：铜炉大小四件各随铜系罩富春楼。传旨：着交金辉刷洗收什，用炭烧好呈览。钦此。于十一月初十日侍郎金辉将烧埋收什得铜三弦筒子炉一件随铜盘、木盘、上嵌铜镜一面，铜丝罩。铜桥梁耳炉二件各随木座铜丝罩。铜乳炉一件随木座铜丝罩，交太监常宁呈览。随交出：铜三弦筒子炉二件各随木座。铜朝冠耳炉一件随木座。铜乳炉五件内二件铜座三件木座。铜钵盂炉一件随木座，以上系敬胜斋。铜双兽面炉一件随铜盘、铜鳅耳炉三件各随铜托、铜筒子炉一件随铜盘、铜钵盂炉二件各随铜托，以上系延春阁。铜戟耳炉二件内一件铜座，一件木座。铜鳅耳炉一件随铜座、铜乳炉三件各随铜座、铜双耳长方炉一件随铜座、铜三足筒子炉一件随铜盘、铜双环耳炉一件随铜托、铜钵盂炉一件随铜托，以上系静怡轩。传旨：俱交金辉烧埋好，分别等第呈览。钦此。于十二月二十七日侍郎金辉将敬胜斋各式炉九件内分别得：九线桶炉一件头等、钵盂炉一件头等、花乳炉一件头等、黑色乳炉一件二等、橘皮乳炉一件二等、朝冠炉一件二等、皮线桶炉一件二等、花色乳炉一件二等、黄黑色乳炉一件三等。静怡轩各式炉十件内分别得：鱼耳炉一件头等、钵盂炉一件头等、大乳耳炉一件头等、桶炉一件头等、鳅耳炉一件头等、押经炉一件头等、黄色乳耳炉一件头等、黑橘乳炉一件二等、琴炉一件二等、小鱼炉一件二等。延春阁各式炉七件内分别得桶炉一件头等、鳅耳炉一件头等、钵盂炉一件头等、大鳅耳炉一件二等、橘色钵盂炉一件二等、黄鳅耳炉一件二等、狮耳炉一件三等。持进交太监常宁呈览。奉旨：将敬胜斋橘皮乳炉一件、朝冠炉一件、皮线桶炉一件、花色乳炉一件、黄黑色乳炉一件、静怡轩琴炉一件、小鱼耳炉一件、延春阁大鳅耳炉一件、橘色钵盂炉一件、黄鳅耳炉一件，俱交宁寿宫。狮耳炉一件配匙箸瓶盒，其余仍交原处。钦此。于四十三年二月二十三日员外郎五德将铜狮耳炉一件配得紫檀木瓶盒匙箸，持进交太监厄勒里呈进，交海子讫。于四十三年四月十九日员外郎四德、五德将铜桥梁耳炉二件、铜乳炉一件各随木座铜丝罩、铜三弦筒子炉一件随铜盘嵌铜镜木座，俱烧埋好，持进交太监厄鲁里呈览。奉旨：铜炉四件俱交圆明园换摆，将三弦筒子炉下嵌铜镜，木座亦交圆明园做香几用，其铜丝罩交宫内罩炉用，再造办处有收贮铜丝罩查明呈览。钦此。

记事录

正月十一日掌稿笔帖式海寿持来堂抄一件。内开六阿哥谨奏，为请旨事。本月初四日奉旨：宁寿宫养性殿内应安设仪器着照养心殿东暖阁内仪器式样成造安设。钦此。钦遵。查从前，臣奉旨办造天地体仪，曾会同造办处制造在案。但此次应造仪器较从前仪器体制不同。此次一三辰仪系范铜为圈，四圈套合成做，其圈与圈套合之际度数攸关。一月晷仪系范铜为盘，上安游表，游表旋转灵滞所系，非泛常之匠工可得成造。查从前庄恪亲王造办仪器之时，曾奏派钦天监西洋人深明仪器做法者，会商详细讲究办理，是以无丝毫之失。今查有钦天监监正傅作霖灵台官刘宗树尚属粗知仪器作法，理合奏请，饬交钦天监传知傅作霖灵台官刘宗树，会同臣派出办事官员等详细讲究作法妥协，使匠工心意明晓，然后成做，度不致有失错之虞。至制造仪器，臣仍会同造办处敬谨制造，并请将养心殿仪器请出为式样，遵照理可也。为此谨奏请旨。于乾隆四十一年正月初七日奉旨：知道了。钦此。

等因前来回明尚书英廉、公额驸福隆安、副都统金辉准行遵此。总管永德、佛宁准行记此。于四十三年三月二十七日员外郎五德将造得养性殿铜镀金仪器一份，随奏折片一件，内开臣永瑢谨奏，为奏闻事遵旨：宁寿宫养性殿内应安设仪器著照养性殿东暖阁内仪器式样成造安设。钦此。钦遵。

复经臣奏准，会同造办处制造。其套圈合封，[illegible]画度数，分寸攸关，请派钦天监监正傅作霖灵台官刘宗树会同派出司员等详细讲究成造在案。现今造办处铸得铜圈，照依旧式凿作花纹镀饰。该司员等会同傅作霖（台官）刘宗树监看分画度数，合对圈盘，俱各妥协，以备恭呈御览。臣伏查此项仪器系三辰公晷仪一份、月晷仪一份，器座由屉内有原任侍郎何国宗书写仪说各一册、恒星赤道经纬图表一册、七政表一册、月距日赤道表一册，臣照依原册敬谨绘图，缮写敬入抽屉内，一并呈览后，请交宁寿宫敬谨安设，可也。等因缮折交太监厄勒里呈览。奉旨：着加镀金一次，再养心殿现设仪器系镀金几次查明回奏。钦此。于四月初一日员外郎四德、库掌五德为遵旨查养心殿现设仪器一份系镀金几次？随问得钦天监灵台官刘宗树，据称养心殿现设仪器系乾隆九年成造，镀过金一次等情，交太监厄勒里口奏。奉旨：着加镀金一次。钦此。于四月初六日员外郎四德、五德将养性殿铜镀金仪器一份、养心殿铜镀金仪器一份，俱加镀得金一次，持进交太监厄勒里呈览。奉旨：各按原处安设。钦此。

十三日额驸福隆安面奉谕旨：着将里边现收索诺木策凌呈进铜砖要八块，在太和殿压毯子用。钦此。

十九日敬事房传年例成做端阳节用：黄红白香圆一百五十个、大份锭子扇器三匣、中份锭子扇器八匣、紫金锭三百包、蟾酥锭三百包、离宫锭三百包、盐宫锭八百包。随回明尚书英、会额驸福准行遵此。副都统金、总管永、佛宁，准行记此。于二月初一日敬事房传：现传做香圆一百五十个不必成做，其余锭药等俱照常成做。钦此。于二月十九日员外郎四德库掌五德、福庆等为做年例锭子药，请领内庭麝香、朱砂、雄黄、墨，缮写折片交太监如意具奏。奉旨：不必成做。钦此。

二十日太监刘进禄来说，总管桂元传旨：赏直颖总督周元理、湖广总督富勒浑、陕甘总督勒尔谨、漕运总督鄂宝、福建巡抚德保、江南总督河萨载、河东总督姚立德、江苏巡抚杨魁安、徽州巡抚闵鹗元、山东巡抚郝硕、山西巡抚巴延三、江南巡抚徐绩、陕西巡抚毕元、浙江巡抚三宝、江西巡抚海成、湖北巡抚陈辉祖、湖南巡抚敦福、广东巡抚李质颖、广西巡抚吴虎炳，每人各报匣二个。于本月二十五日将报匣三十八个交太监刘进禄 持去讫。于八月十三日员外郎四德、五德来说，总管桂元传旨：敦福交回报匣二个，着赏给颜希深。钦此。

二月初四日员外郎四德、库掌福庆、笔帖式九格来说，公尚书福隆安面奉谕旨：大行皇太后八旬圣容照寿皇殿列位圣容朝冠服宝座一样在寿康宫绘画。钦此。

本日公尚书福隆安、副都统金辉查得大行皇太后八旬圣容系艾起蒙绘画，其朝冠服伊兰太王儒学绘画。此次大行皇太后圣容仍请着伊等绘画之处交太监如意口奏。奉旨：知道了。钦此。

本日奉中堂英廉谕，着派库掌福喜、催长常太、副催长成德照管过门并伊等饭食，再着库上发给长八尺八寸、宽四尺上好白画绢一块。特谕。

二月十三日军机处交奏折一件，内开臣弘畅、德成、刘浩、和尔经额谨奏，为请旨事。窃臣等现在恭办泰东陵钦工。遵照泰陵各殿座、隔扇、宫门应需铜镀金鉿鈒云龙看叶兽面铜环，并门钉、瓦帽钉见广试大等项镀金铜活，遵数打造备用，然铸造此项铜活若于附近安设炉灶，于树株有碍，风水攸关。如炉灶去远安设，为路行远碍难照应。臣等公同筹画，请交造办处铸炉处作速妥协，打造镀金运送到工以备应用，是否有当？伏候圣训遵行，谨缮清单具奏。奉旨：着金辉驰驲前往，踏勘做法呈览。钦此。

清单计开：铜镀金鉿鈒双人字叶五十六块、双拐角叶一百四十四块、看叶一百十八块、兽面七对、包门叶二十四块、门钹八对、门钉一千一百三十四个、钮头九十八个、圈子九十八个、荷花眼钱三十六个、四合云背角叶九十八个、钉龙八件、护眼八件、带云八件、索子八条、吻锔一百四十个、檐帽钉二千七百九十四个、大泡钉一千八十八个、小泡钉三万七千五百个、菱花钉一万九百四十三个。于本月十七日副都统金辉谨奏，本月十五日早奴才恭谒泰陵后，即至隆恩殿，将内外隔扇上镀金面叶样式照泰东陵尺寸敬谨绘画纸样，恭呈御览。即行赶造，再奴才来时亲至地宫内敬谨详看，周围并不潮湿，灰缝处亦俱干透，所有彼处现在工程，询据诚郡王等，面称均有二成，奴才看其情形断不致误，缮折具奏。奉旨：急速赶办。钦此。于二月二十八日原折底二件交同德领去讫。

十五日员外郎四德、库掌五德、福庆来说，太监常宁传旨：皇朝礼器图有无发往盛京陈设之处？查明回奏。钦此。

乾隆三十七年绘画皇朝礼器图一份，现设乾清宫一份，于本月十九日员外郎四德、库掌五德、福庆查得。乾隆十六年绘画皇朝礼器图一分，乾隆二十九年绘画皇朝礼器图一分，乾隆三十三年绘画皇朝礼器图一分，宁寿宫一分，圆明园一分，热河一分，交太监常宁口奏。奉旨：知道了。钦此。

三月十六日公尚书福隆安面奉谕旨：泰东陵隆恩殿内照依泰陵隆恩殿所供之佛式样，将慈宁宫现供大庆呈进之佛龛供器内选择如式者送往安供，再有御制诗玉鸠竹杖一件，一并送往泰东陵隆恩殿神龛内安设。钦此。于本月二十日员外郎四德五德、笔帖式九格将泰东陵隆恩殿东次间照依泰陵供奉之佛供器样式，查得寿康宫东暖阁现供无量寿佛小龛一座，案上供设海灯一件、银满达一件、漆八宝一份、铜五供一份、倘香炉一件、挑杆播一对，绘画地盘纸样，交太监鄂鲁里呈览。奉旨：将寿康宫西暖阁现有原供神牌之大龛一座着曹进忠查佛安供，再应供之供器亦着曹进忠查办。钦此。于三月二十四日员外郎四德、五德、笔帖九格来说，首领进忠交泰东陵东次间暖阁内安供红油大龛一座内挂像佛九轴、上层供紫檀木窝龛九座各随玻璃欢门，内供铜佛九尊、中层供铜镀金顶紫檀木窝龛九座各随玻璃门，内供铜佛九座、下层供紫檀木窝龛一座楠木窝龛八座各随玻璃欢门，内供铜佛九尊、红油供案九张。第一路供：金漆八吉祥一份。第二路供：紫檀木镶铜花塔一座、五彩磁奔巴瓶一对红木座、金色磁轮一对红木座。第三路供：贴金锡倘香炉一件、绿地五彩磁奔巴壶一对红木座、青花白地靶碗一对。第四路供：掐丝珐琅五供一份楠木座，随红油画龙蜡一对，扫金把莲花二束、案两边供：漆挑杆座穿珠播一对。传旨：大龛添配两山板，三面供挂像佛。再配三层踏跺一件，供佛三层，每层九尊，佛龛供案、供器等项俱着金辉派人送往供奉。钦此。

计开：上层供紫檀木窝龛一座随玻璃欢门供、铜释迦佛一尊随黄片金五色牙子佛衣、楠木窝龛八座随玻璃欢门供、铜无量寿佛八尊各随黄缎红牙子佛衣。中层供紫檀木窝龛一座随玻璃欢门供、铜弥勒佛一尊随黄片金五色牙子佛衣、铜镀金顶紫檀木窝龛八座各随玻璃欢门供、铜无量寿佛一尊左一、铜如意观音一尊左二、铜白衣救度佛母一尊左三铜录（绿）衣救度佛母一尊左四铜无量寿佛一尊右一、铜文珠菩萨一尊右二、铜录（绿）衣救度佛母一尊右三、铜录（绿）衣救度佛母一尊右四、各随黄缎五色牙子佛衣。下层供紫檀木窝龛一座随玻璃欢门供、铜弥勒佛一尊中随黄缎五色牙子佛衣各随玻璃欢门供、红木窝龛八座、铜白伞盖佛一尊左一、铜白衣救度佛母三尊左二、左三、左四、铜四臂观音一尊右一、铜录（绿）救度佛母三尊右一、左二、左四、挂像佛九轴石青片金大边三色片金牙子、红黄蓝绢帘：无量寿佛一轴中、金刚菩萨一轴左一、地藏王菩萨一轴左二、虚空藏菩萨一轴左三、普贤菩萨一轴左四、文殊菩萨一轴右一、观音菩萨一轴右二、除诸障菩萨一轴右三、弥勒菩萨一轴右四。于四月初七日员外郎四德、五德将红油大龛内挂像佛上拆银轴头三个、铜轴头一个、石青片金二条，持进交太监如意呈览。奉旨：做材料用。钦此。

八月十九日公额驸福隆安谨奏，遵旨查得孝陵隆恩殿中间暖阁挂明黄织金九龙五彩帐幔一架，内供世祖章皇帝神牌、孝康章皇后神牌。西次间暖阁挂明黄织九凤五彩帐幔一架，内供端敬皇后神牌。东次间暖阁挂明黄织凤五彩帐幔一架，内安供陆图一轴。孝东陆（陵）隆恩殿中间暖阁挂明黄织九凤五彩帐幔一架，内安供孝惠章皇后神牌。东次间暖阁挂金黄云缎帐幔一架，内供悼妃神牌、恪妃神牌、恭端妃神牌、端顺妃神牌。西次间暖阁挂金黄云缎帐幔一架，内供贞妃神牌、淑惠妃神牌、宁悫妃神牌。泰陵隆恩殿中间暖阁现挂明黄织金九龙五彩帐幔一份，内供世宗宪皇帝神牌、孝敬宪皇后神牌。东次阁（间）暖阁现挂明黄织金九凤五彩帐幔，内设宝座书案陈设。西次间暖阁现挂明黄织九凤五彩幔一份，内供贵妃神牌。泰东陆（陵）隆恩殿中间暖阁现挂明黄织金九凤五彩帐幔一架，东次间现供佛一堂添挂明黄妆缎帐幔一架，西次间安设宝坐一座添黄妆缎帐幔一架安设，再查中间暖阁织九凤帐幔未得之前，已做成明黄妆缎帐帽一架，现收造办处库，照样再做一架，以敷东西暖阁安挂，理合奏闻，伏候训示遵行。谨奏。于本日交总管桂元具奏。奉旨：是。钦此。于二十三日公额驸福隆安查得造办处活计库收贮皇太后七旬大庆余剩紫檀木边黑漆描金宝座一座，随足踏一件、绣黄缎迎手靠背坐褥一份，交太监如意呈览。奉旨：准用。钦此。

十月二十七日员外郎四德、五德来说，总管桂元交珐琅器四十匣计珐琅瓶罐等七十六件。传旨：着交内务府大臣，盛京有便人陆续带往收贮。钦此。计开：康熙款十件：铜胎珐琅福寿观音瓶一件、铜胎珐琅水盛一件缺琅有、铜胎珐琅钵一件、宜兴胎画珐琅花卉茶壶一件靶上缺琅、宜兴胎画珐琅四季花茶壶一对、磁胎画珐琅五彩西番花黄地大碗二对二匣盛、磁胎画珐琅五色西番花红地茶碗一对、磁胎画珐琅西番莲红地天盘口纸槌瓶一件、磁胎画珐琅牡丹红地钟一件。雍正款十件：铜胎珐琅莲子壶一对内一件靶上缺琅、铜胎画珐琅西番花黄地五岳罐一件、铜胎画珐琅桃式水盛一件、铜胎画珐琅四季花黄地花篮一对、磁胎画珐琅杏林春燕白地大碗一对、磁胎画珐琅绿竹漪漪白地宫碗一对、磁胎画珐琅墨竹白地茶钟一对、磁胎画珐琅五彩西番花红地钟一对、磁胎画珐琅白梅花红地钟一对、磁胎画珐琅四季花红地钟一对。乾隆款二十件：金胎掐丝加西洋珐琅执壶一件、金胎掐丝珐琅杯盘二份内一份缺琅、磁胎画珐琅白地霁红花纹茶壶一对、磁胎画珐琅雪景梅瓶一对、磁胎洋彩番花观瓶一对、磁胎洋彩福寿意轿瓶一对、磁胎洋彩山水诗意方壶一对、磁胎洋彩三多记时瓶一对、磁胎洋彩山水诗意双喜尊一件、磁胎画珐琅人物胆瓶一对、磁胎画珐琅白地山水瓶一对、磁胎画珐琅芦雁白地茶壶一对、磁胎白地红龙杯盘四份二匣盛、磁胎洋彩红地团花山水膳碗四对四匣盛、磁胎洋彩黄地团花山水膳碗一对、磁胎洋彩山水楼阁膳碗一对。共七十六件。于十一月初四日佐领塔清阿、云骑尉德克济和照数领去讫。于十一月初十日造办处谨奏，乾隆四十二年十月二十七日由内廷交出珐琅器皿四十匣，共计七十六件。派员敬谨包裹妥协，交覆盛京佐领塔清阿、云骑尉德克济和于初八日程赍去，仍行文该将军，照数查收后知照前来备查等因。缮写折片，持进交太监总管桂元具奏。奉旨：知道了。钦此。

十二月初二日军机处交赏达赖喇嘛：碧玉如意一柄、云产石朝珠一盘、绣蟒袍一件、掐丝珐琅盘一对、广珐琅盘一对、套蓝玻璃瓶一对、套红玻璃瓶一对、大荷包一对、小荷包五对、红片金一匹、黄毡一板、红漳绒二匹、哈达一个。赏班额尔德呢碧玉如意一柄、云产石朝珠一盘、绣蟒袍一件、掐丝珐琅盘一对、广珐琅盘一对、套蓝玻璃瓶一对、套红玻璃瓶一对、大荷包一对、小荷包五对、红片金一匹、黄毡一板、红漳绒二匹、哈达一个。赏公班第达：茶色玻璃盘一对。赏台吉伊什旺对：翡翠玻璃盘一对。赏台吉索诺木旺扎尔：琥珀玻璃盘一对。赏达尔汗堪布葛尔桑丹怎：翡翠玻璃盘一对。赏班禅厄尔德尼、商卓忒巴、罗布藏晋巴：茶色玻璃盘一对。传旨：着配杉木盛装，棉花塞垫，黑毡马皮包裹，发报记此。

二十三日军机处交赏达赖喇嘛受戒物件，计开：碧玉如意一柄、珊瑚朝珠一盘、广珐琅花瓶一对、套红玻璃五供一份、大荷包一对、小荷包四对、红锦二匹、黄毡一板、红漳绒二匹、玻璃桌灯一对。传旨：着配杉木箱盛装，塞垫棉花，包裹黑毡马皮，发报记此。于二十六日军机处交赏达赖喇嘛受戒：黄缎二十匹、龙缎一匹、蟒缎一匹、大哈达十个、五色哈达十个、小哈达四十个。传旨：着配杉木箱盛装，棉花塞垫，黑毡马皮包裹，发报记此。于二十八日员外郎四德、五德来说，太监厄勒里传旨：将赏达赖喇嘛受戒物件送进呈览。钦此。随将玉如意珊瑚朝珠等呈览。奉交出斗蓬藏帽祖衣一份。传旨：将斗蓬藏帽祖衣归入先交出物件内，一并发报赏给。钦此。

钱粮库

七月十一日员外郎四德、五德来说，太监桂元交紫降香一段缅甸国呈进，重十四斤。传旨：做材料用。钦此。

二十七日员外郎四德、五德来说，总管桂元交象牙四支系云贵总督李侍尧呈共重一百一十斤。传旨：着做材料用。钦此。

三十日员外郎四德、五德来说，太监如意交：嵌玉三块雕紫檀木如意五柄内三柄双珊瑚珠线穗一柄单珊瑚珠穗一柄线穗、嵌玉三块商银片紫檀木如意二柄各随双珊瑚珠线穗、嵌玉一块雕紫檀木如意一柄双珊瑚珠回头穗俱构虚轩、双珊瑚珠月白回头穗八副、嵌玉三块紫檀木如意六柄五柄双珊瑚珠穗内一柄无穗、嵌玉三块素紫檀木如意三柄一柄单珊瑚珠穗二柄无穗、嵌玉三块商金银片紫檀木如意三柄二柄双珊瑚珠穗一柄双玉珠穗、嵌玉三块竹丝如意二柄各随双珊瑚珠穗俱石丈亭、双珊瑚珠香色回头穗十四副、嵌玉三块雕紫檀木如意五柄无穗二柄内二柄双珊瑚珠穗一柄双玉豆穗、嵌玉三块素紫檀木如意七柄俱无穗、嵌玉三块紫檀木拉道填金如意一柄单珊瑚珠穗俱藻鉴堂、双珊瑚珠香色回头穗十副、嵌玉三块紫檀木拉道填金如意三柄各随单珊瑚珠穗、嵌玉二块紫檀木拉道填金如意一柄无穗头上玉破俱无尽意轩、双珊瑚珠香色回头穗七副、嵌玉三块雕紫檀木如意三柄各随穗内一柄双珊瑚珠倚望轩、双珊瑚珠月白回头穗一副香色回头穗二副、嵌玉三块紫檀木如意三柄一柄双珊瑚珠穗二柄单珊瑚珠穗畅观堂、双珊瑚珠回头穗三副、嵌玉三块紫檀木如意五柄四柄双珊瑚珠穗一柄无穗景明楼等处、双珊瑚珠回头穗五副、嵌玉三块雕紫檀木如意四柄内一柄双珊瑚珠线穗一柄单珊瑚珠线穗二柄线穗、嵌玉三块商丝紫檀木如意六柄内四柄双珊瑚珠穗二柄单珊瑚珠穗、嵌玉二块透雕紫檀木如意一柄单珊瑚珠线穗、嵌玉三块紫檀木拉道填金如意三柄无穗、嵌玉二块紫檀木拉道填金如意七柄俱随双珊瑚珠线穗俱就云楼、双珊瑚珠月白香色回头穗二十一副。传旨：俱用交出双珊瑚珠回头穗换拴，得时仍交原处，换下珊瑚珠旧穗呈览。钦此。于本日交嵌玉三块紫檀木元杆如意四柄各随线穗。传旨：着另换双珊瑚珠回头穗，得时交万寿山。钦此。于八月初一日员外郎四德、五德将嵌玉三块紫檀木元杆如意四柄用交出双珊瑚珠绿回头穗换拴，随换下珊瑚珠二个旧线穗交太监常宁呈览。奉旨：将如意交万寿山，将万寿山拴穗如意内有不及者挑出四柄交进，其换下珊瑚珠交王成，线穗做材料用。钦此。于初二日员外郎四德、五德将万寿山如意穗上拆下珊瑚珠八十个、玉珠四个，交太监如意呈览。奉旨：将珊瑚珠交王成，其玉珠线穗做材料用。钦此。

广木作

十月十六日员外郎四德、五德来说，太监如意交石渠阁瓦砚一方、兰亭记大砚一方砚边上各贴本文八阿哥进。传旨：俱配做砚盒，盒盖上嵌玉一块，呈准样式。将砚即交懋勤殿刻字，得时仍赏八阿哥。钦此。于本月十九日员外郎四德、五德将石渠阁瓦砚一方、兰亭记大砚一方各配得合牌砚盒样持进，交太监如意呈览。奉旨：照样准做。钦此。于十一月初二日员外郎四德、五德将石渠阁瓦砚一方配得素紫檀木匣盛装，挑得内库青白玉方镶嵌一块在匣盖上嵌安。兰亭记大砚一方配得素紫檀木匣盛装，挑得内库青白玉方镶嵌一块在匣盖上嵌安。兰亭记大砚一方配得素紫檀木匣盛装，挑得白玉穿花龙长方镶嵌一块在匣盖上嵌安。交太监厄勒里呈览。奉旨：准用玉镶嵌嵌安。钦此。

十八日员外郎四德、五德来说，太监如意交金廷标仿女史陈书画册一册紫檀木壳面开裂，宁寿宫。传旨：将壳面板上安穿带收什。钦此。于本月二十四日员外郎四德、五德将册页一册安得穿带，交太监如意呈进，交原处讫。

三十日员外郎四德、五德来说，太监厄勒里交：铜胎画珐琅夔凤耳西洋人物盖罐一件、铜胎画珐琅方印色盒一件、铜胎画珐琅珊瑚顶喜相逢卤壶一件、铜胎画珐琅海棠式盒一件、铜胎珐琅蕉叶花卉奓斗一件、铜胎画珐琅西洋人蕉叶奓斗一件、铜胎掐丝珐琅双喜钵盂一件、铜胎掐丝珐琅胆瓶一件、铜胎掐丝珐琅扁盖铫一件、铜胎掐丝珐琅双螭墨海一件、铜胎掐丝珐琅海晏河清书灯一对、铜胎掐丝珐琅蕉叶出脊花觚一件、铜胎掐丝珐琅蕉叶奓斗一件、铜胎掐丝珐琅甗一件、铜胎掐丝珐琅靶碗十件俱乾清宫。传旨：得铜胎掐丝珐琅双喜钵盂一件、胆瓶一件、扁盖铫一件、双螭墨海一件、甗一件，各配木座，得时并其余珐琅器俱配楠木匣盛装，内有成对者配匣一件。钦此。于十一月二十二日员外郎四德、五德将掐丝珐琅胆瓶一件配得座，持进交太监如意呈进，仍持出配匣讫。

十一月初四日员外郎四德、五德来说，太监鄂勒里交，雕红漆长方箱一对、各式古砚三十方。传旨：将各式古砚三十方在刁漆箱内配屉盛装，先摆样呈览。钦此。计开：宋郑所南砚、旧坑端石云芝砚、旧坑端石松皮砚、明制瓦砚、宋澄泥黼黻绹纹砚、宋蕉叶澄泥砚、宋杨时龙尾歙砚、宋米芾螽斯瓜瓞砚、旧端石六龙砚、宋紫端太平有象砚、宋宣和八挂十二辰砚、宋蕉白文澜砚、旧端石钟砚、旧端子石砚、旧端石洛画砚、旧石子科斗砚，以上十六方懋勤殿。宋澄泥仿建安瓦钟式砚、宋澄泥蟠螭砚、宋澄泥石渠砚、旧制端石鹅砚、旧端石痴庵砚、旧端溪石函鱼藻砚、宋紫端涵星砚、宋臒村凤池砚、宋天然子石端砚、苍雪庵凤凰池砚，以上十方养心殿。虎符砚、南轩写经澄泥砚、红丝鸜鹆砚、旧坑端石括囊砚，以上四方御书房。传于初七日将雕漆箱一对用古砚三十方每箱配三屉样，每屉盛得砚五方。呈览奉旨：屉子准做。古砚三十方亦照样准摆，其无盖砚十七方内苍雪庵凤凰池砚一方配钟式漆盒。太平有象砚配长方漆盒。余剩十五方俱配紫檀木盒。将新配长方盒并旧有未嵌玉长方盒各嵌玉一块，其随形砚盒并漆盒俱不嵌玉。钦此。于十四日将古砚三十方内石渠砚一方配得合合匣样，上画刁龙花纹样呈览。奉旨：照样准做。钦此。于十九日将古砚三十方内苍雪庵砚配得合牌漆盒样一件，并将仿建安瓦钟式砚配得紫檀木钟式合牌砚盒样，上画花纹呈览。奉旨：俱照样准做。其钟式砚盒盖里按砚上之字一样刻字。钦此。于二十三日将古砚三十方内涵星砚一方配得合牌嵌玉一块盒样一件，并钟式砚一方配得合牌盒样上画花纹样交太监鄂勒里呈览。奉旨：俱照样准做。钦此。于二十六日将古砚三十方内南轩写经砚一方配得合牌盒样持进呈览。奉旨：照样准做。钦此。于二十八日将古砚三十方内蟠螭砚配得合牌砚盒样一件持进呈览。奉旨：照样准做。钦此。于三十日将古砚三十方内馥村砚一方配得合牌砚盒样一件呈览。奉旨：着交启祥宫成做。钦此。于十二月十一日将古砚三十方内括囊砚一方痴庵砚一方各配得合牌盒样呈览。奉旨：照样准做。钦此。于二十日将古砚三十方内龙尾歙砚一方鸜鹆砚各配得合牌盒样呈览。奉旨：俱照样准做。钦此。于四十三年正月初十日将古砚三十方内蕉叶澄泥砚一方配得盒样，上画花纹样呈览。奉旨：照样准做。钦此。于十一日将古砚三十方内石子砚一方配得盒牌盒样一件持进呈览。奉旨：照样准做。钦此。于二十六日将古砚三十方内旧端子石砚一方配得木砚盒样一件呈览。奉旨：照样准做。钦此。于二十七日员外郎四德、五德来说，太监鄂勒里传旨：将现配砚盒之砚送进呈览。钦此。随将古砚三十方内虎符砚等砚俱持进交太监鄂勒里呈览。奉旨：古砚三十方内虎符砚盒交启祥宫做，其余砚盒俱持出快做。钦此。于二月初三日员外郎四德、五德来说太监鄂勒里传旨：将现配屉古砚三十方送进呈览。钦此。随将古砚三十方按懋勤殿拟定一至三十号次序摆得合牌屉样六件，内一号至五号摆得一屉、六号至十一号一屉、十二号至十六号一屉、十七号至二十二号一屉、二十三号至二十七号一屉、二十八号至三十号一屉，持进交太监鄂鲁里呈览。奉旨：古砚三十方准照所摆次序配屉盛装，其第四号太平有象砚、第九号蟠螭砚、二十三号痴庵砚、二十七号六龙砚俱着配做漆砚盒，上面要暗花，不必嵌玉，亦不必刻字。钦此。于二月十三日将古砚三十方内括囊砚一方、钟式砚一方俱配得紫檀木盒呈览。奉旨：交懋勤殿刻字。钦此。于十四日将古砚三十方内文澜砚、涵星砚俱配得紫檀木盒，挑得内库汉白玉腰元厢嵌一件、汉青玉双螭一件呈览。奉旨：俱准嵌安。钦此。于十七日将古砚三十方内文澜砚一方、涵星砚一方盒盖上安得玉厢嵌呈览。奉旨：交懋勤殿刻字。钦此。于二十九日将古砚三十方内第十七旧子石科砚一方配得素紫檀木砚盒呈览。奉旨：查玉一块厢安。钦此。于三月初一日员外郎四德、五德来说，太监常宁交汉玉天鹿厢嵌一件。传旨：着在砚盒盖上嵌用。钦此。初二日将旧子石科斗砚一方随紫檀木盒安得玉厢嵌一块呈览。奉旨：交懋勤殿刻字。钦此。于十六日将古砚三十方内石渠砚一方配得紫檀木砚盒一件呈览。奉旨：交懋勤殿刻诗。钦此。于二十四日将古砚三十方内宋宣和八卦十二辰砚一方配得素紫檀木盒呈览，随交出白玉双螭鸡心玦一件。奉旨：将玉在盒盖嵌安。钦此。于三月二十六日将古砚三十方内宋宣和八卦十二辰砚随盒盖上嵌得玉呈览。奉旨：交懋勤殿刻字。钦此。于二十九日将古砚三十方内鹦鹉砚紫檀木砚盒现做未完持进呈览。奉旨：盒盖上花纹并边线卧蚕花文俱不周正，另画周正样呈览。钦此。随将鹦鹉砚盒上夔龙卧蚕花纹并边线画得改周正纸样呈览。奉旨：准照样改做。钦此。于四月初一日将古砚三十方内宋杨时龙尾歙砚一方配得紫檀木素砚盒呈览。随交出白玉宣花厢嵌一件。奉旨：将玉在盒盖上嵌安。钦此。于初十日将古砚三十方内旧端子石砚一方配得紫檀木砚盒呈览。奉旨：着交懋勤殿。钦此。于十二日将古砚三十方内鸜鹆砚一方配得紫檀木砚盒一件呈览。奉旨：交懋勤殿刻字。钦此。于十五日将古砚三十方内宋杨时龙尾歙砚随盒盖上嵌得玉呈览。奉旨：交懋勤殿刻字。钦此。于十九日将古砚三十方内南轩写经砚一方配得紫檀木盒持进呈览。奉旨：交懋勤殿刻字。钦此。于二十八日将古砚三十方内米芾螽斯瓜瓞砚一方配得砚盒一件呈览。奉旨：交懋勤殿刻字。钦此。于四十三年九月二十六日员外郎四德、五德将古砚三十方内旧端石痴庵砚一方、宋紫端太平有象砚一方、旧端石六龙砚一方，启祥宫各配得紫檀木砚盒呈览。奉旨：俱将盒里漆黑漆。钦此。于十二月二十七日将雕漆箱一对内盛古砚三十方配得金并屉板，安在养心殿呈进，交乾清宫讫。

十一日员外郎四德、五德来说，太监鄂勒里交洋漆长方箱一件，随楠木屉三件，内盛：一观象唐砚一方、二渠唐砚一方、三菱镜唐砚一方、四晕月宋砚一方、五紫云宋砚一方、六垂乳宋砚一方、七方井宋砚一方、八黝玉宋砚一方、九翠涛宋砚一方、十凝松元砚一方，各随嵌玉一块紫檀木盒乾清宫。传旨：将古砚十方按次序另配箱样呈览，准时发往苏州成做。刁漆箱盛装，其箱盖上面签照旧箱上象牙牌上字交翰林另写。钦此。于十七日将乾清宫洋漆箱内古砚十方按一至十次序摆得三屉，并做得雕红漆箱木样，上画雕龙花纹，上贴合扇面叶包角倒环样，持进交太监鄂勒里呈览。奉旨：雕漆箱照样准交苏州成做，红漆雕龙箱一件箱盖上面签照洋漆箱象牙牌上璧水联辉字着懋勤殿翰林写，箱盖里面亦照洋漆箱盖里面志语着翰林誊写，俱刻做。合扇、面叶、包角、倒环俱做铜镀金的，随锁钥。所摆屉样准摆，着造办处成做楠木屉三件，其砚并洋漆箱交乾清宫暂陈设。钦此。于十九日懋勤殿将盛古砚雕漆箱样盖上翰林写得璧水联辉签字样盖里写得志语本文呈览。奉旨：照样准刻。其盖里刻字填金，宝填红色。钦此。于四十三年十一月二十七日员外郎四德将苏州织造送到红漆雕龙箱一件呈览。奉旨：将雕龙箱持出合对锭什件，将乾清宫现陈设古砚十方要出，在箱内配屉盛装，先摆样呈览。钦此。于二十九日将原装红雕漆箱古砚十方内一观象唐砚一方、二石渠唐砚一方、三菱镜唐砚一方，配得合牌屉样一件。四晕月宋砚一方、五紫云宋砚一方、六垂乳宋砚一方，配得合牌屉样一件。七方井宋砚一方、八黝玉宋砚一方、九翠涛字砚一方、十凝松元砚一方，配得合牌屉样一件。呈览。奉旨：古砚准装，屉子照样准用楠木成做。钦此。于十二月初五日将洋漆箱一件呈进交乾清宫讫。

于十二月十二日将雕漆箱上铜镀金包角什件锁钥一份交太监厄鲁里呈览。奉旨：着加镀金一次。钦此。于二十七日将雕漆箱上什件等一份加镀金一次，交太监鄂鲁里呈览。奉旨：着成锭。钦此。于十二月二十八日将雕漆箱一件内盛古砚十方配得屉呈进讫。

十四日员外郎四德、五德来说，太监厄鲁里交圆明园白玉宝一方。传旨：着配匣盛装，先呈样。钦此。于二十日将圆明园玉宝一方配得合牌罩盖匣样，上画雕龙花纹样呈览。奉旨：照样准做。钦此。于四十三年四月二十五日将玉宝一方配得匣呈进讫。

二十四日员外郎四德、五德来说，太监鄂勒里交紫檀木窝龛一座，内供释迦牟尼佛一尊、铜宝生佛一尊。紫檀木窝龛一座，内供铜录救度佛母一尊、铜如意观音一尊。紫檀木窝龛一座，内供铜无量寿佛一尊、铜无量寿佛一尊。金漆龛一座，内供铜释迦牟佛一尊、铜阿弥陀佛一尊。楠木龛一座，内供铜释迦牟尼佛一尊、铜释迦牟尼佛一尊。楠木龛一座，内供铜无量佛一尊、铜无量寿佛一尊。紫檀木龛一座，内供铜无量寿佛一尊、铜无量寿佛一尊。紫檀木窝龛一座，内供铜白救镀佛母一尊、铜白救镀佛母一尊。楠木方龛一座，内供铜无量寿佛一尊、铜无量寿佛一尊。楠木方龛一座，内供铜无量寿佛一尊、铜无量寿佛一尊。传旨：将交出铜佛十尊各照有佛之龛一样配做一座，成一对。将紫檀木龛背后刻字填金，楠木龛写字罩油，其交出旧龛背后未刻字者、未写字者亦刻写字、填金罩油。钦此。于十二月二十七日将紫檀木窝龛一座、紫檀木小龛一座、楠木方龛一座、金漆小龛一座、楠木方龛一座、金漆龛一座、紫檀木窝龛一座、紫檀木窝龛一座、紫檀木窝龛一座、楠木盒一座、紫檀木窝龛一座、楠木方龛一座、紫檀木窝龛一座，以上龛十座内供铜佛十尊，俱照样各配得龛一座，安在养心殿。呈览。奉旨：将紫檀木龛背后刻字填金，其楠木龛背后写字罩油。钦此。

金玉作

正月初五日员 外郎四德、库掌五德、福庆、笔帖式九格来说，太监厄勒里交镶松石八宝金满达一件墙上嵌松石珊瑚镶嵌。传旨：满达面板消薄，用熔化之金添金，另做面板换上。钦此。于三月二十九日员外郎四德、五德将金镀松石满达一件添金，另做得面板，交太监如意呈进，交佛堂讫。

初五日员外郎四德、库掌五德等来说，太监厄勒里交：金满达二件九成金一件，重十三两，八成金一件，重十一两七钱。银满达四件重二十八两一件、重十四两四钱一件、重十三两三钱一件、重九两五钱一件。银满达一件上安小供养十一件，俱铜底厢嵌玻璃，共重四十八两五钱。银八宝一份重六十七两六钱、银奔巴壶一件重五两、银碗一件重七两、银杯一件重五两、银壶七把共重二十四两五钱、铜镶银八宝一份共重四十七两、铜镶银七珍一份共重四十一两、银满达一件重三十两、银宝瓶一件重十四两、银罐四件重七两四钱、银杆一件重十七两，以上四项系班臣厄尔德尼进。传旨：俱熔化，成造七珍八宝用，料估足做几份做几份。钦此。于本日员外郎四德、库掌五德等来说，太监厄勒里交银间镀金塔一座上嵌松石垫子，欢门内供佛一尊，系班臣厄尔德尼递丹书克进。传旨：着照样配做一座，成一对，用交出银满达熔化之银成造。钦此。于初六日员外郎四德等将银满达等十三项共重三百七十九两二钱，内除铜背板底板、木衬、玻璃、垫子、脏卷等重八十一两二钱，银净重二百九十八两，并做样银塔一座，系漆配银塔一座系用银五十两。银间镀金七珍一份系用银一百十八两，画得纸样一份。银间镀金八宝一份系用银一百三十两，画得纸样一份。交太监如意呈览。奉旨：银塔、七珍、八宝俱照样准做。银亦准用其拆下铜背板底板毁铜脏卷等熔化。钦此。于六月初三日员外郎四德将做得银间镀金七珍一份、银间镀金八宝一份，交太监如意呈览。奉旨：将八宝一份交梵香楼安供，其七珍一份交佛堂在宁寿宫换供。钦此。于六月十九日员外郎四德等将做得银间镀金塔一座、随座样塔一座交太监如意呈进，交佛堂讫。于四十三年正月十四日员外郎四德、五德将八成金满达一件熔化，得金重十一两七钱，持进交太监厄勒里呈进交玉成讫。

五月初五日员外郎四德、五德来说，太监如意交，铜绿救度佛母一尊、铜白救度佛母一尊、银台撒佛窝三座。传旨：将佛二尊各配银间镀金佛窝、白檀香座、做红片金里。其旧银佛窝三座梅洗见新，亦间镀金，连新配佛窝共五座，成一堂，得时在养性殿西暖阁楼上供。

钦此。新造佛窝二座连座通高七寸四分，于六月二十二日员外郎四德将银佛窝三件间镀得金，交太监如意呈进，交宁寿宫讫。于十二月二十七日员外郎四德、五德将做得银间镀金佛窝二座内供绿救度佛母一尊、白救度佛母一尊，在养性殿西暖阁楼上供，刻得字安在养心殿呈览。奉旨：交原处安供。钦此。

十月初四日员外郎四德、五德来说，太监厄勒里交，掐丝珐琅文房四宝一份自鸣钟、掐丝珐琅文房四宝一份上书房、掐丝珐琅文房四宝二份、铜镀金风字式砚文房四宝一份宁寿宫、掐丝珐琅文房四宝一份文华殿、铜镀金风式砚文房四宝一份文渊阁、掐丝珐琅文房四宝一份随嵌玉一块紫檀木书套匣一件，裂缝，武成殿、掐丝珐琅文房四宝一份敬事房。以上每份计砚盒一件、笔山一件、水盛一件、压纸一件。传旨：俱加镀金一遍呈览，先将自鸣钟文房四宝镀饰，得时在养心殿安换下文房四宝一份，亦加倍镀金，其书套匣裂缝收什。钦此。

于十月二十三日员外郎四德、五德将铜镀金风字式砚一份宁寿宫镀得金，持进交太监如意呈进，交原处讫。于十一月初一日员外郎四德、五德将铜镀金风字式砚一份加镀金一次，持进交太监如意呈进交文渊阁。于十一月初五日员外郎四德、五德来说，太监厄勒里交掐丝珐琅文房四宝一份计砚盒一件、水盛一件、笔山一件、压纸一件，系懋勤殿。传旨：照先交出文房四宝一样加镀一次。钦此。于十一月初十日至十二月十五日员外郎四德、五德将珐琅文房四宝七份加镀得金呈进，各交原处讫。于十二月二十七日员外郎四德、五德将珐琅文房四宝二份加镀得金，安在养心殿，呈进交文华殿、武成殿各一份讫。于四十三年二月十一日郎中柏永吉持来题头帖一件，内开四十二年十月十九日将又镀得金一遍掐丝珐琅文房四宝一份系自鸣钟持进交太监厄勒里呈览，随换出养心殿掐丝珐琅文房四宝一份。传旨：照先交出文房四宝一样加镀金一次。钦此。

十二月初二日员外郎四德、五德、笔帖式九格来说，太监首领董五经交：绿玉朝珠一盘珊瑚佛头塔、正珠记念、金累丝镶红宝石背云嵌小正珠八颗、红宝石大坠角加间小珊瑚珠三个、蓝宝石小坠角、桃核朝珠一盘松石佛头塔、正珠记念、珐琅金刚石背云、蓝宝石大小坠角加间正珠十颗、珊瑚朝珠一盘青金佛头塔、松石记念、金累丝镶石背云嵌小正珠八颗、碧牙西大坠角、红宝石小坠角加间正珠四颗、珊瑚螭二个、菩提朝珠一盘珊瑚佛头、松石塔、松石记念、金累丝镶碟子背云嵌小正珠八颗、绿晶大坠角、蓝宝小坠角加间小正珠七颗、内一颗有底珊瑚螭二份、雕桃核朝一盘松石佛头塔、记念、金累丝镶宝石背云嵌正珠八颗、红宝石大坠角、蓝宝石小坠角加间正珠大小四颗、珊瑚豆二个、雕珊瑚朝珠一盘、雕青金佛头塔、正珠记念、随加间圈套镶累丝镶珠子背云计珠大小九颗、红宝石大坠角、蓝宝石小坠角、珊瑚蝠二个、加间松石珠四个，俱系四执事。传旨：俱另换新绳打结子交进。钦此。于本月初四日员外郎四德、五德、笔帖式九格将绿玉朝珠一盘、桃核朝珠一盘、雕桃核朝珠一盘各随装严，另换得新绳打得结子持进，交太监厄勒里呈进，交四执事讫。于本月初五日员外郎四德、五德、笔帖式九格将菩提朝珠一盘、珊瑚朝珠一盘、雕珊瑚珠朝珠一盘各随装严，另换得新绳打得结子，持进交太监厄勒里呈进，交四执事讫。

油木作

正月初四日柏唐阿、鹤龄来说，军机处传：赏班臣厄尔德尼、达赖喇嘛、第穆胡土克图缨络衣、铃杵等项，着配杉木箱盛装，黑毡马皮包裹，棉花塞垫，发报记此。

计开：赏班臣厄尔德尼缨络衣一份五色、铃杵一份随套、碧玉鳌鱼花插一件、云产石朝珠一盘、铜胎珐琅双喜大瓶一对、铜胎珐琅元香几一件、亮白玻璃盏一件、铜胎珐琅盘六件、铜胎珐琅碗一对、缠丝玻璃花浇一对、翡翠玻璃瓶一对、呆黄玻璃五寸盘一对、亮蓝玻璃碗一对、素玻璃鼻烟壶四个、大荷包一对、小荷包五对、坐褥一份。赏达赖喇嘛红白玛瑙夔龙龟一件、铜胎珐琅多穆一对、铜胎珐琅长方香几一件、铜胎珐琅瓶一件、铜胎珐琅五寸盘四件、粉红玻璃花瓶一对、翡翠玻璃铙碗一对、亮蓝玻璃碗一对、套红玻璃花瓶一件、茶色玻璃碗一件、素玻璃鼻烟壶四个、大荷包一对、小荷包五对。赏第穆胡土克图水晶山子一件、铜胎珐琅碗一对、铜胎珐琅五寸盘一对、呆黄玻璃瓶一对、茶色玻璃碗一件、素玻璃鼻烟壶二件、大荷包一对、小荷包三对。

三月十四日员外郎四德、五德、笔帖式九格来说，太监鄂鲁里传旨：寿康宫东佛堂殿内东边现供描金罩漆龛一座，着照样成做一座，得时在西边对面安供。钦此。于四月初九日员外郎四德、五德、笔帖式九格来说，寿康宫东佛堂现设描金罩漆龛样，画得雕龙描金罩漆龛纸样一张，持进交太监鄂鲁里呈览，随交出有背光铜无量寿佛一尊随珊瑚宝瓶。奉旨：龛照样准做，将交出无量寿佛一尊在龛内供奉。钦此。

八月十一日员外郎四德来说，总管王忠交菩提子一千六百个。传旨：着灌香穿串成做念珠。钦此。于九月二十日将菩提子四串灌得香呈进讫。于十月初六日将菩提念珠四串灌得香呈进讫。于十月二十日将菩提念珠三串灌得香呈进讫。

九月二十日员外郎四德、五德来说，总管李裕交葫芦碗十件、葫芦挠碗五件、葫芦钟大小十五件、葫芦盒大小十二件、葫芦盘一件、葫芦碟大小四件、葫芦靶碗四件、葫芦瓶三件、葫芦蝈蝈葫芦一件。传旨：着镶口漆里。钦此。于四十四年三月十六日催长大达色将葫芦撤口钟一件镶口，漆得里，持进交太监厄勒里呈进。奉旨：着另镶银里，得时交茶房。钦此。于四月二十六日员外郎四德等将葫芦钟一件镶得银里，持进交太监厄勒里呈进，交茶房讫。

十二月二十九日员外郎四德来说，太监鄂勤里传旨：宁寿宫养性殿东西暖阁门神短小，为何不照养心殿东西暖阁门神尺寸成做，系何人承办。查明回奏。钦此。于本日将养性殿东西暖阁门神照养心殿东西暖阁门神尺寸，换得璧子，仍用苏州送到堆门神粘贴好呈览。奉旨：持出安挂。钦此。

乾隆四十三年

珐琅作

三月二十五日接得郎中柏永吉押帖一件，内开三月初二日太监常宁传旨：淳化轩聚珍格着做掐丝珐琅陈设一件，先呈样。钦此。于三月二十六日郎中柏永吉将画得掐丝珐琅圆丁樽纸样一张、文王鼎纸样一张交太监鄂勒里呈览。奉旨：着照圆丁樽样成做一件。钦此。于三月二十七日郎中柏永吉将做得镀金一遍掐丝珐琅丁樽一件交太监鄂勒里呈览。奉旨：着再镀金一遍。钦此。于四月初七日郎中柏永吉将镀金二遍掐丝珐琅圆丁樽一件交太监常宁呈览。奉旨：着交造办处配座，另看地方陈设。钦此。于四月十三日员外郎四德将珐琅圆丁樽一件配得紫檀木座，交太监厄勒里呈进，交圆明园二等。

四月十一日接得郎中柏永吉押帖，内开初七日太监厄勒里传旨：淳化轩楼梯格内照聚珍格现陈设掐丝珐琅汉凤皮样式，按楼梯格大小成做汉凤皮一件。钦此。于五月十五日将做得镀金一遍掐丝珐琅汗凤皮一件呈览。奉旨：外面再镀金二遍。钦此。于闰五月二十八日接得郎中柏永吉押帖，内开二十七日将外面镀金三遍、里子镀金一遍掐丝珐琅汉凤皮一件呈览。奉旨：着交造办处配座。钦此。于六月初一日将掐丝珐琅汉凤卣一件配得座呈进讫。

十月初六日员外郎四德、五德来说，太监厄勒里传旨：着照养心殿东暖阁内钟格内现安掐丝珐琅天鸡壶样款，按□格内现安珐琅抱月缸高矮大小成做天鸡壶一件，画样呈览。钦此。于初九日将画得掐丝珐琅天鸡壶纸样一张呈览。奉旨：照样准做。钦此。初四日将镀金二遍天鸡壶一件呈览。奉旨：再加镀一次，配一寸高木座。钦此。于十一月十六日将珐琅天鸡壶一件配得座呈进讫。

记事录

正月初四日军机处传，赏达赖喇嘛等什物，着配杉木个盛装，塞垫棉花，包裹黑毡马皮，发报记此。赏达赖喇嘛，计开，七佛偈一份、洋磁赍巴壶一对、洋磁轮一件、绣鹅黄缎龙袍面一件、碧玉如意一柄、甘黄玉云龙尊一件、云产石朝珠一盘、广珐琅盖罐一对、掐丝珐琅盘一对、广珐琅盖盘一件、洋磁五供一份、套蓝玻璃瓶一对、蓝玻璃炉瓶三式一份、缠丝玻璃花浇一对、鹅黄瓣大荷包一对、花小荷包五对、黄毡二板、红漳绒四匹、玻璃桌灯二对、绣坐褥迎手一份。赏班禅额尔德呢，计开，绣释迦牟呢佛一轴、绣鹅黄缎龙袍面一件、广珐琅瓶一对、广珐琅大盘一对、套蓝琅玻璃瓶一对、洋磁赍巴壶一对、洋磁轮一件、鹅黄瓣大荷包一对、花小荷包五对、绣坐一件。赏额尔德呢诺们汉：洋磁轮一件、墨刻七佛偈一份、碧玉如意一柄、广珐琅盖罐二件、掐丝珐琅盘一对、金星玻璃花插一件、粉红玻璃炉瓶盒一份、绿玻璃瓶一对、鹅黄瓣大荷包一对、花小荷包三对。赏拉木吹忠，计开：广珐琅盘一对、粉红玻璃瓶一件、红玻璃盘一对、套蓝玻璃瓶一件、红漳绒二匹、鹅黄瓣大荷包一对、花小荷包二对。赏达赖喇嘛过经师傅噶尔丹西勒图阿旺吹扎，计开：广珐琅盘一对、广珐琅盘一对、套红玻璃瓶一对、亮蓝玻璃碗一对、红玻璃盘一对。赏公班第达，计开：水晶如意瓶一件、广珐琅盘一对、粉红玻璃瓶一对。赏公珠尔玛特旺扎尔，计开：广珐琅盘一对、三色玻璃瓶一对。赏公扎什那木扎尔，计开：广珐琅盘一对、红玻璃瓶一对。赏台吉巴尔桑策凌：翡翠玻璃铙碗一对。赏班汉尔堪布噶尔桑丹怎：茶色玻璃铙碗一对。赏台吉索诺木拉什：蓝玻璃瓶一对。赏台吉伊什旺对：绿玻璃对一对。赏阿斋图诺们汗胡弼尔汗：蓝玻璃瓶一对。赏达尔汗堪布罗不藏格勒克：蓝玻璃瓶一对。

二月初二日掌稿笔帖式海寿持来折片一件，内开，大学士英、公额驸福、内大臣和谨奏，据原任粤海关监督德魁之子海存将家中现存预备呈进自鸣钟等项陈设共一百零五件禀谨恭进等情。今将海存所禀陈设开单呈览。奉旨：俱留用。钦此。

计开：洋厢水法自行人物自鸣报时乐钟一对、洋厢料石行蛇自鸣乐钟一对、紫檀木厢玻璃罩镀金铜人时钟一件、紫檀木嵌石雕花活动人物自鸣时刻桌钟二对、紫檀木嵌铜雕花自鸣时刻鹰熊乐钟二对、洋花梨木厢铜花活动人物三针自鸣时刻桌钟一对、洋花梨木厢铜花自鸣时刻乐钟一对、紫檀木雕洋花自鸣报时醒钟二对、紫檀木雕厢石自鸣时刻桌钟二对、紫檀木雕龙凤自鸣时刻桌钟一对、紫檀木厢活动人物乐钟一对、紫檀木时刻桌钟一件、洋铜架小自鸣钟一件、洋铜架桌表一对、各式洋表十六对、洋规矩一匣、紫檀厢玻璃挂镜四对、洋油画铜挂屏一对、紫檀木厢玻璃挂灯六对、紫檀木料纹画玻璃桃一副、紫檀木料纹画玻璃对联一副、景泰珐琅火盆一对、洋鸟枪一杆、紫檀木雕绳文夔龙长案二张、紫檀木雕云福琴案二张、紫檀木雕吉祥香几二张、紫檀木小案二张、紫檀嵌黄杨木雕绳纹炕几一对。于本月初四日员外郎四德、五德等将新交永安寺安挂紫檀木边玻璃挂镜二对因走锡处甚多，请将锡片刮去，用现查玻璃挂屏铜板德（得）胜图贴上改做横披挂屏，宽里下比挂屏宽八分，高里下矮二寸三分，交太监厄勒里呈览。奉旨：准将锡片刮去，用铜板得胜图贴上，高里下上边着交金辉接画。钦此。于初五日侍郎金辉将铜板得胜图十五张与挂屏较对，宽里下宽八分，请将两边各裁去四分，高里下矮二寸三分接，并将得胜图呈览。奉旨：将得胜图十五张内挑四样四张，宽里下不必裁去，压在边内，高里下准其接画。钦此。于三月二十一日侍郎金辉将得胜图四张各接画得长高二寸三分天云，持进交太监厄勒里呈览。奉旨：着贴玻璃挂屏上呈览。钦此。于四月初三日员外郎四德、五德将一面玻璃紫檀木边得胜图挂屏四件交太监厄勒里呈览。奉旨：着交宁寿宫、瀛台等各处二件，看地方挂。钦此。

三月二十七日军机处传赏西北两路军营将军大臣锭子药、平安丸、人马平安散等，着造办处配箱盛装，绵花塞垫，黑毡马皮包裹，发报记此。拟赏西北两路将军大臣锭子药开后：伊犁将军领队大臣等二份半、塔尔巴哈台参赞领队大臣等半份、乌鲁木齐都统领队大臣等一份、乌什参赞领队大臣等一份、叶尔羌和田（阗）办事大臣等一份半、喀什噶尔英阿杂尔办事大臣等一份半、辟展库车哈尔沙尔办事大臣等一份、乌里雅苏台科布多将军参赞大臣等二份、车布登扎布半份之半、成都将军等一份半。

四月初四日接得笔帖式苏楞额持来工部汉字文一件，内开乾隆四十三年二月初一日内阁抄出，奉上谕：裕贵妃母妃侍奉皇考，诞育和亲王，淑慎素著。朕御极之初，即钦奉圣母皇太后懿旨，晋封贵妃，以申敬礼之意。四十余年慈宁随侍，亲爱尤深。兹年届九旬，实为宫闱盛事，宜崇位号，以介蕃厘，应晋封为皇贵妃。所有应行事宜，各该衙门察例预办，届期蠲吉举行。钦此。恭查册封皇贵妃典礼，应用宣读绢册宝一份。应行办造，相应呈明，派出员外郎舒通阿前前往，会同造办处官员照依金册宝式样敬谨办交，送内阁，届期应用等因，前来随回明中堂英、公额驸福、侍郎金，回明总管永、佛。准行记此。

六月二十六日员外郎五德将苏州送到御制平定两金川告成太学碑文玉册页一份随本文一份、墨榻一份，持进交太监厄勒里呈览。奉旨：将玉册页照乾清宫现设拉道填金紫檀木玉册页匣一样，配匣盛装。再苏州尚有现成做御制平定两金川告成太学碑文玉册页一份、御制用白居易新乐府成五十章玉册页二份，俟送到时亦照此样配匣。得时将册页四份在乾清宫、重华宫每样各安设一份。其本文交懋勤殿，墨榻交如意馆。钦此。于本月三十日员外郎五德将平定两金川告成玉册页十片照乾清宫现有拉道填金罩盖匣配得合牌罩盖匣样，持进交太监厄勒里呈览。奉旨：照样准做。其玉片交懋勤殿，着董诰填金。钦此。于九月二十七日员外郎四德、催长大达色、副催长福来将青玉册页一份，将配得紫檀木拉道填金册页匣一件交太监厄勒里呈览。奉旨：将匣盖交懋勤殿刻签字。钦此。于十月十四日员外郎四德等将青玉册页一份配紫檀木拉道填金匣一件，懋勤殿刻得签子，持进交太监厄勒里呈进，交乾清宫讫。

二十八日副催长海柱持来旨意折底一件，内开臣阿、福、英、和谨奏，为恭进舆图事。臣等钦奉上谕，办理盛京、吉林、黑龙江舆图，节经奏进，绘写式样，并将各地名恭查实录、老档事迹，有关开创鸿图者纂成标注。仰蒙皇上训示，臣等敬谨遵循办理，殿绘舆图五排，统地名二千三百一十三处，内标注一百四十四条兼写清汉字，敬录原奉上谕，冠于图首，现在绘竣。谨舆图恭呈览，伏候钦定发下，交舆图处照办，刊刻装演，恭送大内及盛京存贮，以垂永久。仍颁发盛京等处将军、副都统、每各衙门各一份，敬谨藏。为此谨奏请旨等因，于乾隆四十三年六月二十六日具奏。奉旨：知道了。钦此。于四十四年二月初四日员外郎四德五德等将画得盛京吉林等处舆图五排，每排计五张，并上谕序文清汉字本文一张，持进交太监厄勒里呈览。奉旨：交武英殿刻板。钦此。

十一月初二日员外郎四德、五德将两淮送到御题明臣史阁部画像手卷一卷、史阁部祠图册一件、备用墨刻史可法手卷二十卷呈览。奉旨：将备用墨刻史可法手卷二十卷内赏阿哥们五卷、军机大人们四卷，下剩十一卷交懋勤殿。原样手卷一卷交懋勤殿下摆，其祠图册一件交懋勤殿。钦此。

初八日员外郎四德、五德来说，太监厄勒里传旨：着金辉派官一员，带领姚文瀚前往景陵、孝陵、泰陵、胜水峪并妃衙门，图样俱各画来。钦此。于初十日大人金辉遵旨除派库掌恭臣带领画画人姚文瀚前往东陵、西陵，敬谨绘画全图，缮写折片，交太监厄勒里具奏。奉旨：恭臣、姚文瀚每名每日俱赏给盘费银一钱三分，将盘山图样一并画样。钦此。

行文

二月十七日接得郎中保成押帖一件，内开正月初四日首领董五经交：御笔九成宫醴泉铭手卷一卷、御笔读宗泽忠简集手卷一卷、宋人九老图手卷一卷、□人燃灯佛授记释迦文图手卷一卷、大禹治水图手卷一卷、北来王岩叟梅花手卷一卷。传旨：着启祥宫做匣、配袱别，样发往南边，依前做照样做来。钦此。

十七日接得郎中保成押帖一件，内开正月初四日首领董五经交：黄庭外景经袱一件、苏汉臣百子胪欢图手卷一卷、元人货郎图挂轴一件、苏汉臣货郎图挂轴一件、明人邓尉观梅图挂轴一件、丁云鹏画达摩挂轴一件、仇英画云水观音挂轴一件、金榻金刚经塔挂轴一件、六阿哥画春山凝靄挂轴一件、赵雍寒林归猎挂轴一件、六阿哥画秋寺鸣泉挂轴一件、陈继需（儒）云岩萧寺挂轴一件、赵孟頫画王羲之像并临禊帖挂轴一件、蒋廷锡画双清图挂轴一件、王维双喜图挂轴一件、沈周竹堂寺观梅图挂轴一件、宋人迎韶鸣喜图挂轴一件、谢佑之茶梅腊嘴图挂轴一件、陆治琴意图挂轴一件、钱榖雪景图挂轴一件、文伯仁山水挂轴一件、金廷标曳杖看云图挂轴一件、金廷标瑶池献寿挂轴一件、宋人岁朝图挂轴一件、周用甫田农庆图挂轴一件、李士达岁朝图挂轴一件、御制陶庄河神庙碑记手卷一卷、米芾云山烟树手卷一卷。传旨：着启祥宫将挂轴配囊内三轴安白绫签，手卷做匣配袱别，样子发往南边，依前做法照样做来。钦此。

三月二十三日接得郎中保成押帖，内开三月十八日首领董五经交：御笔咏谥法字手卷一卷、御笔作福作威论字手卷一卷、御笔读归有光易图论手卷一卷、御笔追复睿亲王封号字手卷一卷、御笔砚谱序字手卷一卷、御笔偃松图画手卷一卷。传旨：交如意馆，俱配袱别，样发往南边，依前做法照样做来。钦此。

七月十九日员外郎四德、五德来说，太监鄂勒里传旨：着传与图明阿，嗣后呈进钟表，上拴锁匙绦子，不必用银金线、绒线成做，或用金银锁子俱可。钦此。

十九日员外郎四德副催长福来来说，太监厄勒里交：御笔白塔山五记手卷一卷、包首纸样一张、御笔效仇远十二辰体咏金川事用十二辰本字题四库全书诗手卷包首纸样一张、御笔五福颂手卷包首纸样一张、御笔平定两金川凯歌三十首手卷包首纸样一张、御笔乾清宫五屏峰铭手卷包首纸样一张、御笔文渊文源文津三阁记手卷包首纸样一张、御笔大宝箴手卷包首纸样一张、御笔平定两金川告成太学文及勒铭三碑手卷包首纸样一张、御笔优恤土尔扈特部众记手卷包首纸样一张。传旨：俱发往苏州，交舒文照纸样尺寸大小成做天鹿锦包首送来。钦此。于十二月二十五日将苏州送到天鹿锦包首九件呈进讫。

广木作

六月十八日员外郎五德来说，太监厄勒里传旨：如意馆现裱御制盛京土产十二咏册页二册、御制盛京土风十二咏册页二册，着照孝经图匣盖上花纹一样配做壳面板八块，其签子亦照匣盖上铜边线玉字签一样，成做铜边线银母字签嵌安。钦此。于二十六日员外郎五德来说，太监厄勒里传旨：现配做盛京十二咏册页壳面板，得时着配做插套。钦此。于闰六月初三日员外郎五德来说，太监厄勒里传旨：现在成做盛京土产十二咏土风十二咏册页四册，不必配插套。着照淳化轩西案上陈设册页锦套一样，用苏州新织白片金成做片金套二件，外配紫檀木罩盖匣二件盛装，先呈样。钦此。于闰六月十五日员外郎五德将御制盛京土产十二咏册页二册、御制盛京土风十二咏册页二册，配得合牌罩盖匣样，每匣盛册页二册，持进交太监厄勒里呈览。奉旨：照样准做。钦此。于闰六月十九日员外郎五德等为做御制盛京土产十二咏土风十二咏册页四册、锦套四件，挑得内库白片金一匹，照册页样大小尺寸缀得线，持进交太监厄勒里呈览。奉旨：准用。钦此。于闰六月二十九日员外郎五德等将如意馆托裱得御制盛京土产十二咏藏经纸册页二册、御制盛京土风十二咏笺纸册页二册，各安得嵌银母字紫檀木壳面板，持进交太监厄勒里呈览。奉旨：俟现做锦套并紫檀木罩盖匣得时，将藏经纸册页二册交懋勤殿，其笺纸册页二册带往盛京。钦此。于七月初一日员外郎五德等将御制盛京土产土风册页四册各做得锦套，配得素紫檀木罩盖匣二件，持进交太监厄勒里呈览。奉旨：着交懋勤殿，在匣盖上拟刻字。钦此。于本日交懋勤殿讫。

闰六月初二日员外郎四德来说，太监鄂勒里交：长方紫袍束金带砚一方、四方洗象砚一方上贴本文。传旨：着配砚盒，先呈样。钦此。于初六日将四方洗象砚一方、长方紫袍束金带砚一方各配得素紫檀木砚盒样呈览。奉旨：俱照样准做。钦此。于二十九日将四方洗象砚一方配得紫檀木盒盛装，交太监鄂勒里呈览。奉旨：交懋勤殿刻诗。钦此。

十月初三日员外郎四德、五德来说，太监鄂勒里交嵌玉一块紫檀木盒四十件，内盛各式砚四十方，内计开，唐澄泥六螭石渠砚一方、宋宣和澄泥砚一方、宋澄泥直方砚一方、宋吴敬井田砚一方、宋澄泥仿唐石渠砚一方、宋澄泥海涛异兽砚一方、宋端石洛书砚一方、宋蕉叶白七子砚一方、宋端石三星砚一方、宋录（绿）端兰亭砚一方、宋端石聚魁砚一方、宋端石腾蛟砚一方、宋端石印川砚一方、宋端石五丁砚一方、宋蕉白太素砚一方、宋端溪子石蟠桃核砚一方、宋端石云腴砚一方、宋端石凤池砚一方、宋端石紫袍金带砚一方、宋端石重挂砚一方、元释海云端石砚一方、旧端石三虎砚一方、旧端石浮鹅砚一方、旧澄泥玉堂砚一方、旧澄泥伏犀砚一方、旧端石星罗砚一方、旧端石海日出升砚一方、旧端石多福砚一方、青录（绿）端浴鹅砚一方、旧端石骊珠砚一方、旧端石十二章砚一方、旧端石天然六星砚一方、旧端石梅朵砚一方、旧端石雁桂砚一方、旧澄泥藻文石渠砚一方、旧剑溪金星石玉堂砚一方、旧端石七螭砚一方、旧端石环螭风字砚一方、旧端石郎月疏星砚一方、旧端石四螭砚一方。传旨：将砚四十方按次序做屉，配鸡翅木箱一对盛装，先摆样呈览。钦此。于十三日将砚四十方按次序配得合牌屉样入屉，每箱装四屉，计砚二十方，画得铜镀金凿花什件箱样一张、库贮鸡翅木一段呈览。奉旨：照样准做。鸡翅木箱一对屉子用楠木成做，屉内砚白子分匀。钦此。于四十四年正月二十九日员外郎四德将做得鸡翅木箱一对上凿铜什件二份镀金一次，交太监鄂勒里呈览。奉旨：不必再镀，着成钉。钦此。于二月初三日将鸡翅木箱一对内盛砚四十方配得屉呈进讫。

二十八日员外郎四德来说，太监厄勒里交白玉刻字填金斗鹿赋册页一册启祥宫新刻，计十片。传旨：配做紫檀木匣盛装，先呈样。钦此。于四十四年正月二十七日将御笔斗鹿赋玉册页片十片配得拉道填金紫檀木匣呈览。奉旨：交懋勤殿刻签字。钦此。于二十九日将斗鹿赋玉册页十片随拉道填金匣懋勤殿刻得签字呈览。奉旨：交懋勤殿带往热河。钦此。

十二月初十日员外郎四德五德等来说，太监厄勒里交：红丝石风字砚一方、澄泥八方砚一方、旧乌玉砚一方、驼基石五番砚一方各随嵌玉刻字砚盒。宋哥窑蟾蜍砚一方随刻诗砚盒。松花石蟠螭砚一方、松花石双凤砚一方、松花石甘瓜砚一方、松花石葫芦砚一方、松花石河图洛书砚一方各随松花石砚盒系入谱附录。传旨：将砚十方配二层屉紫檀木匣盛装，每屉摆砚五方。钦此。于十七日将松花石等砚十方配得合牌罩盖盒样，上画汉纹式花纹样。盒内配得屉样二屉，每屉摆砚五方，持进呈览。奉旨：照样准做。钦此。于四十四年九月二十日将松花石等砚十方各随砚盒配得雕汉纹式罩盖匣一件呈览。奉旨：交懋勤殿，拟刻四个字签子，匣外做楠木匣一件，再做杉木糙匣一件，得时交懋勤殿收贮。钦此。于十二月初八日将各式砚十方配得二层屉罩盖匣一件盛装，盖上刻得字，外套匣现做未完，呈览。奉旨：将砚匣交宁寿宫摆，其外套匣不必成做。钦此。

灯裁作

正月十三日敬事房传帖内开，传做：大份锭子扇器三匣、中份锭子扇器四匣、紫金锭子二百五十包、蟾酥锭子二百五十包、离宫锭子二百五十包、盐水锭六百包，以上端阳节用。回明中堂英廉、公额驸福隆安、侍郎金辉，回明总管永德、佛宁。准行记此。

四月二十五日员外郎四德、五德来说，总管李裕传旨：保合太和现设杌子十二件，方壶胜境椅子十二张并思永斋绣墩十二件上绣垫，俱配锦套。钦此。

九月二十八日员外郎四德、五德来说，太监厄勒里交：画像无量寿佛一张、画像白救度佛母一张、画像录（绿）救度佛母一张、随紫锦边红黄锦牙子银轴头佛像大边三件，画像弥勒佛一张、画像药师佛一张、画像释迦牟尼佛一张、随石青洋锦大边红黄锦牙子银轴头佛像边三件。传旨：将佛像用交出佛像边厢做挂像佛六轴。钦此。于十月二十七日将画像佛六轴厢俱得边安得银头呈进讫。

十二月初二日员外郎四德、催长大达子来说，太监常宁□传旨：宁寿宫养心殿西暖阁除现铺绿毡外，俱铺花猩猩毡钦此。于初四日为养心殿西暖阁铺设花毡，挑得内库白地深色黄花猩猩毡四卷、白地浅色黄花猩猩毡四卷，持进呈览。奉旨：猩猩毡俱准用。将深色黄花毡在勤政亲并北间安紫檀木塔处铺用，其浅色黄毡在夹道穿堂门等处铺用，现铺录（绿）毡处亦铺花猩猩毡，寻常仍铺绿色花毡。钦此。于本月初十日员外郎四德来说，太监厄勒里传旨：宁寿宫香雪堂现铺绿毡处着铺花猩猩毡，得时年节铺设，寻常仍铺绿毡。钦此。

如意馆

二月十七日接得郎中保成押帖，内开二月初十日首领董五经交：御笔谥法字一张、御笔读归有光易图论字一张、御笔作福威论字一张。传旨：着如意馆裱手卷。钦此。

三月初四日接得郎中保成押帖，内开二月二十二日太监张进喜交墨刻耕织图二十一份每份四十八张。传旨：照富春楼现陈设耕织图式样一样成做。钦此。

二十三日接得郎中保成押帖，内开三月初三日太监厄鲁里交：贾全画苏汉臣百子胪欢图一张、艾启蒙耕织图画二十四张。传旨：着如意馆托纸一层。钦此。

五月初二日员外郎中保成押帖，内开四月二十五日首领董五经交：赵霖画唐太宗六马图手卷一卷、御笔笺纸昭陵石马歌字一张。传旨：着交如意馆，将御笔笺纸字换裱在六马图手卷做引首。钦此。

十一日接得郎中保成押帖，内开初四日总管桂元交陈辉祖书画山水花卉黑面扇一百柄。传旨：将黑面扇一柄写方宗款，五十柄写朱宪章款。钦此。

十一日接得郎中保成押帖，内开初四日首领董五经交刘墉书画黑面扇二十柄。传旨：着写谢遂款。钦此。

二十三日接得郎中保成押帖，内开十五日首领董五经交：御笔仿王翚黄鹤山樵修竹远山图一轴、蒋廷锡荷花一轴、唐寅纳凉图一轴、董其昌夏山宿雨一轴、陈恬（栝）画万年青一轴、沈周花下雄鸣一轴、樊圻雨景一轴、王问溪桥樵唱一轴、陈洪绶荷花一轴、董其昌一梧轩图一轴、赵孟頫西园雅集图一轴、元人画刘海一轴、文徵明兰亭修禊图一卷、张宏补纳图一轴、杨升仙奕图一卷、钱穀扇喝图一卷。传旨：将挂轴配囊，手卷配匣袱别，样子发往南边，依前做法照样做来。钦此。于九月二十八日将苏州送到玉别锦袱三份呈进讫。

二十三日接得郎中保成押帖，内开五月十七日将御笔读王应麟困学纪闻手卷一卷、小序考手卷一卷、题东林列传手卷一卷、杨维祯（桢）铁崖乐府手卷一卷、记里鼓车说手卷一卷、书春秋元年春王正月手卷一卷、明哲保身论手卷一卷、读史记儒林传手卷一卷、命追复睿亲王封爵号手卷一卷、命仍称礼郑豫肃诸亲王及克勒（勤）郡王原封爵手卷一卷，为讨包首，缮写折片具奏。奉旨：命追复睿亲王封爵手卷一卷、命仍称礼郑豫肃诸亲王及克勒（勤）郡王原封爵号手卷一卷用天鹿锦包首，向苏州织造舒文要用，其余手卷八卷俱用锦包首。钦此。于九月二十八日将苏州送到天鹿锦包首二件呈进讫。

二十三日接得郎中保成押帖，内开十二日首领董五经交御笔追复睿亲王封爵及复开国有功诸王原号字一张。传旨：着裱手卷。钦此。

二十三日接得郎中保成押帖，内开十五日首领董五经交御笔命仍称礼郑豫肃诸亲王及克勒（勤）郡王原封爵号并予配享诗以志事有序字一张。传旨：着裱手卷。钦此。

二十三日接得郎中保成押帖，内开十八日太监鄂勒里交郎世宁唐岱合画鹤舞嵩龄图挂轴一轴。传旨：着方宗（琮）仿画石，贺清泰仿松鹤。钦此。

闰六月初五日接得郎中保成押帖，内开六月二十一日太监鄂勒里交御制盛京土产十二咏土风十二咏壳面样二件计三十二字。传旨：着用银母做。钦此。

初五日接得郎中保成押帖，内开六月二十三日太监鄂勒里交淳化阁帖十件。传旨：着裱册页十册，配壳面套，得时将收存重刻淳花帖银母字嵌用。钦此。

初五日接得郎中保成押帖，内开六月二十六日太监鄂勒里交御制墨刻平定两金川告成太学碑文一册。传旨：着裱册页。钦此。

二十二日接得郎中保成押帖，内开初三日首领董五经交御笔盛京土风土产藏经纸册页二册，计三十四开；录（绿）笺纸字土风土产册页二册，计三十四开。传旨：着裱册页四册。钦此。

七月初十日接得郎中保成押帖，内开闰六月二十一日将如意馆收贮铜板德胜图一百六十九份将现裱做二十九份，缮折交厄勒里转奏。奉旨：知道了。其现裱做二十九份如家匠不能做，用外雇匠裱做。钦此。

初十日接得郎中保成押帖，内开闰六月二十一日首领董五经交御笔夫余国传订讹笺纸字横一张。传旨：着裱手卷。钦此。

二十二日接得郎中保成押帖，内开如意馆呈管呈明事。本馆现裱：御笔杨维祯铁崖乐府手卷一卷、记里鼓车说手卷一卷、书春秋元年春王正月手卷一卷、明哲保身论手卷一卷、读史记儒林传手卷一卷、命追睿亲王封爵手卷一卷、命仍称礼郑豫肃诸亲王及克勒（勤）郡王原封爵号手卷一卷。需用御笔锦袱七件。查得收贮御笔袱面二十二件、臣下袱面二件内，挑得合尺寸者四件，新传到备用。御笔棉袱十二件内挑得合尺寸者三件，随玉别及三件、旧存玉别子四件，请将收贮锦袱面二十四件安白绫里，以备应用。理合呈明堂台批准，遵行办理可也。为此具呈等因，回明中堂英廉、尚书福隆安、侍郎金辉，回明总管永德、佛宁。准行记此。

八月初一日接得郎中保成押帖，内开七月初十日董五经交大云轮请雨经结坛仪轨图说册页一册。传旨：着做套。钦此。

初一日接得郎中保成押帖，内开七月十五日太监厄勒里交：御笔苏轼偃松图手卷一卷、韩幹照夜白手卷一卷、南巡舟行杂兴诗手卷一卷、创业守成难易说手卷一卷、佶□□难并图手卷一卷、命校永乐大典因成八韵示意手卷一卷、抑斋记手卷一卷、读韩非子手卷一卷、生春生夏生秋生冬诗手卷四卷。传旨：着如意馆侯舒文成做天鹿锦包手到来，将锦包首做材料用。钦此。

初一日接得郎中保成押帖，内开七月十六日首领董五经交挂轴十五轴、手卷四卷，内计开：宋人贝经清图一轴、丁云鹏画十八应真一轴、张渥画十六臂大士像一轴、崔子忠洗象图一轴、方从义云山一轴、元人秋花鹡鸰一轴、赵孟頫松下听琴一轴、陈裸秋山晴眺一轴、元人丛菊图一轴、赵文俶九秋图一轴、王问山水一轴、蒋廷锡画杨梅练雀一轴、元人餐霞图一轴、童元花鸟一轴、李昭道山楼阁一轴、宋宣和翠禽荔子手卷一卷、释明本画罗汉手卷一卷、仇英摹赵孟頫写经换茶图手卷一卷、郭熙晓日晴霞手卷一卷。传旨：着将挂轴做囊，手卷做匣配袱别，其宋人贝经清课图、丁云鹏画十八应真、张渥画十六臂大士像、崔子忠洗象图挂轴囊四件安白绫签。钦此。

十月初八日接得郎中保成押帖，内开九月二十九日董五经交：唐寅湖光晴色图一轴、明沈周墨笔山水一轴、柯九思墨竹一轴、仇英桃源图一轴、宋郭河阳关山行旅图真迹一卷、宋米元章行书曹子建元会诗一卷。传旨：着启祥宫将挂轴配囊，手卷配匣，配袱别，样子发往南边，依前做法照样做来。钦此。

初八日接得郎中保成押帖，内开九月二十七日首领董五经交御笔神树赋册页二册每册八开。传旨：着裱册页二册，壳面交造办处，照土风土产壳面一样做，每册各做插套一件，得时给盛京陈设一册、归宸翰一册。钦此。于十七日员外郎四德将神树赋册页紫檀木壳面板照土风土产册壳面上花纹一样画得花纹呈览。奉旨：照样准做。其签子、锦套、罩盖匣俱照土风土产册页一样成做。钦此。于十二月初五日将御笔神树赋册页二册配做锦套，挑得内库白地金花片呈览。奉旨：准用。钦此。于四十四年三月十七日将神树册页二册配得壳面板、片金套、紫檀木外套匣一件呈览。奉旨：将匣一件改做二件，每匣盛册页一册。钦此。于四月初七日将神树赋册页二册用原随木匣一件改做得二件，每画盛册页一册呈览。奉旨：交懋勤殿刻签子。钦此。

初八日接得郎中保成押帖，内开九月二十八日厄勒里交：鸡鸣昧旦班指一件、弓矢喻政班指一件。传旨：将诗文加深加宽刻做。钦此。

十一月十五日接得郎中保成押帖，内开十月十三日董五经交御笔论立储之弊不显立储之益谕黄笺纸字一张。传旨：着裱手卷一卷。钦此。

十五日接得郎中保成押帖，内开十月十九日厄勒里交：永陵全图地盘纸样一张随宝顶宫样三张、启运殿内宝座五供陈设纸样一张、福陵全图地盘纸样一张随宝顶宫殿纸样一张、隆恩殿内宝座陈设纸样一张、昭陵全图地盘纸样一张随宝顶宫殿纸样六张、隆恩殿内宝座五供陈设纸样一张、更衣厅殿内陈设纸样一张。传旨：将各陵宝顶、宫殿照样绘入全图地盘内，交姚文瀚各画挂轴一轴。其福陵隆恩门外东红门不对西红门，着将门改画，要对中。昭陵宝顶后围土山着加高，加原所有宫殿内陈设供器，碑不必画，先起小稿呈览。钦此。于二十二日将姚文瀚画得永陵全图实样底稿一件呈览。奉旨：神树照蓬松式改画，殿座着姚文瀚画，山树着方宗画。钦此。随奉旨：姚文瀚差务多不必画，造办处传人画殿座，山树着方琮、袁英画。钦此。

十五日接得郎中保成押帖，内开十月二十六日厄勒里交孝陵、景陵、泰陵三陵全图挂轴三轴。传旨：着姚文瀚照盛京三陵全图挂轴一样尺寸起稿，得时用白绢画，山树着方宗（琮）、袁英画，殿座着吴得洪画。钦此。

十五日接得郎中保成押帖，内开十月三十日董五经交御笔程敏政重修观音寺记文字一张。传旨：着裱手卷。钦此。

金玉作

四月二十五日员外郎四德、五德来说，太监鄂勒里交：二等金累丝朝冠顶一座嵌正珠顶一颗、东珠十五颗、大正珠一颗重二钱五分五厘，无眼、三等金累丝朝冠顶一座嵌正珠顶一颗、东珠十五颗、五等金累丝朝冠顶一座嵌正珠顶一颗、东珠十五颗、五等金累丝朝冠顶一座嵌正珠顶一颗、东珠十五颗。随金累丝佛一尊上嵌东珠十五颗、金累丝龙一件上嵌东珠七颗、色暗有底正珠一颗重一钱八分。传旨：将交出大正珠一颗打眼，在二等朝冠顶上换用，换下正珠顶在三等朝冠顶上换用，换下正珠顶在五等朝冠上换用。再将色暗有底正珠一颗打眼，在四等朝冠上换用，换下正珠顶一颗并五等朝冠顶上换下正珠一颗呈览。其金活俱梅炸见新，得时二等三等朝冠二座交四执事，现用四等、五等朝冠二座交四执事带往盛京。钦此。于五月十五日将大正珠二颗点得打象鼻眼墨点呈览。奉旨：准照墨点打眼。钦此。于二十五日将二等金累丝朝冠顶一座另换嵌安里边。交出大正珠一颗换下正珠一颗，在三等金累丝朝冠顶一座上换用，将换下正珠一颗在五等金累丝朝冠顶一座上换用，随换下正珠一颗。四等金累丝朝冠顶一座用里边交出色暗有正珠一颗打得眼嵌安，随换下正珠一颗，俱梅炸见新呈览。奉旨：将朝冠顶俱交四执事。其换下正珠二颗俱交王成。钦此。于本日将嵌珠子朝冠顶四座换下珠子二颗呈进交四执事，珠子交王成讫。

六月十八日员外郎五德来说，总管王成交：红宝石帽顶二十八个、碧牙洗帽顶二十三个、珠瑚帽顶三个、烧红石帽一个，俱各铜托。传旨：俱将顶珠拆下，铜托刷洗好，挑好样款的在红宝石帽顶上配合用，余剩铜托、顶珠一并呈览。钦此。于本月二十日员外郎五德将红宝石帽顶珠二十八个另换得好样款顶托，并换下顶托、顶珠俱持进交总管王成呈进收讫。

铜鋄作

九月二十八日员外郎四德、五德来说，太监厄勒里交白玉回子刀靶一件高朴名下。传旨：着配腰刀，其什件交武备院凿做。钦此。于四十四年三月初九日员外郎四德、五德将做得玉靶腰刀一靶拟得天字二十一号吐芒刀名，贴得乾隆年制款样一件呈览。奉旨：准照样商做。其刀名并号数着交翰林们写样。钦此。于四十五年十二月二十七日员外郎五德等将白玉靶腰刀一把拟得天字二十一号，商得丝持进呈进讫。

十月初八日员外郎四德来说，太监厄勒里交青玉刀靶二件剑靶一件。传旨：将刀靶二件配做腰刀，什件交武备院凿做剑靶，配回子刀。钦此。于四十四年三月初九日将玉靶腰刀二把内一把拟得人字二十一号曜威刀名，一把拟得天字二十二号掩红刀名，并贴得乾隆年制款样呈览。奉旨：准商做。其刀名号数着翰林们写样。钦此。于四十五年十二月二十七日将玉靶腰刀一把系人字二十七号呈进讫。

乾隆四十四年

金玉作

正月十七日员外郎四德、五德等来说，太监色勒里传旨：大西天新建楼五间上西间着造银宗喀巴佛一尊，其面像款式务照凝晖堂现供宗喀巴一样。钦此。于二月二十九日将拨得宗喀巴佛蜡样一尊呈览。奉旨：照样准造二尊。钦此。于九月二十六日将银宗喀巴佛二尊安在养心殿呈览。奉旨：佛面像放宽些，其藏帽亦要放大。钦此。于十一月十二日将现造未完宗喀巴佛二尊面像收什好，安在斋宫呈览。奉旨：持出磨好镀金。钦此。于十月二十七日将银间镀金宗喀巴佛二尊安在养心殿呈览。奉旨：将佛座上刻款。钦此。于十二月二十七日将银镀宗喀佛二尊佛座上束腰贴得大清乾隆年敬造款样呈览。奉旨：照样准刻。钦此。于四十五年正月初六日将宗喀巴佛一尊刻得款呈进，送往大西天安供讫。

九月二十日员外郎四德、催长大达色来说，太监鄂鲁里交金黄鹤楼一座，上嵌碎小正珠九十六颗、碧牙西宝石三十六块、顶嵌珠子一颗、碧牙西一块，顶上嵌碎小正珠二颗，随玻璃罩、紫檀木香几，系热河带来。

传旨：将楼下金海水地景拆下熔化，另安玻璃海水地景，其船支照旧安设，将楼座底收什平正，与玻璃水接缝不要显露。钦此。于十一月初二日员外郎四德、五德、催长大达色为金黄鹤楼一座将金海水拆下，系四十六两一钱、八成金，另换玻璃水，因玻璃不能做叠落水纹，做得雕木海水样，随拆下金楼阁大小二座、金船大小八支持进，交太监鄂鲁里呈览。奉旨：海水照样准做，海水内鱼用珊瑚成做，水草用象牙成做茜色。其海螺查粤海关送到海螺配合用，再将楼阁船支分开成做陈设二件。其大些楼阁一座，大些船三支，小些船一支用原旧都盛盘配成，做小些。楼阁一座，大些船一支，小些船三支另配紫檀木都盛盘一件。钦此。于十一月初六日员外郎四德、五德、催长大达色将金黄鹤楼一座拆下，小些金楼阁一座、金船大小四支查得材料用紫檀木都盛盘一件盛装，配得雕海水屉板样，持进交太监鄂鲁里呈览。奉旨：都盛盘准用，配五面玻璃罩，海水屉板照样准做。海水内鱼、水草、海螺俱照黄鹤楼一样成做，其金山竖缝钉眼补好。钦此。于十二月二十七日员外郎四德、五德将金黄鹤楼上拆下金楼阁大小二座各配得香几玻璃罩雕水屉板，持进交太监鄂鲁里呈览。奉旨：大金楼阁一座交宁寿宫，其小楼阁将海水屉收什好呈览。钦此。于四十五年正月初十日员外郎四德、五德将金小楼阁一座持进交太监鄂鲁里呈进，交宁寿宫讫。

十一月十九日员外郎四德、五德、催长大达色来说，太监鄂鲁里交大银满达一件内盛五色哈达，重十八两七钱、小银满达一件内盛五色哈达重十两俱系中正殿。传旨：小满达熔化，照大满达一样成做满达一件，其不足之银添用。再照银满达成做重三十两六成金金满达一对，俱安糊黄绫合牌里。钦此。于二十二日员外郎四德、五德、催长大达色来说，太监鄂鲁里传旨：将新做金满达二件、银满达二件得时俱配木座、五色哈达，俟班禅额尔德尼来京在宁寿宫念经时赏给金银满达各一件，余剩金银满达各一件在热河赏给。钦此。于四十五年五月初九日员外郎四德、五德将做得金满达二件、银满达二件，随做样满达一件安在奉三无私呈览。奉旨：俱交佛堂。钦此。于六月十九日接得报上寄来信帖一件，内开六月十六日太监鄂鲁里传旨：着寄信京内，将预备赏班禅额尔德尼金满达一件随报发来，再照金满达尺寸一样成造一件，与银满达一件在京内备赏。钦此。于四十五年十月初二日将金满达一件呈进，交宁寿宫讫。

铜鋄作

二月十九日员外郎五德　催长大达色来说，太监鄂鲁里交：鞔金片鞘双玉靶小刀十三把、鞔金片鞘单玉靶小刀五把随牙快、鞔金片鞘玉靶七首一把、鞔金片鞘玉靶回子小刀二把，俱系广储司呈览。传旨：将刀鞘上所鞔金片金叉子俱拆下熔化，其双玉靶小刀子十三把，单玉靶小刀五把仍用原旧刀鞘另鞔桦皮，配铜束子、铁叉子，匕首一把另配鞘，另呈样。其余剩回子刀二把刀头毁铁，玉靶有用处用。钦此。于二十一日员外郎五德等将鞔金片鞘双玉靶小刀十三把、鞔金片鞘单玉靶小刀五把牙快、鞔金片鞘回子匕首一把、鞔金片鞘回子小刀二把，俱将金片起下认看，得六成金其重十一两六钱，并小刀持进交太监鄂鲁里呈览。奉旨：金片熔化，玉靶牙快小刀五把留下赏人用，双玉靶小刀十三把另鞔桦皮作赏用，回子匕首另配鞘，先呈样，回子小刀玉靶有用处用，刀头毁铁。钦此。于三月二十八日员外郎四德、五德等将双玉靶小刀十三把仍用旧木鞘，另鞔得白桦皮小刀一把、红桦皮小刀一把，持进交太监鄂鲁里呈览。奉旨：准用红桦鞔做。钦此。于五月十一日汇总熔化得金十一两六钱，持进交太监鄂鲁里呈进，交王成讫。于九月二十四日员外郎四德将双玉靶回子小刀十三把另鞔得桦皮鞘铜镀金束子呈览。奉旨：着交王承义，明年带往热河，赏蒙古王公。钦此。

记事录

正月初二日员外郎四德、五德等来说，太监鄂勒里交嵌玉璧盒一对、嵌玉双元盒一对、嵌玉八方盒一对，伊灵阿进。传旨：俱交圆明园。钦此。随将嵌玉紫檀木盒三对呈进交圆明园讫。

初三日军机处，赏班禅额尔德尼：玉观音一尊随龛、填金佛像七轴、四体楞严经一部十卷、云产石朝珠一盘、青玉双环尊一件、铜胎法琅瓶一对、法琅都盛盘一件、法琅五寸盘六件、法琅碗一件、三色玻璃瓶一对、呆黄玻璃碗一件、翡翠玻璃瓶二件、呆黄玻璃五寸盘二件、蓝玻璃碗二件、玻璃鼻烟壶四件、大荷苞一对鹅黄缏珊瑚豆、小荷苞五对、迎手靠背坐褥一份，班禅额尔德尼来使带去。赏给达赖喇嘛：四体楞严经一部十卷、芙蓉石凫有盖花插一件、广法琅大罐一对、法琅冠架一件、法琅花瓶一件、法琅五寸盘四件、粉红玻璃花瓶一对、蓝玻璃铙碗一对、翡翠玻璃碗一对、红玻璃花瓶一对系套红、呆黄玻璃碗一件、玻璃鼻烟四件、大荷苞一对鹅黄缏珊瑚豆、小荷包五对，班禅额尔德尼来使带去。赏班禅额尔德尼堪布诺们汉阿旺楚尔提穆：水晶花瓶一件、广法琅碗二件、法琅五寸碗一件、呆黄玻璃瓶一对、绿玻璃碗一件、大荷苞一对鹅黄缏珊瑚豆、小荷苞三对、玻璃鼻烟壶二个。传旨：着配杉木箱盛装，棉花塞垫，黑毡马皮包裹，发报记此。

初七日军机处交，赏达赖喇嘛：哈达一件、玉如意碗一件、广法琅碗二件、广珐琅五寸盘二件、蓝玻璃瓶一件、玻璃鼻烟壶一件、蟒缎一匹、庄缎一匹、花锦二匹、红库绒二匹、大荷苞一对、小荷苞二对。赏班禅额尔德呢：哈达一个、银晶螭耳胆瓶一件、广法琅碗二件、法琅五寸盘二件、蓝玻璃瓶一件、玻璃鼻烟壶一个、蟒缎一匹、花锦二匹、庄缎一匹、红绒二匹、大荷苞一对、小荷苞二对。赏堪布诺们汉：哈达一个、广法琅五寸盘一件、广法琅碗一件、玻璃鼻烟壶一件、蟒缎一匹、花锦一匹、庄缎一匹、黄绒一匹系库绒、大荷苞一对、小荷苞二对。传旨：配箱盛装，棉塞垫，黑毡马包裹，交军机章京索林带往。记此。

十一日接得库掌舒明阿呈稿一件，内开于三十二年七月十二日库掌舒明阿为原有盛装百什件杉木箱屉俱皆损坏不堪，应用换做杉木箱屉十六个，并买办铁锁三十二把，业经呈明添做在案。查三十二年分原收存百什件古玩一千八百余件，自三十三年起至四十三年至，共十一年，陆续又交出八百什件古玩二千余件，以上共存收贮百什件古玩三千八百余件。现有箱屉不足盛用古玩等件，相应呈明，请再照例添做杉木箱屉十六件、铁锁三十二把，以备盛装古玩玉器，属于公务，实有裨益。如蒙堂台恩准，请批示，照例交各该作遵照办理可也等因。回明中堂英廉、公额驸福隆安，准行遵此。侍郎金辉、总管永德，准行记此。

十七日接得敬事房传单一件，内开传做：大份锭子扇器三匣、中份锭子扇器五匣、紫金锭二百五十包、蟾酥锭二百五十包、离宫锭二百五十包、盐水锭六百包，以备端阳节呈进，随回明公额驸福隆安、中堂英廉、准行遵此。侍郎金辉，回明总管永德，准行记此。

七月初七日接得报上代来信帖，内开初二日太监常宁交汉白玉赤壁赋山子一件上贴御制诗本文。传旨：交如意馆，照本文刻诗，刻得交董诰填金，得时由报发来。钦此。于七月十三日由本报发去讫。

二十四日笔帖式汤武色持来宁寿宫工程处汉字文一件，内开谨奏为遵旨先期奏闻事。恭查宁寿宫前后路殿宇房座，岁底均应安挂门神、对联，以合体制。经奴才等于四十四年十月初五日具奏，除殿内门神、对联照例交造办处成造外，其余各殿各门所需门神、对联请交工部内务府堂官派员查量成造等因。奉旨：此时尚早，易于糟旧，俟朕七旬时，先期奏闻成造安挂。钦此。钦遵。奴才等查宁寿宫各殿宇房座现在次第光油，秋间全行告竣。伏查明岁恭逢皇上七旬大庆，凡各座宫殿理应于今年底同大内一体安挂门神对联，俾壮观瞻。理合遵旨奏闻，请将各殿内里所挂门神、对联照例交造办处查办，其各殿各门应挂门神、对联即交奉旨派出办理本年门神对联之工部内务府堂官详加查办，以备岁底安挂，是否有当伏候皇上训示施行等因。于本年七月初十日具奏，于十一日奉旨：知道了。钦此。钦遵。相应抄录原奏，移咨贵处遵办理可也等因，随回明中堂英廉、总管永德、佛宁，准行遵此。

九月二十八日员外郎四德、五德、催长大达色将苏州送到：白玉宋龙杯盘一份、刻麻姑仙坛记青玉册页一份计六片，随本文墨榻一份、青白玉茶钟二件、轴头六对、青白玉雄鸡负子一件配得盖、织金衣三份、缂丝包首二件、从漆里底填漆元盒一件、阴干桂花六瓶，持进交太监鄂鲁里呈览。奉旨：玉杯盘一份，茶钟二件交茶房。玉册页交董诰填金，本文交懋勤殿。墨榻并玉轴头、缂丝包首俱交启祥宫填漆。元盒交古董房上库收贮。玉鸡配座。经衣合对成做。其桂花六瓶交养心殿、重华宫、建福宫二瓶，乾清宫、懋勤殿、宁寿宫、御书房各一瓶。钦此。于十月十六日员外郎四德、催长大达色将青白玉雄鸡负子陈设一件配得雕紫檀木座样，持进交太监鄂鲁里呈览。奉旨：照样准往省手里做。钦此。于十一月二十三日员外郎四德、五德等将青白玉雄鸡一件配得座，刻得三等，持进呈进，交瀛台讫。于十二月二十七日将做得织经衣二份安在养心殿呈进，交佛堂讫。

十月初十日员外郎四德、五德等来说，首领董五经交青白玉册页十片内头片上贴优恤土尔扈特部众记本文一张，随优恤土尔扈特部众记手卷一卷、青玉册页十片内头片上贴读王应麟困学纪文本文一张，随读王应麟困学纪闻手卷一卷。传旨：交苏州织造全德，按玉册页头片上现贴本文样式，各照手卷上诗字临下本文，贴在玉片上，再刻字。钦此。于四十五年九月二十七日将苏州送到优恤土尔扈特部众记玉册页一份呈进讫。于四十六年五月二十九日将苏州送到读王应麟困学记文玉册页一份呈进讫。

十一月份初三日档房掌稿笔帖式苏楞额持来工部印文一件，内开本部具奏换给正蓝旗子母炮位一折，内开于乾隆四十年九月内，据满洲火器营以正黄、镶红二旗子母炮二位，因有裂缝，奏交臣部修理。经臣部查，向例各处领用子母炮位俱由臣奏明，交与养心殿造办处，在于库存子母炮位内拨给，当即奏交造办处拨给在案。今正蓝旗前项破坏炮位应照旧例换给，理合奏明，交与造办处，在于库存炮位内拨给。满洲火器营正蓝旗母炮一位、子炮五个，并随炮什物各一份，一体换给，以资演放，所以该营破坏炮位并随炮旧什物应领该营送交养心殿造办处查收等因，于乾隆四十四年十月二十八日奏，本日奉旨：知道了。钦此。钦遵相应抄录原奏，移咨养心殿造办处，查照可也等因前来，随回明中堂英廉、公尚书福隆安、管理造办处事务大臣舒文，佛宁、总管福克精额、永德，准行遵此，准行记此。右五大子母炮一尊、星一个、子五个、朝天镫一个、大档二根、小档二根、刮子一个、锤子一把、钳子一把、炮架子一个、支杆一根、风火轮、装风火轮黄布口袋四条、炮衣一件、子匣一对、黄布挖单一块、鞍笼一块、油单一块、皮搭子一个、大药葫芦一个、驼炮鞍子一副、驼子的鞍子一副、屉二块、鞴二块、嚼子二副、鞦二条、肚带二条、绊胸二条、过梁肚带二条、软鞦二条、轴棍二根、旨意帖一件、折片一件、奏稿一件、什物印册一件。

十二月二十七日军机处传赏达赖喇嘛等什物配箱盛装，塞垫棉花，包裹黑毡马皮。记此。计开：赏达赖喇嘛玉佛一尊随龛、绣黄缎龙袍面一件、玉如意一柄、云产石朝珠一盘、玉三友尊一件、广珐琅盖罐一件、玳瑁金里碗二件、广珐琅大盘一件、套红玻璃五供一份、白磁红花壶一件、套蓝玻璃瓶二件、金星玻璃钵盂一对、大荷包一对、花小荷包五对、黄庄缎二匹、红章绒四匹、玻璃桌灯一对、绣坐褥迎手一份。赏额尔得尼堪布诺们汉阿旺楚尔提穆玉佛一尊随龛、套蓝玻璃瓶一对、玉如意一柄、洋磁宝月瓶一件、广珐琅盘一对、金星玻璃苓芝花插一件、粉红玻璃炉瓶三式一份、亮玻璃瓶一对、花大荷包一对、花小荷包三对、绣坐褥迎手一份。赏拉穆吹忠广珐琅盘一对、翡翠玻璃瓶一件、红玻璃瓶一件、红玻璃盘一件、黄蟒缎一匹、花大荷包一对、花小荷包二对、红毡一块。赏达赖喇嘛过经师傅噶尔丹西勒图阿旺吹扎广珐琅盘一对、套红玻璃一对、亮蓝玻璃碗一对、翡翠玻璃瓶一对。赏公班第达水晶双环盖罐一件、广珐琅盘一对、红玻璃瓶一对。赏公珠尔马特旺扎尔广珐琅盘一对、三色玻璃瓶一对。赏公扎什那木扎尔广珐琅盘一对、亮蓝玻璃瓶一 对。赏台吉巴尔桑策凌翡翠玻璃挠碗一对。赏达尔汉堪布葛尔桑丹怎茶色玻璃挠碗一对。赏台吉索诺木旺扎尔绿玻璃瓶一对。赏台吉索诺木拉什蓝玻璃瓶一对。赏台吉伊旺对什翡翠玻璃瓶一对。赏那其土诺们汗弼尔汉蓝玻璃瓶一对。赏达尔汉堪布罗布藏格勒克蓝玻璃瓶一对。于四十五年二月十七日将玉佛玉如意、玻璃盘碗瓶等持赴皇寺发报讫。

行文

三月初一日员外郎四德、五德等来说，太监厄勒里交御笔读宗泽忠简集字签包首纸样一张、御笔千里马说字简包首纸样一张、御笔读左传晋楚城濮之战说字签包首纸样一张、御笔大宝箴字签包首纸样一张、御笔读高启威爱论字签包首纸样一张、御笔题东林列传字签包首纸样一张。传旨：着交苏州织造全德照先做立诸之弊不显立诸之益论包首一样，成做缂丝包首六件送来。钦此。

初三日员外郎四德、五德来说，太监厄勒里传旨：着查两淮等处并造办处现做玉盘碗钟碟共有多少件。查明回奏。钦此。随查陆续交造办处成做宴碗二十三件、宴盘十五件、宴钟三十二件、酒钟三十四件、小菜碟一件。两淮伊灵阿成做宴碗七件。淮关寅著成做宴碗二十二件、宴盘五件、宴钟八件、小碟四件。苏州全德成做宴碗十件、宴盘八件、宴钟十二件、宴瓶一对、宴罐一对。长芦西宁成做宴碗二十四件、宴盘十四件、宴钟二十四件。江宁穆腾额成做宴盘十九件。以上共宴碗九十四件、宴盘七十五件、宴钟一百件、宴酒钟三十四件、小菜碟五件。内除宴上用碗六十二件、盘子五十一件、钟子十八件、酒钟十件、碟子四件，余剩碗三十二件、盘子二十四件、钟子八十二件、碟子一件、酒钟二十四件，以上六处共成做盘碗钟碟三百八件，缮写清单，交太监厄勒里具奏。奉旨：传与各该处，着伊等快做得，陆续送来，其造办处亦着快做。钦此。

二十四日接得郎中保成押帖，内开十五日太监厄勒里传旨：着如意馆挑玉画宴盘碗呈览。钦此。于十六日库掌福庆挑得山料玉十六日块内，一块重七斤十一两画看盒钟一件、一块重二十六斤画群膳碗一件、一块重十六斤十二两画小菜碟四件、一块重十三斤四两画看盒钟二件、一块重二十七斤八两画群膳碗一件大小酒钟二件、一块重十一斤八两画看盒钟一件小酒钟一件、一块重十四斤画垂手果钟一件酒钟一件、一块重四十斤画酒膳盘二件、一块重四十三斤四两画群膳腕一件酒膳盘二件、一块重二十四斤画酒膳盘二件、一块重十一斤画垂手果钟一件酒钟一件、一块重十四斤画看盒钟二件、一块重十四斤画点心高头盘一件、一块重十四斤画酒膳盘一件、一块重九斤画垂手果钟一件小酒钟一件、一块重十四斤八两画看盒钟二件，交太监厄勒里呈览。奉旨：交淮关监督寅著成做。钦此。于八月初十日将淮关送到玉膳盘碗钟等三十一件呈进交茶膳房讫。

五月十八日接得郎中保成押帖，内开初八日董五经交：仇英钟馗吉庆图挂轴一轴、元人芙蓉花鸭挂轴一轴、榴花双雀挂轴一轴、明人合笔端阳景挂轴一轴、朱邦钟馗迓福挂轴一轴、陆治榴花挂轴一轴、项圣谟春艇看鸿挂轴一轴、元人夏景货郎挂轴一轴、陈容画云龙图挂轴一轴、叶广丛荻闲渔挂轴一轴、黄鼎仿宋元山水册页一轴、张照临苏轼帖三种册页一册、赵元松雪双骏图手卷一卷、董其昌书中兴颂手卷一卷、吴镇墨竹卷一卷。传旨：将挂轴配囊，册页配套，手卷配伏别、匣，袱别样子发往南边，依前做法照样做来。钦此。于十月二十七日将苏州送到玉别锦袱七分呈进，交如意馆讫。于四十五年七月初七日将苏州送到缂丝包首八件进讫，交如意馆。

十月二十日接得郎中保成押帖，内开初三日首领董五经交：大观双鹰图一轴、宋人卢仝煮茶图一轴、吴镇秋林鸦阵一轴、赵孟頫霜柯系马一轴、管道昇丛兰图一轴、金廷标岁朝图一轴、蒋廷锡秋茄一轴、王时异岳阳大观一轴、金铉沧浪濯足一轴，以上十轴配囊。刘贯道画罗汉一轴、刘贯道画群仙献寿一轴、赵孟頫画童真菩萨一轴、元人大乘演教图一轴、仇英画寿星一轴、丁云鹏画达摩一轴、郑重画无量寿佛一轴、法界体性经一册，以上七轴配囊。米芾尺牍一卷、赵雍牧马图刘基临米芾天马赋合璧一卷，以上二卷配匣袱。宋人名绘一册、张照临唐宋元人书一册，做套。传旨：着交启祥宫，挂轴十轴配囊。佛像挂轴七轴、法轴体性经一册做囊、安白绫签。册页二册配套。手卷二卷做匣、配袱别。样子发往南边，依前做法照样做来。钦此。于四十五年五月初十日将苏州送到玉别锦袱二份呈进讫。

十一月初九日员外郎四德、五德、催长大达色来说，太监鲁里交阿弥陀佛挂像佛一轴镶石青洋锦边，银轴头，吉云楼佛箱内收供。传旨：着交苏州织造全德，照样绣做二轴，缂做二轴，其银轴头留京成做。钦此。于四十七年六月二十三日将苏州送到绣像佛二轴、缂丝二轴、原样一轴呈进，厢边成做，另有记载。

二十二日员外郎四德、五德、催长大达色来说，太监鄂鲁里传旨：佛堂收供缂丝上乐王一轴、秘蜜佛一轴、呀吗达嘎一轴俱配黄纺丝帘，得时赏班禅额尔德尼。再交苏州织造全德照先绣缂做过上乐王秘蜜佛呀吗达嘎一样，缂做三轴、绣做三轴送来收供。钦此。于十二月初五日员外郎四德、五德、催长大达色为交苏州绣做上乐王呀吗达嘎秘蜜佛三轴、缂做上乐王呀吗达嘎秘蜜佛三轴，查得吉云楼佛箱内收供绣上乐王呀吗达嘎秘蜜佛三轴，发往做样，持进交太监鄂鲁里呈览。奉旨：准发往苏州照样绣做三轴、缂做三轴，得时送来京内镶边，配银轴头。钦此。于十二月二十七日将缂系佛像三轴配得黄纺丝帘，安在养心殿，呈进交佛堂讫。于四十六年十月二十二日将苏州送到缂丝佛像三轴、绣佛像三轴、做样佛像三轴持进交太监鄂鲁里呈进讫。

二十日员外郎四德、五德等来说，太监厄勒里传旨：苏州活计成数单内刻字青玉册页二份系何年发去成做？为何还未做得？查明具奏。钦此。随查得四十一年十月二十日启祥宫交出玉二块做册页四份，每份计十片，于十一月初六日交出御制平定两金川告成太学碑文二册、御制用白居易新乐府成五十章二册，于二十四日行文交苏州领去，于四十三年六月二十六日送到二份，九月二十一日送到一份，尚有现做二份，缮写折片一件，交太监厄勒里具奏。奉旨：着催伊快做。钦此。

如意馆

正月十二日接得郎中保成押帖，内开十二月十九日首领董五经交御制广厦冰壶诗挂轴一轴。传旨：交启祥宫配囊。钦此。

十二日接得郎中保成押帖，内开十二月二十五日首领董五经交：御笔五福五颂一卷、文渊文源文津三阁记一卷、大宝箴一卷、题四库全书诗一卷、优恤土尔扈特部众记一卷、白塔山五记一卷、平定两金川凯歌三十首一卷、乾清宫五屏峰铭一卷、平定两金川告成太学碑文一卷、天鹿锦包首九件，传旨：交启祥宫，将手卷上旧锦揭下，换裱天鹿锦包首九件。钦此。

二月初八日接得郎中保成等押帖，内开正月初四日董五经交：张宏应真观梅图挂轴一轴安白绫签、赵文俶水仙挂轴一轴、陆治画荔枝绶带鸟挂轴一轴、元人货郎图挂轴一轴、陈栝梅花山茶挂轴一轴、蒋廷锡三友图挂轴一轴、沈周江天野泊挂轴一轴、唐棣山静日长挂轴一轴、宋缂丝米芾书挂轴一轴、李迪新韶花鸟挂轴一轴、仇英春原游骑挂轴一轴、元人春朝婴戏挂轴一轴、六阿哥仿古山水册页一册随锦套、吴桂婴戏图手卷一卷、明丁云鹏画五色观音并于若瀛小楷楞严经手卷一卷。传旨：交启祥宫，将挂轴配囊，册页配套，手卷配袱别匣子，其换下锦套做材料用。钦此。

初八日接得郎中保成等押帖，内开正月初五日董五经交：钱选四季平安图挂轴一轴、唐宋遗绘十帧册页一册、陆复墨梅手卷一卷、赵孟頫书常清静手卷一卷、宋宣和柳鸦芦雁手卷一卷。传旨：交启祥宫，将挂轴配囊，册页配套，手卷配袱别匣子。钦此。

初八日接得郎中保成等押帖，内开正月初六日董五经交：沈周文徵明书画合璧手卷一卷、文嘉雪景挂轴一轴、丁云鹏丰年家庆图挂轴一轴。传旨：交启祥宫，将挂轴配囊，手卷配袱别匣子。钦此。

初八日接得郎中保成等押帖一件，内开正月初十日鄂鲁里传旨：新到镟玉匠平七、朱云章二人，现镟做一件活计，着分为二处，各镟做活计一件，打砂子，配家匠帮做。再沈耀祥、李均章并家内小匠役俱着学镟做活计。钦此。据镟玉匠平七声明，应用家伙单计开：坐凳八个、榆木镟床四副、山口四个、向牌四个、长砂圈四个、线麻绳四斤、铁盐盘八个、细铁丝四斤、铁钉四十个、铜盆四个、小铁铲四个、松香四斤、土粉二斤、檀木轴四根、大小铁铲四个、大小铁砧子二个、矩尺一副、铁钳子大小二把、铁剪大小二个、三寸见方杉木长三尺四块，其松香等向圆明园要用。

十二日接得郎中保成押帖一件，内开四十三年十二月十三日将画得永陵图一副持进交鄂鲁里呈览。奉旨：盛京三陵图画完时，再照样画三副成二份，一份用玉轴头，一份紫檀木轴头，裱挂轴。钦此。又于正月二十七日为遵旨三陵图挂轴配安玉轴头三对。查现收贮轴头内尺寸相合者二对，尚少一对。挑得收贮四等青白玉子一块，重十七斤，画得墨道，足做大轴头二对，小轴头一对，交鄂鲁里呈览。奉旨：照样准做，着发往苏州织造全德处成做。钦此。于十月二十七日员外四德、五德、催长大达色将苏州织造送到青玉大轴头二对、小轴头一对交太监鄂鲁里呈进交启祥宫讫。

三月初十日接得郎中保成押帖，内开本月初六日鄂鲁里传旨：现画盛京三陵图二份六轴，于四十三年十二月十三日原传用玉轴头一份，用紫檀木轴头一份，其用紫檀木轴头亦用玉轴头。将孝陵、景陵、泰陵、圣水峪四图亦画二份，得时亦用玉轴头。钦此。于本月初七日为现画陵图挂轴需用玉轴头十四对，查现有玉轴头六对，尚少八对。今挑得新交四等青玉二块，内一块重四十二斤，画得高二寸六分、顶径二寸一分、底径过一寸六分五厘轴头四对。一块重四十斤，画得高二寸六分、顶径过二寸一分、底径过一寸六分轴头四对。随做样青白玉轴头一件，又画得高二寸、顶径过一寸六分、底径过一寸三分小轴头一对，高一寸八分、顶径过一寸四分、底径过一寸三分小轴头一对，持进交太监鄂鲁里呈览。奉旨：交长芦盐政西宁成做。钦此。于十月二十三日将长芦送到玉轴头六对持进交太监鄂鲁里，呈进交启祥宫讫。

四月十一日接得郎中保成押帖，内开二月十三日将武英殿交来刷印德胜图题跋序文一百七十分做得册页纸样一册，交厄勒里呈览。奉旨：照样准裱做册页二十份，余存德胜图送看。钦此。于二月二十二日、三月初五日、三月十七日三次将德胜图并题跋序文卷得一百四十九分，余存题跋序文一份、不成分得胜图二十九张，裁下纸边一百四十九分，安在奉三无私呈览。奉旨：交紫光阁十份，懋勤殿十份，造办处舆图房十份，余存题跋序文，一份赏扎拉丰阿，一份得勒克，一份额尔哲特穆尔额尔克巴拜，一份交汪沁半巴尔，一份赏罗布藏多尔吉。其不成分德胜图二十九张挑出十六张，交造办处做挂屏八对，余十三张并裁下德胜图纸边一百四十九张，交杭州织造徵瑞抄纸。余德胜图一百十五卷交军机大臣，拟赏督抚、在京未赏过王子、尚书。钦此。经军机处颁发各直省督抚衙门及将军都统，各处存贮十九份：直隶总督、两江总督、陕甘总督、闽浙总督、湖广总督、两广总督、四川总督、云贵总督、山东巡抚、山西巡抚、河南巡抚、陕西巡抚、盛京将军、吉林将军、黑龙江将军、伊犁将军、乌里雅苏台将军、乌什参赞大臣、乌鲁穆齐都统。颁发各处行宫十二份：浙江杭州行宫、天津柳墅行宫、海宁安澜园、圣因寺、金山寺、天宁寺、江宁行宫、苏州行宫、栖霞行宫、山东灵岩行宫、白鹤泉行宫、泉林行宫。颁发藏书四家四份：范懋柱、鲍士恭、汪启淑、马裕。赏绵意阿哥、绵聪阿哥、绵懃阿哥、绵懿阿哥、奕纯阿哥，共六份。赏诸王督抚尚书七十四份：礼亲王永恩、睿亲王淳颖、郑亲王积哈那、豫亲王修龄、肃亲王永锡、怡亲王永琅、裕亲王广禄、诚亲王弘畅、理郡王弘昞、恒郡王永皓、和郡王绵循、果郡王永瑹，贝勒永福、李仕尧、三宝、周元礼、萨载、勒尔谨、柱林、文绶、杨景素、巴延三、毕元、英廉、李质颖、程景伊、永贵、德保、曹秀先、蔡新、得福、富勒浑、嵇璜、金简、奎林、申保、崔应阶、李奉翰、鄂宝、孔贻焕、杨魁、国泰、陈辉祖、王亶望、郝硕、吴虎炳、图思德、福康安、和隆武、伊勒图、特成额、永璋、索诺穆策凌、拉旺多尔吉、巴图、王杰、董诰、彭元瑞、沈初、钱汝诚、曹文直、舒常、兆惠、班第、约穆扎尔、策布登扎布、黄廷桂、阿里衮、明瑞、来保、刘统勋、汪由敦、那延泰、刘伦。

五月十二日接得郎中保成押帖，内开四月初九日太监厄勒里交国子监文庙铜器十件次序单一件：周康候鼎前中、周牺樽一件前左一、周素洗一件前左二、周内言卣一件前右一、周子爵前右二、周召中簠一件后中、周雷纹壶一件后左一、周雷纹觚一件后左二、周牺首罍一件后右一、周明簋一件后右二。热河文庙铜器十件次序单一件：文王鼎一件前中、宝尊一件前左一、素洗一件前左二、夔凤卣一件前右一、雷纹爵一件前右二、□□簠一件后中、蟠夔壶一件后左一、雷纹觚一件后左二、蟠夔罍一件后右一、蝉纹簋一件后右二。传旨：着交如意馆，着谢遂照依铜器款式画册页二份，得时裱册页，做样呈览。钦此。于本日做得册页样，每册册页心十开、副册页四开，共十四开。通高一尺一寸、宽七寸四分。每半开画铜器一件，用耿绢五镶表，用楠木壳面，纸样一张交厄勒里呈览。奉旨：册页照样准做，每页画铜器二件，每册五开。钦此。

十一月初二日接得郎中保成押帖，内开十月十四日奏准：倦勤斋通景大画已得九成，未完者一成，本月可以完工，但贴落画片计需二十余日方能完毕。今拟请将已画得通景画、棚顶画片，交伊兰泰、赵士恒带学手柏唐阿等敬谨持往倦勤斋，先期如式贴落。其现画未完风窗、药兰、门座，已画得均有五六成，未完者四五成，着王儒学、黄明询、陈玺带学手柏唐阿等如期赴画，庶可无误，接续贴落。其贴落画片需用脚手架子向由工程处搭做。奏明。照例交工程处预备，妥协即前往贴落等因，于本年十月十四日交太监鄂鲁里转奏。奉旨：知道了。钦此。

十六日接得郎中保成押帖，内开十月二十二日首领董五经交：御笔创业守成难易说手卷一卷、御笔为君难跋手卷一卷。传旨：交启祥宫，将御笔字照交下手卷尺寸一样裱手卷一卷。钦此。

二十一日接得郎中保成押帖，内开十一月二十一日太监厄勒里传旨：宁寿宫养心殿内明窗照养心殿明窗万国来朝大画一样画一幅，其宫殿门座照宁寿宫款式，着姚文瀚、贾全、谢遂、袁英合画，先起稿子看。钦此。于二十五日将起得宁寿宫养性殿万国来朝稿子一张交太监厄勒里呈览。奉旨：照稿子准画，其御容着陆灿画。钦此。

珐琅作

十一月初二日员外郎四德、五德、催长大达色来说，太监鄂鲁里交龙花树纸样一张计树十六颗。传旨：着照画纸样用木雕做龙花树十六颗，得时俱各着色，在养性殿西暖阁宣石山子上安用。钦此。于本月二十六日员外郎四德、五德、催长大达色副催长福来照交出龙花树纸样雕得木样一件，持进交太监鄂鲁里呈览。奉旨：照样成做掐丝珐琅龙花树十六颗，再变别样式添做十六颗，共三十二颗，得时将养性殿西配殿宣石山上现有绫绢树换下。钦此。四十五年五月十二日郎中柏永吉将画得变别样龙花树十六颗纸样一张交鄂鲁里呈览。奉旨：照样准做。钦此。于九月二十日郎中柏永吉将做得掐丝珐琅龙花树十六颗安在奉三无私呈览。奉旨：着配缨络坠角。钦此。

热河随围

五月十七日催长大达子来说，首领董五经交热河新建广元宫内东配殿珐琅挂屏一对、西配殿嵌玉挂屏一对、雕漆挂屏一对、文竹挂屏一对、挂轴一轴。养粹堂紫檀木边挂屏二对、挂轴三轴。叠落房嵌玉挂屏一对、镶玻璃挂屏一对、紫檀木边挂屏一对。延山楼下嵌玉挂对二副、清娱室挂轴一轴、山近轩挂轴一轴。共用铜如意钉六十五个，画斗云别六份。记此。

六月二十日员外郎四德、催长大达子来说，太监厄勒里传旨：烟波致爽殿内现设梅花宝座床下着做夫尔吉葛布褥一件，其夫尔吉胎股向武备院要用。钦此。于本日为做夫尔吉褥一件领得芳圆居葛布一匹，并将胎股另鞔新蓝布，用武备院毡衬二层，亦用棉花垫平，鞔葛布面，于二十二日持进交讫。于二十一日员外郎四德、催长大达子来说，太监厄勒里传旨：烟波致爽寝宫内现设梅花宝座下葛布夫尔吉褥子配衣素缎套一件。钦此。

八月初六日员外郎四德、催长大达子来说，太监厄勒里交：御制西番莲赋小手卷一卷、御制大士赞册页一册、御制古佛赞册页一册、御制养心殿四箴册一册、御制五事箴册页一册、御制蒐苗狝狩说册页一册、林岫含辉册页一册、溪山致爽册页一册。传旨：带进京入百什件。钦此。

灯裁作

二月二十九日员外郎四德、五德、催长大达色来说，太监鄂鲁里交银轴头石青片金大边红黄片金牙子班臣额尔德尼画像一轴、新画现辈班臣额尔德尼画像一张。传旨：将班臣额尔德尼画像照班臣额尔德尼挂轴样镶边、配轴头，成做挂轴一轴。查旧边镶做如不能一样，即按旧边上颜色花纹画做。钦此。二月二十日员外郎四德、五德、催长大达色将新画班臣额尔德尼画像一张照挂轴上石青片金边一样镶边，因无此样片金，随找得石青缎一块，照挂轴上片金边花纹样画得泥金花纹样，持进交太监鄂鲁里呈览。奉旨：不必用石青缎镶做，另挑好片金呈览，准时十三轴俱另换镶边做。钦此。二十三日员外郎四德、五德等为镶做新画班臣额尔德尼画像一张、旧像挂轴十二轴，挑得内库石青红黄绿扁片金各一块，并挑得四色洋锦四块，持进交太监鄂鲁里呈览。奉旨：准用扁片金镶做。钦此。九月二十六日员外郎四德、五德、催长大达色将班臣额尔德尼佛像十三轴镶得边，配得银轴头，安在养心殿呈览。奉旨：交中正殿收什颜色，得时交佛堂着地方供。钦此。

三月二十四日军机处传：赏达赖喇嘛什物，配箱盛装，塞垫包裹。发报记此。计开：哈达一个、红粧缎四匹、鹅黄缎金龙蟒袍料二件、黄锦四匹、红漳绒四匹、鹅黄大缎四匹、红毡料四件、鼻烟二瓶、大荷包一对明黄条珊瑚珠、花小荷包四对、玳瑁碗二个、嵌松石金满达随五色哈达一份。

二十七日副催长保恩来说，军机处传赏西北两路将军大臣等锭子药，着配匣盛装，棉花塞垫，黑毡马皮包裹，发报记此。清单计开：伊犁将军参赞领队大臣等二份半、塔尔巴哈台参赞领队大臣等半份、乌鲁木齐都统领队大臣等一份、乌什阿克苏参赞领队大臣等一份、叶尔羌和阗办事大臣等一份半、喀什噶尔英阿杂尔办事大臣等一份半、辟展库车哈尔沙尔办事大臣等一份、乌里雅苏台科布多将军参赞大臣二份、成都将军四川提督等一份半，每份各色锭子药一大匣、平安丸一百九、人马平安散一瓶，计重四两。

五月初五日员外郎四德、五德来说，中正殿交来昭庙北楼下西南间安供：随引菩萨一轴、无畏威冥佛一轴、释迦牟尼佛一轴、初慈决疑佛一轴、尸弃佛一轴、宝伞胜佛一轴、宝身光辉佛一轴、毘婆尸佛一轴、善威净厥佛一轴、随应佛一轴、善威魔障佛一轴、拘留孙佛一轴、拘那舍牟尼佛一轴、狮吼如来佛一轴、迦叶佛一轴、毘舍浮佛一轴以上系一卷。北楼下西进间安供：阴体十轮王佛一轴、阴体陀嘎布拉佛一轴、阴体喜金刚一轴、阴体大幻喜金刚一轴、阴体尚罗王佛一轴、智行佛母一轴、阴体无我佛母一轴、阴体喜金刚一轴、阴体喜金刚一轴以上系一卷。昭庙宝座安供：不动佛一轴左一、宝胜佛一轴右一、成就佛一轴左二、弥陀佛一轴右二、释迦佛一轴左三、毘罗佛一轴右三以上系一卷。北楼下方窗安供：白救度佛母一轴、尊胜佛母一轴、白伞盖佛一轴、绿救度佛母二轴、白救度佛一轴、八臂白伞盖佛一轴以上系一卷。昭庙北楼下中间安供：天帝红色观音一轴、八臂妙语自在文殊一轴、红色开花观音一轴、狮吼文殊一轴、四背成锁观音一轴、成锁观音一轴、不动金刚一轴、六背观音一轴、狮吼文殊一轴、手持金刚一轴、无量寿佛一轴、二背法性妙语文殊一轴系以上系十二轴一卷。昭庙北楼下西次间安供：伏魔手持金刚一轴、黑敌威罗瓦金刚一轴、秘蜜不动金刚一轴、大轮手持金刚一轴、威罗瓦金刚一轴、六背马头金刚一轴、六面威罗瓦金刚一轴、一勇威罗瓦金刚一轴、显行手持金刚一轴、不动金钢一轴以上十轴一卷，共六十轴。昭庙南楼西稍间方窗安供：斗母佛一轴、妙音佛母一轴西进间方窗安供、白救度佛母一轴西中间方窗安供、白救度佛母一轴方窗供、八背白伞盖一轴东稍间安供、尊胜佛母一轴西进间方窗安供、绿救度佛母一轴西中间方窗安供、白伞盖一轴西中间方窗安供、白救度佛母一轴西中间方窗安供、录（绿）救度佛母一轴西中间方窗安供、尊胜佛母一轴东稍间安供、白救度佛母一轴东稍间安供，以上系一卷。南楼东稍间安供：法海雷音如来一轴、宝月智严光音自在王如来一轴东稍间安供、无忧胜吉祥如来一轴东稍间安供、法海胜慧游戏神通如来一轴东稍间安供、药师琉璃光如来一轴东稍间安供、金色宝光妙行成就如来一轴东稍间安供、开花佛母一轴东进间安供、成锁观音一轴东进间安供、白自在观音一轴东进间安供、红自在观音一轴东进间安供、尊胜佛母一轴东稍间安供、狮吼观音一轴东稍间安供、释迦佛一轴东稍间安供、八背白伞盖一轴东稍间安供以上系一卷。南楼西北间：秘密文殊一轴、童子文殊一轴西北间安供、永轮文殊一轴西北间安供、如意观音一轴西北间安供、虚空藏菩萨一轴西北间安供、大白文殊一轴西北间安供、金刚不坏观音一轴西北间安供、大悲观音一轴西北间安供、秘蜜文殊一轴西北间安供、大宝观音一轴西北间安供，以上系一卷。南楼西稍间：金刚妙法观音一轴、铁剑马头金刚一轴西北稍间安供、伏魔手持金刚一轴西稍间安供、孔雀佛母一轴西稍间安供、大千摧碎佛母一轴西稍间安供、顯行手持金钢一轴西稍间安供、威烈手持金刚一轴西稍间安供、清衣手持金刚一轴西稍间安供、呃呼訾嘎佛母一轴西稍间安供、金刚妙法观音一轴西稍间安供、密咒随持佛母一轴西稍间安供、大寒林佛母一轴西稍间安供，以上系一卷。南楼西中间：摧碎金刚佛一轴、地藏王菩萨一轴西中间安供、四背观音一轴西中间安供、四背文殊菩萨一轴西中间安供、金刚保护一轴西中间安供、金刚菩萨一轴西中间安供、观音菩萨一轴西中间安供、三头六背金刚一轴西中间安供、文殊菩萨一轴西中间安供、普贤菩萨一轴西中间安供、弥勒菩萨一轴西中间安供、不动佛一轴西中间安供，以上系一卷。东进间宝座两傍安供：黄文殊一轴、六背黄文一轴、白文殊一轴、绿文殊一轴、六背秘密观音一轴、六背观音一轴，以上系一卷。南楼西进间：红色观音一轴系大地红色观音、八背自在文殊一轴系八背法性妙语自在文殊、妙语尊帝文殊一轴、二背莲花妙舞自在观音一轴、游戏自在文殊一轴、权衡三界观音一轴、莲花妙舞自在观音一轴、青项自在观音一轴以上系一卷。南楼西南间：水月观音一轴、骑吼观音一轴系骑吼自在观音、重叠广幻观音一轴、骑吼观音一轴，以上系一卷。南楼门斗：尊胜佛母一轴、八背白伞盖一轴以上系一卷，共八十一轴。随南北楼合牌样二件。传旨：将佛像按合牌样黄签上尺寸镶边成做，南北楼俱要一色锦镶做，如不能一色，南楼用一色锦北楼一色锦镶做。其中正殿现画楼上佛像得时即镶边成做。钦此。于初十日为昭庙南北楼挂像佛一百四十四轴用一色镶边，看得内库各色俱不能成堂合式，挑得石青锦三十匹镶大边用，小卷红扁金片金五匹、绿扁金片金四匹做牙子用，并石青锦系有记载，不准挑用等情，交太监厄勒里呈览。奉奏奉旨：准用此石青锦镶做，其红绿片金亦准用。钦此。于四十五年五月初九日将挂像佛一百四十四轴镶得边呈进送往热河昭庙讫。于四十五年六月十一日中正殿交来长寿佛二十轴。于二十一日交来长寿佛二十轴。于七月初十日将中正殿交来宗镜大昭之庙楼上安供挂画像佛一百五十六轴，内南楼挂像佛六十三轴、北楼挂像佛六十三轴以上俱镶红、绿、月白三色锦边、西楼挂像佛三十轴镶宝蓝地绿花锦边，今由内库挑得各色锦三十七匹，约估足敷镶做，今谨将锦样四匹由报呈览，缮写清单一件，由报交太监厄勒里呈览。奉旨：锦准用，照所拟清单镶做。钦此。

九月二十三日员外郎四德、五德、催长大达色、副催长福来说，太监鄂鲁里交墨刺班禅额尔德尼源流五份，每份计十三张。传旨着镶洋锦边，配紫檀木轴头。钦此。于二十六日员外郎四德、五德、催长大达色、副催长福来说，太监总管王成交绣花缎被面一个长六尺三寸、宽四尺、细白漂布十四匹长二十四尺、宽一尺七寸九匹，长二十五尺、宽二尺八寸五块。传旨：将绣花被面做拉固里幡用，其漂布托裱班禅额尔德尼像用。钦此。于十月十六日员外郎四德、五德、催长大达色将墨刺班禅额尔德尼源流五份用交出面子布托裱得镶边，挑得内库石青寿字缎一匹、大红寿字缎一匹、绿锦一匹、石青锦一匹，持进交太监鄂鲁里呈览。奉旨：用石青大红寿字缎各镶一份，其余三份用绿锦镶边成做，再将石青大红寿字缎交苏州照样各织二匹送来。钦此。于十月二十七日员外郎四德、五德将墨刺班禅额尔德尼源流五份用交出白漂布十四匹托裱源流五份，余剩漂布三匹持进交太监鄂鲁里呈览。奉旨：收贮有用处用。钦此。于四十五年六月初七日将苏州送到石青寿字缎二匹、大红寿字缎二匹在热河呈进交养心殿讫。于正月初十日员外郎四德、五德、催长大达色来说，太监鄂鲁里传旨：将现镶洋锦边墨刺班禅额尔德尼源流持进一份呈览。钦此。于本日员外郎四德、五德、催长大达色将墨刺班禅额尔德尼源流十三张持进交太监鄂鲁里呈览，随交出挂像佛八轴。传旨：将挂像佛八轴另镶扁金片金边，俱用紫檀木轴头，再将此八轴内交中正殿一轴，照样添画一轴，亦镶边配轴头，共成挂像佛九轴，并班禅额尔德尼十三轴，得此俱在中正殿东西楼上安挂。钦此。于四十五年五月初十日员外郎五德、催长大达色来说，太监鄂鲁里交狮吼观音一轴中正殿东配楼。传旨：着归八轴内一样镶边配轴头。钦此。

二十三日员外郎四德、五德、催长大达色来说，太监鄂鲁里传旨：法藏楼上楼下三面俱挂挂像佛。钦此。于十月二十七日员外郎四德、五德、催长大达色为法藏楼楼上楼下安供挂像佛，查得银轴头画像班禅额尔德尼源流十三轴，拟在楼下中间安供。现托裱得墨刺班禅额尔德尼源流五份，内用一份在楼上中间安供，持进交太监鄂鲁里呈览。奉旨：银轴头画像源流在楼下中间安供，其墨刺源流不必在楼上安供，俟有外进佛像合对尺寸者安供，如无即不必供。钦此。

十月初七日员外郎四德、五德等来说，太监厄勒里交鹅黄缎顶天鹅绒沿帽一顶章嘉胡土克图。传旨：照此喇嘛帽两边各取中添莲花托西番佛字，周围边上添画西番草花边，先画样呈览。钦此。随画得喇嘛帽纸样一张，帽中心画得着色莲花托西番佛字样，周围边上画得着色西番草花边样，持进呈览，随交出素黄片金一块。奉旨：将佛字往中间挪匀，莲花托放大，另画样呈览，准时发往苏州，照样绣做黄缎地喇嘛帽六顶，计十二片。再用交出黄片金着造办处亦照此样成做缀米珠佛字喇嘛帽一顶。钦此。于初九日将画得绣蓝色番草花边西番佛字红色莲花托喇嘛帽纸样一张、绣米珠番草花边佛字莲花托黄片金喇嘛帽纸样一张，俱将佛字挪匀，莲花托放大，并章嘉胡土克图画得五色西番字帽沿纸样一张，太监厄勒里呈览。奉旨：发往苏州，照蓝色番草花边纸样绣做帽顶六片，照五色西番字帽沿纸样用天鹅绒绣做帽沿二幅。其绣米珠喇嘛帽顶不必留京成做，亦交全德照样用黄素片金绣做米珠番草花边佛字莲花托喇嘛帽顶二片送来。钦此。于初十日将帽沿上五色西番字添画得金线边样交太监厄勒里呈览。奉旨：照样准做。钦此。于四十五年四月二十日将苏州送到绣天鹅绒帽沿二件呈览。奉旨：交四执事。钦此。于六月二十八日接得报上寄来信，内开二十六日太监厄勒里传要苏州送到绣天鹅绒帽沿二副作速由报发来呈览。记此。

初八日员外郎四德、五德等来说，太监厄勒里交：画像佛十八张系须弥福寿之庙都罡殿西面层中层六次间、画像佛三张上层明间、画像天王四张南面群楼南门内壁板上、画像佛八十四张御座群楼上下东西进间。传旨：将佛一百九张并中正殿现画佛像一百九十一张俱镶边成做，先挑材料呈览。钦此。计开，须弥福寿之庙都罡殿西面群楼中层六次间内：左一间勇保护法一轴中、护法一轴左、护法一轴左；左二间吉祥天母一轴中、护法一轴左、护法一轴右；左三间黄财宝天王一轴中护法一轴左、护法一轴右；右一间白勇保护法一轴中、持国天王一轴左、财宝天王一轴右；右二间勇保护法一轴中、护法一轴左、护法一轴右；右三间红勇保护法一轴中、护法一轴左、护法一轴右。上层明间：宗喀巴一轴中、宗喀巴一轴左、宗喀巴一轴右。南面群楼南门内两边：持国天王一轴左一、增长天王一轴左二、广目天王一轴右一、财宝天王一轴右二。御座楼下西进间：释迦佛一轴中、阿底多尊者左一、迦里迦尊者一轴左二跋陀罗尊者一轴左三、迦诺迦跋黎堕阇尊者一轴左四、罗古罗尊者一轴左五、宾度罗跋罗尊一轴左六、那迦犀尊者一轴左七、阿秘特尊者一轴左八、弥勒尊者一轴左九、持国天王一轴左十、因竭陀尊者一轴右一、伐那婆斯尊者一轴右二、伐阇罗佛多尊者一轴右三、迦诺迦尊者一轴右四、五巴沽拉尊者一轴右五、注茶半托迦尊一轴右六、半托迦尊者一轴右七、戒博迦尊者一轴右八、达喇嘛尊者一轴右九、财宝天王一轴右十。御座楼下东进间：释迦佛一轴中、吉祥王如来一轴左一、法海雷音如来一轴左二、金色宝光妙行成就如来佛一轴左三、药师琉璃光如来佛一轴左四、一应所见利益佛一轴左五、随应佛一轴左六、善威净敖佛一轴左七、宝伞胜佛一轴左八、善威魔障佛一轴九、无畏威冥佛一轴左十、宝月智严光音自在王如来佛一轴右一、无忧胜吉祥如来一轴右二、积光吉祥王佛一轴右三、法海胜慧游戏神通如来一轴右四、普慧佛一轴右五、宝身光辉佛一轴右六、显圣王佛一轴右七、不回吉祥轮佛一轴右八、初慈决疑佛一轴右九、随引菩萨佛一轴右十。御座楼上东进间：释迦佛一轴中、精进喜佛一轴左一、龙遵王佛一轴左二、宝月光佛一轴左三、勇施佛一轴左四、宝月佛一轴左五、清净佛一轴左六、称坛功德佛一轴左七、水天中天佛一轴左八、光德佛一轴左九、清净光游戏神通如来一轴、精进军佛一轴右一、现无愚佛一轴右二、宝大佛一轴右三、无垢佛一轴右四、水天佛一轴右五、清净佛一轴右六、贤德佛一轴右七、无忧德佛一轴右八、无量光佛一轴右九、功德华佛一轴右十。御座楼上西进间：金刚不动佛一轴中、那罗延佛一轴左一、财功德佛一轴左二、善游步功德佛一轴左三、善名称功德佛一轴左四、善游步功德佛一轴左五、宝莲花善住弥山佛一轴左六、宝光佛一轴左七、毘婆尸佛一轴左八、毘舍浮佛一轴左九、迦叶佛一轴左十、德念佛一轴右一、莲花光游戏神通如来佛一轴右二、红焰帝幢王佛一轴右三、周匝庄严功德佛一轴右四、斗战胜佛一轴右五、宝华游步佛一轴右六、金刚不坏佛一轴右七、拘留孙佛一轴右八、尸叶佛一轴右九、拘那金牟尼佛一轴右十。于十九日员外郎四德、五德来说，太监厄勒里交：画像佛六轴系都罡殿西面群楼上六次间内安供。传旨：镶边成做。钦此。计开，西面群楼上层左一间秘密不动金刚佛一轴、左二间普慧毘庐佛一轴、左三间善住世无量佛一轴、右一间释迦佛一轴、右二间上乐王佛一轴、右三间宏光显耀菩提一轴。于二十六日为镶做须弥福寿之庙内御座楼上楼下东西两进间挂像佛八十四轴，挑得内库黄地五彩花锦五匹、绿地五彩花锦五匹、金地葵花锦五匹、金地蓝绫花锦五匹，持进交太监厄勒里呈览。奉旨：金地蓝菱花锦不必用，另挑颜色鲜明锦呈览，其余锦俱准用。钦此。于二十七日将须弥福寿之庙御座楼上西进间挂像佛二十一轴另挑得红地五彩花锦五匹呈览。奉旨：准用。钦此。于二十七日为镶须弥福寿之庙都罡殿西面群楼中层明间挂像佛三轴、次间挂像佛十八轴、上层六次间挂像佛六轴、南面群楼挂像佛四轴挑得内库红洋锦十七匹呈览。准用。钦此。于十一月十三日员外郎四德、五德等来说，太监厄勒里交须弥福寿之庙西面群楼中层明间：阿底多尊者、迦里迦尊者左一、跋陀罗尊者、迦诺迦蹉黎堕者尊者左二罗沽罗尊者、宾度罗跋罗随尊者左三、那迦犀尊者、阿密特尊者左四、弥勒尊者、持国天王、广目天王左五、因竭陀尊者、伐那婆斯尊者右一、代阇罗佛多尊者、迦诺迦伐蹉尊者右二、巴沽拉尊者、注茶半托迦尊者左三、半托迦尊者、戒博迦尊者右四、达喇嘛尊者、财宝天王、增长天王右五。拉固里住宿楼下：大寒林佛母左一、叵呼訾嘎佛母中、密咒随持佛母右二、大千摧碎佛母右一、孔雀明王佛母左一、白伞盖佛母左二、尊胜佛母左一。传旨：着镶边成做。钦此。于十一月十七日员外郎四德、五德等来说，太监厄勒里交须弥福寿之庙拉古里楼下挂像佛十二轴，内：释迦佛一轴、不动佛一轴、日光菩萨一轴左一、甘露善光菩萨一轴左二、普贤行菩萨一轴左三、金刚菩萨一轴左四、大辨材菩萨一轴左五、香相菩萨一轴右一、月光菩萨一轴右二、善思菩萨一轴右三、文殊菩萨一轴右四、慈施菩萨一轴右五，传旨：着镶边成做，先挑材料呈览。钦此。于十一月二十三日将须弥福寿之庙住宿楼下东西次间佛像九轴约用锦二匹，挑得绿锦二匹。见客处副所东西四次间佛像二十四轴约用锦五匹。挑得紫锦五匹。见客处正所楼下佛像十八轴、楼上东西两边佛像二十四轴约用锦九匹，随挑得内库黄锦九匹。御座楼下层东次间佛像九轴、西次间九轴第二间六轴、北楼上层明间佛像十五轴、东西次间九轴约用锦十匹，挑得蓝锦十匹，交太监厄勒里呈览。奉旨：俱准用。钦此。于十二月初十日员外郎四德、五德等来说太监厄勒里交：须弥福之庙拉古里楼上药师佛一轴中、不动佛一轴中、弥勒菩萨一轴左一、不空大力如意菩萨一轴左二、能保卸拖菩萨一轴左三、观音菩萨一轴左四、虚空藏菩萨一轴左五、妙相菩萨一轴左六、除诸暗菩萨一轴左七、楞严菩萨一轴左八、除诸恶去菩萨一轴右一、所见如意菩萨一轴右二、智星菩萨一轴右三、大辨材菩萨一轴右四、无尽智菩萨一轴右五、光刚菩萨一轴右六、宝积菩萨一轴右七、月光菩萨一轴右八。传旨：着镶边成做，先挑材料呈览。钦此。于四十五年五月初九日员外郎四德、五德等将须弥福寿之庙安供挂像佛二百七十五轴镶得边，交太监厄勒里呈进送往原处挂讫。

十二月十六日员外郎四德、五德等来说，总管太监王成交黄地绣花毡六块、坤宁宫画纸样一张上贴尺寸黄签。传旨：将花毡六块按纸样黄签尺寸在坤宁宫湾子炕并龙床上铺。钦此。计开：北面炕毡长一丈八尺六寸、宽八尺三寸、长去六尺五寸、宽去二尺八寸。西面炕毡长一丈八尺六寸、宽八尺三寸、长去六尺八寸、宽去二尺八寸。南面炕毡长一丈八尺六寸、宽八尺三寸、长去六尺六寸、宽去二尺三寸。北面炕毡长一丈八尺六寸、宽八尺三寸、宽去二尺七寸。北面炕长二丈五尺六寸、宽八尺三寸、接长一尺九寸、宽去二尺八寸，龙床毡长一丈九尺八寸、宽六尺、长里去二尺六寸，于本日随交出绣团花石青缎六块。传旨：将现铺坤宁宫花毡上裁下毡边，料估在坤宁宫东暖阁门并东穿堂门上各成做帘一架，用交出绣团花石青石缎做帘刷，周围边俱用素石青缎成做，配花梨木帘板。余剩毡边在养心殿东西暖门、地平左右门、穿堂左右门、后殿正门、并养心殿东西暖阁门、金昭玉萃左右门、高云情门各做帘子一架，其毡边足用不足用先料估呈览。钦此。于十八日将坤宁宫铺设花毡上裁下毡边并交出团花石青缎六块料估，在坤宁宫东暖阁门、东穿堂门、养性殿养心殿门上等处门上成做帘子，料估缀得线，交太监厄勒里呈览。奉旨：俱不必成做，将材料仍交王成。钦此。

广木作

正月二十九日员外郎四德、五德来说，太监厄勒里交：铜大持金刚一尊中、铜录（绿）救度佛母四尊计一堂、铜无量寿佛一尊中、铜释迦牟尼佛二尊、铜无量寿佛二尊计一堂、铜大持金刚一尊左、铜四臂观音一尊右、铜观世音一尊左次、铜录（绿）救度佛母一尊右次、铜绿救度佛母一尊左次、铜无量寿佛一尊中、铜金刚勇识菩萨一尊左、铜四臂观音一尊右、铜弥勒菩萨一尊右次、铜无量寿佛一尊中、铜四臂文殊菩萨一尊左、铜四臂观音一尊右、铜船若佛母二尊左次右次、铜无量寿佛一尊中、铜文殊菩萨四尊、铜无量寿佛一尊中、铜绿救度佛母一尊左、铜金刚勇识菩萨一尊右、铜文殊菩萨一尊左次、铜录（绿）救度佛母一尊右次、铜大持金刚一尊中、铜四臂观音一尊左、铜弥勒菩萨一尊右、铜绿救度佛母一尊左次、铜四臂观音一尊右次。传旨：着配楠木五屏峰八座，背后写字罩油。钦此。于九月二十六日将楠木写字罩油五屏峰八座安在养心殿呈览。奉旨：交佛堂。钦此。随将楠木五屏峰八座呈进讫。

二月十一日员外郎五德、催长大达色来说，太监鄂鲁里交：御笔土尔扈特全部归顺记手卷一卷、御笔优恤土尔扈特部众记手卷一卷。传旨：着配双连雕龙紫檀木手卷匣一件盛装。钦此。于二月十三日员外郎五德、催长大达色将御笔手卷二卷配得双连雕龙匣样一件，持进交太监鄂鲁里呈览。奉旨：照样准做。钦此。于五月初八日将御笔手卷二卷配得双连紫檀木手卷匣一件呈览。奉旨：交懋勤殿拟刻四个字签，得时交如意馆换天鹿锦包首。钦此。

四月初五日员外郎四德五德等来说，太监厄勒里交：周雷纹爵一件中、周禅文簋一件左二、周宝尊一件左一、周蟠夔匜一件右二、周戊斝一件右一、周蟠夔鼎一件中、周蟠夔壶一件左二、周列伯敦一件左一、周雷纹觚一件右二、周叔朕簠一件热河文庙右一。传旨：将铜器十件各配打色木匣一件盛装，匣盖上刻铜器名色，再按铜器样式次序画糙册页一册。钦此。于初十日员外郎四德、五德来说，太监厄勒里传旨：将热河文庙铜器送进呈览。钦此。随将文庙铜器十件呈览，随交出文王鼎一件、蟠夔罍一件、夔凤卣一件、素洗一件俱随座、紫檀木大案一张冽缝。奉旨：将铜器十件内蟠夔鼎一件、蟠夔匜一件、周戊斝一件、列伯敦一件仍交御花园收贮，用交出文王鼎、蟠罍等四件配安，各配匣盛装，匣盖并座子上俱交懋勤殿刻字，其紫檀木案线缝收什，将铜器座在案面下槽。钦此。计开：雷文觚一件壬、素洗一件丁、蟠夔壶一件庚、宝樽一件乙、叔朕簠一件己、文王鼎一件甲、蟠夔罍一件辛、夔凤卣一件丙、蝉纹簠一件癸、雷纹爵一件戊。

乾隆四十五年

匣裱作

九月二十七日员外郎五德催长大达色金江来说，太监鄂鲁里交：紫檀如意式盘一件内盛红雕漆元盒九件、紫檀海棠式盘一件内盛红雕漆元盒十件、红雕漆元茶盘一件、红雕漆流云入角茶盘一件、红绿雕漆海棠式盒二对、红绿雕漆梅花式盒一对、嵌玉紫檀木各式盒二十四对、嵌玉紫檀木元盒九件、紫檀木菱角式盒一件、雕紫檀木八方盒二件、嵌玉紫檀木各式盒六件。传旨：俱将盒里打磨好呈览。钦此。于十一月二十六日将嵌玉各式盒六十六件俱将盒里打磨好，安在养心殿呈进讫。于十月二十四日将雕漆各式盒二十五件盘二件俱擦抹好，呈进交懋勤殿。盒四件、盘二件拟字，抑斋二件、内库十九件讫。

十月二十八日员外郎五德、催长大达色金江来说，太监鄂鲁里交嵌玻璃垫子镶珐琅海螺一件班禅厄尔德尼进。传旨：着配鞔皮画金匣一件盛装，写四十五年十月二十七日班禅厄尔德尼进四样字白绫签。钦此。于二十九日员外郎五德将金镶松石白海螺一件配得鞔皮画金箱合牌样一件，持进交太监鄂鲁里呈览。奉旨：照样准做。钦此。于四十六年四月初一日将白海螺一件配得鞔皮画金匣一件，持进交太监鄂鲁里呈进交宁寿宫讫。

十二月二十八日员外郎五德、催长大达色来说，太监鄂鲁里交镶玉二龙雕紫檀木匣二件，各随屉，徵瑞进。传旨：着懋勤殿查手卷盛装。钦此。于四十六年正月初六日将嵌玉龙紫檀木匣一对懋勤殿查得御笔创业守成难易说册页一册、御笔为君难跋册页一册随插套一件、一匣盛，御临赵孟頫书麻姑仙坛记册页一册，持进交太监鄂鲁里呈览。奉旨：将麻姑仙坛记册页配紫檀木插套壳面板，其匣内抽屉去了，底板落矮。钦此。于二月十一日催长大达色将嵌玉二龙紫檀木匣一对内一匣盛御笔创业守成难易说等册页二册，一匣盛御临赵孟頫书麻姑仙坛记册页一册另配得紫檀木插套壳面板，并匣底板落矮，随换下锦壳面板持进交太监鄂鲁里呈览。奉旨：将创业守成难易说册页二册交懋勤殿，在匣盖上刻签子，其麻姑仙坛记册页不必在匣内盛装，照锦壳面上字亦交懋勤殿刻签子，其撤下匣子交进，钦此。于二月十四日将嵌玉二龙紫檀木匣一件打磨好，持进交太监鄂鲁里呈览。奉旨：着交王成。钦此。于十五日将嵌玉二龙紫檀木匣一件内盛御笔创业守成难易说等册页二册匣盖上懋勤殿刻得签子，持进交太监鄂鲁里呈览。奉旨：着交如意馆做玉字。钦此。于二月十九日将麻姑仙坛记册页一册懋勤殿刻得字，持进交太监鄂鲁里呈进交懋勤殿讫。

油木作

正月初十日公尚书福隆安面奉谕旨：中正殿跳布扎叉叉里下内宝座旁边安床二张，给班禅厄尔德尼坐。钦此。

十一月初九日员外郎五德、催长大达色金江来说，太监鄂鲁里传旨：将佛堂现收供班禅额尔德尼呈进缨络衣一份、佛衣一份、青倭缎发纂一件，将发纂损坏处收拾好，配鞔皮画金箱盛装，得时在养性殿西暖阁楼上东间案下供。钦此。于十二月初三日将班禅厄尔德尼佛衣二份配鞔皮画金箱盛装，做得楠木箱二件，因内库红皮颜色不一，查得佛衣缨络衣余剩鞔皮画金箱二件，持进交太监厄勒里呈览。奉旨：准用余剩鞔皮画金箱盛装，不必在宁寿宫安供，着在养心殿西暖阁楼上安供。钦此。

灯裁作

九月二十四日员外郎五德、催长大达色、金江来说，太监鄂鲁里交石青缎寿字边大挂像佛九轴紫檀画金轴头、石青庄缎边小挂像佛二十七轴紫檀木轴头。传旨：将大挂像佛写四样字白绫签，在大西天玻璃阁佛箱内收供。其小佛像收什好，在万佛楼收供。钦此。于十一月二十七日太监鄂鲁里传旨：将现配白绫签大挂像佛九轴、小挂像佛二十七轴送进呈览。钦此。随将大挂像佛九轴、小挂像佛二十七轴持进交太监鄂鲁里呈览。奉旨：将大挂像佛九轴急速配白绫签，交大西天收供，其小挂像佛不必在万佛楼收供，交佛堂在昭庙看地方供挂。钦此。于十二月二十一日将大挂像佛九轴随紫檀木轴头配得四样字白绫签，持进交太监鄂鲁里呈览。奉旨：着将大挂像佛九轴另换白绫签，上写乾隆四十五年八月初七日达赖喇嘛恭祝七旬万寿呈进四样字。钦此。计开大挂象佛名，阴体颇罗门勇保护法一轴、六臂勇保护法一轴、阳体威罗瓦金刚一轴、吉祥天母一轴、五尊威德胜天王一轴、阳体地狱主一轴、威胜天王一轴、红勇保护法一轴、财宝天王一轴。

十月初六日员外郎五德、催长大达色、金江来说，太监鄂鲁里交画像宗喀巴源流六轴随银轴头。传旨：将佛像上佛帘撤去，其大边裁齐收什好，背后写四样字白绫签，添配赶珠圈，打结子，得时在蕴真斋佛像箱内收供。钦此。于十二月二十一日将画像宗喀巴源流六轴配得四样字白绫签，持进交太监鄂鲁里呈览。奉旨：着添配洋锦包首。钦此。于四十六年正月三十日将画像宗喀巴源流六轴写得四样字白绫签，安在养心殿呈览。奉旨：另写乾隆四十五年八月初七日班禅额尔德尼递丹书克呈进四样字白绫签。钦此。于四月初四日将画像宗喀巴源流六轴安得包首，写得四样字白绫签，持进交太监鄂鲁里呈览。奉旨：交里边打结子。钦此。于本日交讫。

珐琅作

五月十六日员外郎五德、催长大达色、副催长福来来说，太监鄂鲁里传旨：将京内大宴酒桌上应用金胎珐琅镶珠石杯、盘、执壶、大罐、叉拉多穆、玉罐、大碗器皿等项着英廉派人送往热河交永和收贮预备宴上用。京内照样补造一份。其大宴、苏宴桌张并图塞尔根等不必随往，俱画样交永和在热河成造。再大宴苏宴桌上宝刷不必发南绣做，即在京内绣做二件。钦此。

计开大宴所用器皿等样：铜胎掐丝珐琅钟二十件看盒二件、铜胎掐丝珐琅钟九件□手，用八件，余一件、铜胎掐丝珐琅杯十二件用十件，余二件、铜胎掐丝珐琅盘二十三件用二十二件，余一件、铜胎掐丝珐琅大圆花瓶一对。送奶茶：珊瑚顶金胎西洋掐丝珐琅罐一件上嵌珊瑚一百二十块、青金石四十块、孔雀石七十二块、珊瑚顶金胎西洋掐丝珐琅多穆二件铜镀金座，每件上嵌珊瑚三十五块、松石十五块、孔雀石三块、青金石十七块、金足金里椰子碗十八件不做、酒桌：金胎西洋掐丝珐琅折盂一件上嵌珊瑚十二块、催生石十二块、金马杓二把每把重二十七两，每把上嵌珊瑚四块、松石四块、催生石四块、面松石顶金罐二件每件重二十八两、金爵金台盘一份共重三十六两，上嵌珊瑚三块、红宝石十一块、蓝宝石三块、松石三块、正珠十五颗、金胎掐丝珐琅爵盘一份金重五十六两四钱，上嵌二等正珠二颗、珊瑚顶天圆地方金胎西洋掐丝珐琅素二把每把上嵌珊瑚二十块、松石十六块、东珠六颗、正珠二十四颗、青玉罐二件、青玉碗四件、龙泉窑执壶二件、御题诗青玉钟金盖金台盘一份盖重五两三钱三分，盘重三十一两四钱。盖上嵌珊瑚子三块、松石四块、青金石三块、五等正珠三颗、盘上嵌珊瑚子六块、松石六块、青金石四块、二等正珠四颗、铜镀金瓶十二对、小青玉花瓶一对高头膳、铜胎掐丝珐琅钟十件。内膳房摆宴应用器皿等样：铜胎掐丝珐琅高头宴碗二十件用十八件，余二件、铜胎掐丝珐琅宴碗四十二件用四十件余二件、铜胎掐丝珐琅高头盘六件用五件，余一件、铜胎掐丝珐琅酒宴盘二十六件用二十四件，余二件铜胎掐丝珐琅苏高鲍螺碗五件用四件，余一件、铜胎掐丝珐琅小菜碟五件用四件，余一件、青玉五寸五分杯四件、金龙座碗五件、海屋添筹矮桌一张随桌帏一份、珠漆八仙捧盒六副。陪座用：高头碗五十件、绿行龙白里黄磁碗四十五件、霁红白里碗一百八十件、酱色白里碗四十五件、里外酱色碗三十件、官窑西莲碗一百二十件、绿花桃碗十二件、蓝地黄龙碗十二件、五彩龙凤碗八件、大紫龙磁碟四十件、绿地紫龙碗四十八件、八卦云鹤碗四十件、暗龙五寸黄盘十四件、绿龙盘三十五件、青龙盘七十七件、西莲盘一百十件。共珐琅器一百四件、玉器四件、座碗五件、高头碗五十件、盒子二十八副、膳桌一张随帏一件、磁器八百十六件、摆叉拉小桌一张、金漆矮桌一张、黑漆高桌十张、矮桌二十张、椅子二十张、大宴桌一张、苏宴桌一张、图塞尔根二张。以上桌张俱画样交热河总管永和持去。于六月二十日柏唐阿、全福持来份晰各作做清单一件，计开珐琅作：高头碗二十件用十八件，余二件、宴碗四十二件用四十件，余二件、高头盘六件用五件，余一件、酒宴盘二十六件用二十四件，余二件、苏糕鲍螺碗五件用四件，余一件、小菜碟五件用四件，余一件钟二十件随看盒二件、钟九件乘手用八件，余一件、杯十二件用十件，余二件、盘二十三件用二十二件，余一件、大圆花瓶一对、钟十件，以上俱铜胎掐丝珐琅。珊瑚顶罐一件上嵌珊瑚、青金、孔雀石、珊瑚顶多穆二件每件上嵌珊瑚、松石、青金、孔雀石铜镀金座、折盂一件上嵌珊瑚催生石、珊瑚顶天圆地方素二把每把上嵌珊瑚、松石、东珠正珠，以上俱金胎西洋掐丝珐琅。金玉作：金马杓二把每把上嵌珊瑚、松石、催生石，每把重二十七两、面松石顶金罐二件每件重二十八两。绣作：大宴苏宴桌上宝刷二件内飘带系金玉作成做，铜包角系铜作成做，留样。于八月初一日接得报上寄来信帖一件，内开将京内红漆小桌一张由报发来，预备宴上应用，记此。于九月二十七日太监鄂鲁里传旨：现做宴上金罐一对不必成做，查里边现有金罐应用。钦此。于九月二十八日郎中柏永吉持来押帖一件，内开九月二十二日太监常宁传旨：热河现收贮大宴上掐丝珐琅盘、碗钟、碟内补做苏糕鲍螺碗四件、宴钟二十件。钦此。于十二月二十七日将做得大宴上珐琅盘碗钟碟一百七十八件、花瓶一对安在养心殿呈进，交茶膳房讫。于四十六年四月二十八日将补做得掐丝珐琅宴碗四件、宴钟二十件呈览。奉旨：着送往热河。钦此。于四十六年五月初一日奉公额驸福隆安、中堂英廉、管理造办处大臣事务舒文谕，将宴碗、宴钟着现送玻璃之员带往热河。遵此。于四十六年五月初七日员外郎杨维新将宴碗四件、钟二十件送往热河讫。于四十六年十一月二十三日将金马杓二件呈进交茶房讫。于四十七年十月十八日为珐琅执壶一对应用珠子大小六十颗俱拨得蜡样呈览。奉旨：准向刘秉忠要用。钦此。随交出四等正珠大小十颗重一两二钱。传旨：将无眼的打眼，在壶上拴系嵌安。钦此。于十二月二十七日将造得嵌珠子珐琅执壶一对计珠子六十颗安在养心殿呈览。奉旨：配棉套配箱盛装，交内务府大臣派人送往盛京宴上应用。钦此。

鞍甲作

十二月初四日员外郎五德、催长大达色来说，太监鄂鲁里传旨：宁寿宫现设玉靶腰刀二十把，将靶上矾去净，再现设无玉靶金桃皮腰刀六把，用现配做腰刀玉靶内挑选六件呈览，准时配合用。其铁鋄金护口刀盘交武备院另凿做。钦此。于本月初六日员外郎五德等将宁寿宫现设金桃皮鞘腰刀六把上添安玉靶。查得五月间交出配腰刀白玉靶一件、镶嵌白玉靶一件、并九月间交出配腰刀白玉靶二件、白玉回子刀靶二件，持进交太监鄂鲁里呈览。奉旨：玉刀靶六件俱准用，着武备院另做铁鋄金刀盘护口，其现做之腰刀二把上什件俟再传腰刀时配合用。钦此。于四十六年正月初十日员外郎五德等将新做得玉靶腰刀四把在宁寿宫无玉靶腰刀六把楠木箱内盛装，并新呈准无玉靶腰刀上换安白玉刀靶六件呈览。奉旨：将玉靶六件内用二件在无玉靶腰刀二把上换安，另配刀盘护口，得时并新做得玉靶腰刀四把共六把在楠木箱内换装。将箱盖墙子另换楠木□□板，刻刀名，分两年款。其余玉靶四件仍配做腰刀二把、回子刀二把，其换下无玉靶腰刀四把俟有玉靶时再为安换。钦此。于十一月十四日员外郎五德、催长大达色、金江、舒兴将宁寿宫楠木腰刀箱一件配得玉靶腰刀二把，另配得刀盘护口，添安结子，随挑得库贮松石结子二个，持进交太监鄂鲁里呈览。奉旨：不必用库贮松石结子，另向内库挑松石结子配安。钦此。随挑得内库松石珠儿二个呈览。奉旨：准用。钦此。于四十九年正月初七日将宁寿宫换下无玉刀靶金桃皮鞘腰刀六把查得陆续交出配做腰刀、回子刀青白玉刀靶十件，持进交太监鄂鲁里呈览。奉旨：将玉靶十件内六件在腰刀六把上配安，仍用原旧刀盘，其余刀靶四件配做回子刀四把。钦此。于正月十八日将白玉刀靶三件画得银什件鞔黄皮鞘回子刀纸样一张，青玉刀靶一件画得铜镀金炕火漆什件鞔红皮鞘回子刀纸样一张，持进交太监鄂鲁里呈览。奉旨：俱照样准做。钦此。于五月初五日为玉靶金桃皮鞘腰刀六把上做结子，挑得内库珊瑚、松石结子六个，持进交太监鄂鲁里呈览。奉旨：俱准用。钦此。于四十九年十月初三日将配做得玉靶黄皮回子刀一把呈进交圆明园讫。于十月初六日将配做得玉靶黄皮回子刀一把呈进交圆明园讫。于十月初八日将配做得玉靶黄皮回子刀一把呈进交圆明园讫。于四十九年十月初七日将换安得玉靶腰刀六把安得珊瑚、松石结子，并新做玉靶腰刀三把安得珊瑚松石结子，持进交太监鄂鲁里呈览。奉旨：将宁寿宫现收玉靶腰刀持来呈览。钦此。随将宁寿宫玉靶腰刀十二把随楠木箱二件、四执事玉靶腰刀一把持进呈览。奉旨：将宁寿宫楠木箱二件内腰刀十二把撤出二把，每箱装腰刀五把。再将换靶并新做腰刀内挑选四把在箱内换装，另安掐板箱墙上，交懋勤殿另刻字。其撤出腰刀二把、换下腰刀四把，并余剩腰刀六把暂收，俟新做腰刀得时一同呈览。钦此。计开楠木箱二件，内一箱盛：天字十三号超阿白玉靶腰刀一把珊瑚结子、天字十一号昆铭白玉靶腰刀一把蜜蜡结子、地字十一号越砺白玉靶腰刀一把蜜蜡结子、地字十三号飞鹊白玉靶腰刀一把珊瑚结子、天字十四号鲤腹青白玉靶腰刀一把松石结子。一箱盛：人字二十一号曜威青白玉靶腰刀一把松石结子、天字二号叩鸣白玉靶腰刀一把珊瑚结子、地字二号苍龙白玉靶腰刀一把松石结子、地字一号威服白玉靶腰刀一把松石结子、地字十七号宝腾白玉靶腰刀一把松石结子。暂收放：天字二十二号掩虹青玉靶腰刀一把松石结子、人字二十二号敏芝青白玉靶腰刀一把珊瑚结子、天字二十一号吐芒青玉靶腰刀一把松石结子、人字二十号孔纯青玉靶腰刀一把松石结子、地字二十一号彩锷青玉靶腰刀一把松石结子、人字十三号跃星青白玉靶腰刀一把松石结子、地字十七号善胜青白玉靶腰刀一把松石结子、天字二十号继辅青白玉镶嵌靶腰刀一把松石结子、地字二十号凝冰白玉靶腰刀一把珊瑚结子、天字三号孔纯青白玉靶腰刀一把珊瑚结子、天字十九号柔逋青白玉靶腰刀一把珊瑚结子、人字十五号苍精青白玉靶腰刀一把松石结子四执事。于四十九年十月十一日将做得玉靶红皮鞘铜什件回子刀一把呈进交圆明园讫。于十一月初三日将宁寿宫楠木腰刀箱二件，每箱盛腰刀五把、刀盘一顺配装，做得掐子样一件，并将刀盘颠倒配装，做得掐子样一件，持进交太监鄂鲁里呈览。奉旨：准将刀盘一顺配装，其箱墙另换楠木板，交懋勤殿，按现装腰刀刻字。钦此。于十一月十八日将新造得白玉靶金桃皮鞘腰刀五把请领内庭结子，并现收玉靶金桃皮鞘腰刀十二把随珊瑚松石结子、白玉镶嵌靶金桃皮鞘剑一把、并现做未完镶嵌白玉靶腰刀一把上玉靶看得原系两截镶嵌白玉靶腰刀一把难以做腰刀靶用，随将新传做腰刀三把上应用有镶嵌白玉刀靶二件、无镶嵌白玉刀靶一件请旨。此玉靶三件内挪用一件，在现做未完腰刀上用，一并呈览。随挑出新做得白玉靶金桃皮鞘腰刀四把收贮。白玉靶金桃皮鞘腰刀六把内四把珊瑚结子二把，松石结子交出珊瑚结子一个。奉旨：将交出珊瑚结子一个在挑出玉靶腰刀六把内松石结子腰刀一把上换安。其收贮青玉靶腰刀四把松石结子拆下，在新做得白玉靶腰刀四把上拴安。共凑珊瑚结子腰刀五把、松石结子腰刀五把，配楠木箱二件盛装，得时交盛京安设。其换下松石结子一个还收贮。腰刀上两截腰刀靶变价用。新传做腰刀三把上白玉靶三件内用一件还在现做未完腰刀一把上。除配楠木箱腰刀十把，下剩腰刀七把再俟候呈览。再玉靶剑上拴提绊什件拆去收贮，俟再做腰刀时合对用，将剑鞘收拾好配剑架，先画样呈览，俟后凡成做剑俱不必安提绊什件。再照交出珊瑚结子一个镟木样一个放大，再镟木样一个，俱交粤海关监督穆腾额照样采办大些珊瑚珠四个送来。钦此。计开：楠木箱腰刀十把内人字二十二号毓芝白玉靶腰刀一把珊瑚结子、人字十三号跃星嵌松石青白玉靶腰刀一把原随松石结子换珊瑚结子、天字三号孔纯青白玉靶腰刀一把珊瑚结子、地字二十号凝冰白玉靶腰刀一把珊瑚结子、天字十九号柔逋白玉靶腰刀一把珊瑚结子，计一箱。地字二十三号冲斗白玉靶腰刀一把、人字二十三号秋水白玉靶腰刀一把、地字二十二号卫国白玉靶腰刀一把、地字二十四号秋霜青白玉靶腰刀一把此四把拴松石结子、人字十五号苍精青白玉靶腰刀一把松石结子，计一箱。收贮人字二十号孔纯青玉靶腰刀一把松石结子、地字十七号善胜嵌珊瑚青白玉靶腰刀一把松石结子、地字二十一号彩锷青玉靶腰刀一把松石结子、天字二十一号吐芒青玉靶腰刀一把松石结子，此四把松石结子拆下，在楠木箱内新造得腰刀四把配拴。天字二十号继辅镶嵌青白玉靶腰刀一把松石结子、天字二十二号掩虹青玉靶腰刀一把松石结子、天字二十三号息兵青白玉靶腰刀一把无结子，此一把用楠木箱内腰刀一把上换下松石结子一个配拴、镶嵌白玉靶剑一把拆去提绊什件，鞘子收拾好。于四十九年十二月二十六日将玉靶金桃皮鞘剑一把配得架，安在养心殿呈进交圆明园讫，于四十九年十二月二十六日将楠木箱二件内盛玉靶金桃皮鞘腰刀十把配得掐板，箱墙上另换得楠木板，安在养心殿，呈进交宁寿宫讫。于五十年正月三十日将做得楠木腰刀箱二件内各盛玉靶金桃皮鞘腰刀五把、随松石结子五个珊瑚结子五个持进，交太监鄂鲁里呈览。奉旨：着交内务府大臣，俟盛京有便人带往。钦此。于五十年十月二十二日将玉靶配得红皮鞘铜什件回子刀一把呈进，交瀛台讫。

南巡随围

正月二十日接得苏州织造全德差家人刘永升、张德送到：刻字白玉册页一份五福颂，随墨榻本文、青白玉宝一方、青白玉册页十片、玉别二件锦袱二件各随纸样木样、绣观音佛像三轴随原样一轴、织做汉衫一件、织做沙汗衫一件随做样春伯提一件、来文五件、蓝册三本，俱交厄勒里呈览。奉旨：汗衫二件交四执事做样，春伯尔提仍交全德再照样各织做二件，其余俱着伊家人送进京。绣佛像照原样镶边配轴头成做，得时交王成内庭。打结子、袱别交如意馆。玉宝玉册页花洗等俟回京之日呈览。钦此。于本日将玉册玉宝并来文、蓝册交刘永升领去讫。春伯尔提交张德领去讫。汗衫二件交四执事讫。

二月初九日太监厄勒里交红雕漆碗一件，大明宣德年制款，金里金底。传旨：照漆碗大小样款四面留圆光画样，圆光内着梁国治写万岁长春篆字呈览，准时交全德成做，其金里金底京内镶做。钦此。于本日照雕漆碗大小样款画得四面圆光花纹，梁国治写万岁长春篆字样呈览。奉旨：照样交全德成做四件，其金底不必满镶，留圆底做阳纹大清乾隆年制款。其照原样成做四件，先将原样仍交茶房，俟杭州回来时交给全德做样。钦此。

热河随围

八月二十一日员外郎五德、催长大达色来说，太监常宁交合牌烫塔样一座随画纸样一张，通高九尺六寸六分，高矮尺寸做法清单一件、铜镀金无量寿佛八十一尊、烧古无量寿佛一百六十二尊。传旨：着造办处先将合牌烫塔样随报发往京内，交造办处照样成造。楠木塔三座每座内各供无量寿佛八十一尊。活计俱要省手做。其样子送到时，即先取材料，务赶十一月初间要得。其佛二百四十三尊交盐政西宁送往京内。钦此。

行文

二月十三日接得郎中保成押帖一件，内开十二月二十五日董五经交恽寿平太平如意图一轴、王原祁幽岩茅屋一轴、蒋廷锡仙茶鹁鸽图一轴、元人三阳启瑞一轴、文徵明雪景一轴、袁子初墨梅一轴、李嵩元宵图一轴、丁云鹏应真云汇手卷一卷。传旨：交启祥宫，将挂轴配囊，手卷配袱别，做袱别样发往南边，依前做法照样做来。钦此。于四十五年七月初七日将苏州送到玉袱别一份呈进交如意馆讫。

七月初四日接得果报上寄来信帖一件，内开六月二十七日太监鄂鲁里传旨：果报上带来绣吉祥天母一轴、绣十一面观音一轴，交造办处，在须弥福寿之庙住宿楼上安挂。再传与苏州织造全德，照先绣过吉祥天母绣做一轴、十一面观音绣做一轴送来京内，配银轴头，镶边，得时收供吉云楼佛箱内。钦此。于四十七年十一月二十八日将苏州送到绣吉祥天母一轴、绣十一面观音一轴呈进，镶边成做轴头讫。

十月二十七日接得郎中保成押帖一件，内开十月初五日董五经交：董源云壑松风一轴、李从训鱼篮观音一轴此轴安白绫签、王原祁仿倪瓒山水一轴、王翚松林图一轴、明唐寅弹琴客至图一轴以上五轴配囊、元人秋猎图一卷、宋李公麟西园胜图一卷此二卷配袱别匣、赵伯骕写生一卷配袱别匣、张照金书临帖一册配套、邵弥仿古山水一册配套，以上俱入石渠宝笈上等。李世倬仿王时敏山水一轴、文徵明山水一轴、文嘉山水一轴、恽寿平鱼藻图一轴、李世倬春牧图一轴以上五轴配囊、文徵明仿倪瓒山水一卷添做单玉别配匣、周之冕花卉一卷配匣、李锴临王帖并自书诗一册配套，以上俱入石渠宝笈次等、又交木兰秋哨图一卷随匣、传旨：交启祥宫，将画心裁下交进，余使材料。手卷做袱别，样发南边，依前做法照样做来。钦此。于四十六年四月二十三日将苏州送到玉别锦袱三分持进，交太监鄂鲁里呈进，交如意馆讫。

二十九日员外郎五德、催长大达色、金江来说，太监鄂鲁里交青白玉宝三方系快雪堂、三希堂、乾清宫。传旨：着发往苏州，交全德俱加深刻阳纹字送来。钦此。于四十六年七月初三日将苏州送到乾清宫玉宝一方，在热河呈进交原处讫。于四十六年九月二十五日将苏州送到快雪堂玉宝一方，交太监鄂鲁里呈进配匣另有记载。于四十六年十一月二十七日将苏州送到三希堂玉宝一方，呈进配匣另有记载。

如意馆

二月十五日接得郎中保成押帖一件，内开十二月十二日太监鄂鲁里传旨：着陆灿照画得第一幅圣容再临画一幅，俟热河供奉圣祖仁皇帝、世宗宪皇帝御容尺寸到来再请旨。钦此。

十五日接得郎中保成押帖一件，内开十二月二十日太监鄂鲁里传旨：寿皇殿现供奉世宗宪皇帝御容尺寸，年节供奉御容尺寸，着伊兰泰将尺寸量准，圣容着陆灿绘画。钦此。于二十一日伊兰泰将寿皇殿现供奉并年节供奉世宗宪皇帝御容尺寸起得稿子二张，交鄂鲁里转奏。奉旨：圣容衣纹照冠服图画，宝座毯子照现供奉宝座毯子一样往细致画，其冠服图向圆明园要。钦此。

十五日接得郎中保成押帖一件，内开十二月二十四日太监鄂鲁里交：热河供奉圣祖仁皇帝御容稿子一张、说单二件、世宗宪皇帝御容稿子一张、说单二件。传旨：陆灿画过圣容二幅，着照对尺寸用。钦此。随将陆灿画得圣容第一幅、第二幅较比，第一幅与圣祖仁皇帝珠冠上白子一样，第二幅与世宗宪皇帝珠冠上白子一样，再照图尺寸量。世宗宪皇帝御容尺寸比圣祖仁皇帝御容尺寸矮三寸五分，交鄂鲁里转奏。奉旨：用第二幅，照世宗宪皇帝御容画，衣纹上花样照冠服图。面前安金漆扶几一张，上铺御笔字一幅，几上右边安唐砚一方、紫檀木座竹笔筒一件、乳窑水盛一件、紫檀木座随白玉匙一件。左边安设成窑青花白地双□瓶一件紫檀木座、瓶内插梅花一支。左边安紫檀木桌一张，上设汉玉牧羊一件紫檀木座、青绿铜铜花觚一件紫檀木座、嵌银片字诗句觚内插如意一柄。右边安紫檀木边柜门抽屉面画黑漆描金花。格子一座格里画蓝绫里，格子上层设汉玉璧一件紫檀木圭座嵌银片字诗句。下层设汉玉碗一件，宋窑白地红花马挂瓶一件紫檀木座，瓶内插梅花一枝。柜门上金花照绛雪轩柜门上花一样画，其陈设样款花纹着姚文瀚画，照现有的一样起稿子、记色，准时交伊兰泰画。钦此。于正月十一日姚文瀚将圣容照热河现供奉世宗宪皇帝御容尺寸，照交下陈设花样起得稿子一张，交太监鄂鲁里转奏。奉旨：照稿准画。格子陈设线法着伊兰泰改正，其第一幅圣容照画过圣容样式一样画，得时裱卷收贮。钦此。

十五日接得郎中保成押帖一件，内开十二月十四日太监常宁传旨：平定两金川功臣油画半身像照平定伊犁功臣像挂轴，着陆灿画功臣像一百幅。钦此。

十五日接得郎中保成押帖一件，内开十五日鄂鲁里交圣容一轴乾隆元年。传旨：现收什圣容俱照交下乾隆元年所画圣容一样收什，其应画朝服俱照此轴朝服衣纹一样给画。钦此。

六月十八日接得郎中保成押帖，内开五月初九日将画得万国来朝大画一张呈览。奉旨：交如意馆托好配囊，年节针别。钦此。用杉木卷杆一根，长七尺二寸、径一寸三分。

十八日接得郎中保成押帖，内开五月初九日将做得春溪渔乐图犀角杯一件呈览。奉旨：交如意馆配座。钦此。于本日画得绳纹架座纸样一张呈览。奉旨：照样准做。钦此。

十八日接得郎中保成押帖，内开五月十九日太监鄂鲁里交姚文瀚临商喜遐龄永禧图挂轴一轴。传旨：交如意馆，着姚文瀚照宁寿宫养性殿西暖阁西墙尺寸放大起稿。钦此。于二十日将商喜遐龄永禧图姚文瀚起得稿一张呈览。奉旨：着姚文瀚用绢画，寿字画泥金边，中填青地，余绢俱染粉红地，上画泥金流云。钦此。

十月初二日接得郎中保成押帖一件，内开七月十七日懋勤殿交来御笔庚子南巡五律诗一册计五十开、七律诗二册内一册四十一开，一册四十开、御制乙酉南巡诗册页一册。传旨：交如意馆，照交下乙酉南巡诗一样，用耿绢挖嵌，画蓝色番花边，壳面用大花宋锦裱做册页三册。钦此。

初二日接得郎中保成库掌福庆押帖一件，内开八月二十四日董五经交：御笔竹炉图宣纸画一张、弘旿竹炉图宣纸画一张、六阿哥竹炉图宣纸画一张、董诰竹炉图宣纸画一张。传旨：着如意馆裱手卷四卷。钦此。

初二日接得郎中保成、库掌福庆押帖一件，内开八月二十五日董五经交乾清宫五屏峰铭玉册页一分十片。传旨：交如意馆着照刻。钦此。

初二日接得郎中保成押帖一件，内开二十二日鄂鲁里交西洋写字人乐钟陈设一件。传旨：交如意馆汪达洪收拾。钦此。

初十日接得郎中保成押帖一件，内开九月二十九日造办处员外郎五德交优恤土尔扈特部众记玉板墨塌册页十开。传旨：交启祥宫裱册页一册。钦此。

二十七日接得郎中保成押帖一件，内开二十一日董五经交御笔正定兴隆大佛寺记一张玉瓮记一张。传旨：交启祥宫裱手卷二卷。钦此。

十一月十九日接得郎中保成押帖内开，二十八日厄鲁里交：册页三册古董房、手卷三卷上书房、内诗经图陈风第十二册随宋高宗书马和之画陈风图手卷一卷、诗经图豳风第十四册随、宋高宗书马和之画豳风图手卷一卷、诗经图周颂清庙之什第二十六册随、宋高宗书马和之画周颂清庙之什图手卷一卷。传旨：诗经册页内画片俱画错了，现今贾全有服不能进内，着将交下册页手卷三份内，交贾全先领出去一份，在伊家内照手卷绘画，每页画二张，一张着色，一张墨画，画得一份送进呈览，准时换裱在诗经图原册页上。再发给贾全第二份接画，令贾全敬谨收放，不可污秽。钦此。

十九日接得郎中保成押帖，内开十月二十九日董五经交：御制古稀说册页一册紫檀木壳面锦插套、七旬万寿颂册页一册锦壳面插套。传旨：交启祥宫，七旬万寿颂册页配紫檀壳面，二册配一插套，其换下锦套二件做材料用。钦此。

十九日接得郎中保成押帖，内开十一月初三日董五经交：御笔临米芾诗帖挂轴一轴、御笔雨梧烟柳挂轴一轴。传旨：交启祥宫换包首。钦此。

十九日接得保成押帖，内开十一月初三日董五经交：御临九成宫醴泉铭挂轴二轴随宸翰、御笔字横披一张、御临董摹兰亭册页一册后添、御笔藏经纸字二页、御临玉枕兰亭手卷一卷后托尾用、御笔字横披一张添裱。传旨：交启祥宫，御笔字横披一张添裱在九成宫醴泉铭挂轴下玉上嵌裱。其藏经纸御笔字二开添裱入御笔兰亭册页。后三页内御笔字横披一张添裱入玉枕兰亭手卷托尾内。钦此。

十九日接得郎中保成押帖，内开十一月初五日董五经交：顾绣桃鹤长春挂轴一轴、顾绣芝仙祝寿挂轴一轴。传旨：交启祥宫，将画心裁下裱岁轴，其胎股俱作材料使用。钦此。

十九日接得郎中保成押帖，内开十一月初七日鄂鲁里传旨：着陆灿画班禅额尔德尼像一幅。钦此。

十二月初三日接得郎中保成押帖，内开初十日董五经交，御临乐毅论册页一册、随御笔字二张、御临兰亭册页一册、随御笔字二张、传旨：交启祥宫，将御笔字各挖嵌裱在册页末一册内。钦此。

初三日接得郎中保成押帖，内开十八日鄂鲁里传旨：今陆灿画像已完，着伊回籍。钦此。

初三日接得郎中保成押帖，内开二十三日鄂鲁里传旨：画得鹿图上圣容，着陆灿画衣纹，马匹着姚文瀚画，山树俱着董诰画。钦此。又陆灿画圣容横披一张。传旨：底稿着姚文瀚画得呈览，准时着姚文瀚在咸福宫画。钦此。

初三日接得郎中保成押帖，内开二十九日造办处太监张交御笔墨榻宁寿宫铭册页十开。传旨：交启祥宫裱册页一册。钦此。

铸炉处

十月十一日副催长同泰持来旨意帖一件，内开十月初九日太监鄂鲁里传旨：着交舒文，铸炉处现造铜龛活计取来看，并存贮铜斤数目查明回奏。钦此。于本日管理养心殿造办处事务舒文遵旨，查得铸炉处旧存并新交二项通共存铜三万三千四十斤八两四钱四分，膳写清单一件，及现做铜龛环片铃杵等项活计，一并持进交太监鄂鲁里呈览。奉旨：知道了。其宁寿宫倦勤斋殿前现设之珐琅瓶著撤下，另铸铜瓶一对，画样呈览。钦此。于初十日管理养心殿造办处事务舒文将画得倦勤斋殿前安设高一尺八寸烧古铜瓶一对、纸样一张持进，交太监鄂鲁里呈览。奉旨：照此样式成造四对。钦此。于四十五年十二月二十一日铸炉处将做得宁寿宫倦勤斋安设烧古大铜瓶二对、无地方烧古腰元瓶一对、烧古小元铜瓶一对安在大和斋呈览。于本日太监鄂鲁里传旨：大铜瓶一对着送往倦勤斋安设，其余铜瓶三对俱交宁寿宫看地方安设。钦此。于本月二十四日将造得腰元铜瓶一对交宁寿宫首领朱与邦收讫。于本日管理养心殿造办处事务舒文将造得铜烧古腰元瓶三对安在养心殿呈览。于本日太监鄂鲁里传旨：将铜瓶三对交管理圆明园事务德保、中敏看地方安设。钦此。于初四日领催常保将造得铜烧古腰元瓶三对送往圆明园，交大人德保收讫。

十一日员外郎五德催长大达色金江来说太监鄂鲁里交青绿三足竖耳炉一件，青绿有盖提梁薰炉一件。传旨：着毁铜。钦此。秤重二十一斤八两。

金玉作

正月初七日员外郎四德、五德、催长大达色来说太监鄂鲁里交：银满达坛城二件、银间镀金塔二座、银间镀金轮一件、银间镀金奔巴瓶一件随片金瓶衣、金碗一件重十二两四钱、银八吉祥一件重九两八钱、银杵一件重十六两七钱、银杵一件重二十八两、银杵一件重三十四两七钱。

十月初一日员外郎五德、催长大达色、金江来说，太监鄂鲁里交：金正面云彩簪一块嵌宝石一块、金钿扣一块无镶嵌、金圆花三块宝石二块，小珠子一颗、金如意花一对嵌宝石二块、米珠八颗、金葫芦花一对、金葫芦簪一对嵌宝石四块、珠子十颗、金菊花簪一对嵌假石四块、金葵花簪一对嵌宝石二块、珠子二颗、金艾叶簪一对嵌珠子一颗、宝石二块、金葵花簪一支小凤一对嵌珠子二颗、金小花一支宝石一块、金小石榴花一对嵌珠子四颗、宝石五块、金小菊花簪一对嵌珠子四颗、宝石四块、金抱头莲一支花针三支嵌假石三块、假珠子二颗、宝石一块、金簪七支、金戒指三个、镶钻金戒指一个宝石二块、金指甲套一对、金钳子一对、金镶宝石小坠角二个、金坠钩十二个、金镯十个共重二十八两九钱、金顶托杂什重一两四钱五分、金挑牌八挂珠子六百三十四颗、宝石五十二块、金石榴花一对嵌宝石十五块、金钿扣三块珠子一颗、宝石一块、金螃蟹簪一对珠子二颗、宝石二块、金半翅蜂一对珠子十六颗、宝石二块、金正面花五块珠子四颗、宝石二十五块、金凤五支大小珠子三十颗、宝石九块。传旨：将珠子宝石拆下交进，其金簪花等俱熔化。钦此。于本月十二日将原交出金正面云彩簪等三十项认看得，俱系八成金，共重七十二两九钱，随拆下珠子大小七百十九颗、红宝石一百二块、蓝宝石二十一块、碧牙西十九块、钻一块、假石七块，缮写清单，一并持进交太监鄂鲁里呈览。奉旨：俱熔化。珠石等交王成，假石做材料用。钦此。于十月二十九日将熔化得八成金七十二两九钱呈进交王成讫。于十月十二日将拆下珠石交王成讫。

初一日员外郎五德、催长大达色、金江来说，太监鄂鲁里交：银珐琅项圈二围随锁、银珐琅锁十二把、银镀金钮一付、银小花十块挑牌二块破坏、银镀金项圈一圈破坏、银杂什一包重二十一两五钱六分、银镯十二对、银寿字八十四个、银扁方一支豆瓣三支、银小龙头一对、银扁簪四支、银龙头一对、银戟一对、银如意二对、银珐琅小挑牌六支、银扁蝠二支、银假珠宛三支、银坠钩二付、银珐琅戒指十二个、银戒指十七个、银抱头莲九支、银抱头莲四十支、银钳子四个、银抱头莲十四支、银戟庆九块、银龙花一对、银菊花一对、银茶花三支、银坠十六个、银蝠五个、银艾叶簪三对、银寿桃花一对、银面簪大小三块、银云彩花二对、银凤五支、银小鹤一对米珠十八颗、银正面莲花一块米珠一颗、红宝石一块、银耳挖六支、银豆瓣六支、银小钿扣八块、银正面簪五块红宝石一块、银花大小八支、银簪挺九支、银镶玉簪一支、银小花四支碧牙西一块、银竹节一支、银挑牌花六块、银蚂螂簪一支。传旨：俱熔化。钦此。于本月十二日将原交出银簪花首饰、项圈、镯子等重九十一两五钱六分，随拆下米珠十九颗、红宝石二块、碧牙西一块、玉花头一块，缮写清单，一并持进交太监鄂鲁里呈览。奉旨：俱熔化，其珠石交王成。钦此。于十月二十九日将熔化得银重九十一两五钱六分呈进交王成讫。于十月十二日半珠石交王成讫。

十一月初三日管理造办处大臣事务公尚书福隆安奉旨：著传与舒文，给班禅额尔德尼成造金塔一座。钦此。随向章嘉胡图克图处要得铜镀金小塔样一座呈览。奉旨：传造之金塔照此铜塔样式，按应用尺寸放大画样呈览。钦此。随照铜塔样式放大，画得高七尺七寸六分金塔纸样一张，并广储司库存各色金两清单，一并呈览。奉旨：照样准向广储司要四成金成造。钦此。于初六日管理造办处大臣事务舒文面奉谕旨：现造金塔太素，著添安镶嵌，画样呈览。钦此。随于本日遵旨，将金塔添安松石、珊瑚、催生石三色镶嵌，并塔伞添安缨络，画得纸样一张，并声明问章嘉胡图克图塔欢门内应供何佛像，据章嘉胡图克图说或供梵王太子佛，或供班禅本像，俱可随画。得梵王太子佛纸样一张呈览。奉旨：准造太子佛，镶嵌缨络，俱照样添安。钦此。于初九日奴才福隆安、舒文谨奏，为约估请领金两工料银两事。遵旨成造四成金塔一座，通高七尺七寸六分、下座见方五尺。奴才等按其呈准画样尺寸详加估计，按例约需四成金七千一百九十九两三钱，买办物料银二百八十四两八钱三分七厘，外雇大器胎鈒等匠工价银二千三百六十四两二钱八厘。现今派员加紧趱办，得时镀饰一次，共折花素活见方寸一万二千一百八寸，按例约需头等镀金叶九十六两八钱四分六厘。理合奏明。请领广储司银库四成金七千一百九十九两三钱。其工料银二千六百四十九两四分五厘，镀金叶九十六两八钱四分六厘，仍向造办处领取应用，统俟完竣之日，奴才等另行详细斟查，据实核销。谨将需用物料细数敬缮清单，并炸得四成金花活，镀饰一次四成金花各一件，一并呈览。为此谨奏。奉旨：知道了。钦此。

金塔上做月牙镶嵌由四十五年六月初二日收贮画样玉料一千三百九十二块内挑得一块做月牙镶嵌用讫。

二十三日催长大达色来说，太监厄勒里交红缎金寿字边绣吉祥天母一轴颐和轩佛箱内。传旨：配银轴头。钦此。于十二月初五日将绣吉祥天母一轴配得银轴头呈览。奉旨：着配白绫签。钦此。于四十六年正月十一日将绣吉祥天母一轴写得四样字白绫签呈览。奉旨：将佛像边并心子俱收什平正。钦此。于四十六年二月初二日将绣吉祥天母一轴将佛像边并心子俱收什平正持进呈览。奉旨：仍交宁寿宫顺和轩佛箱内收供，再箱内佛像有不平正者俱收什平正。钦此。于本日交讫。

记事录

正月初三日副催长鹤龄来说，军机处传赏班禅额尔德尼并赏班禅厄尔德尼之尚卓忒巴罗卜藏进巴什物，配箱盛装塞垫包裹发报，记此。赏班禅厄尔德尼绣线释迦牟尼佛一轴、绣鹅黄缎龙袍面一件、蓝玻璃炉瓶盒一分、碧玉如意一柄、广珐琅瓶一对、广珐琅大盘一件、广珐琅碗一对、广珐琅盘二件、套蓝玻璃瓶一对、青花磁壶一对、白磁红花壶一件、鹅黄瓣花大荷苞一对、花小荷苞五对、玻璃桌灯一对、红毡四块、黄粧缎二匹。赏班禅厄尔德尼之尚卓忒巴罗卜藏进巴蟒缎粧缎各一匹、磁器二件、大缎一匹、黄瓣大荷苞一对、红毡二块、小荷苞一对、广珐琅器一件、玻璃器二件。于本月十二日将什物交随围员外郎四德带至赵北口发报讫。

二月初三日奉中堂英廉管理造办处事务大臣舒文谕：年例成做端阳节之活计，俱开清单，由报具奏。遵此。于初六日将年例成做画彩胜十张、绫绢五毒吊挂二十挂、绫绢堆做瑞福骈集一对、绫绢堆做捉妖五毒陈设六对、绫绢堆做山石人物陈设八对、象牙五毒吊挂六挂、象牙盒二对，缮写清单，由报发去具奏。于二月二十日接得行在造办处寄来信帖一件，内开为成做端阳节活折片一件，交太监鄂鲁里具奏。奉旨：不必成做。钦此。

四月初九日笔帖式汤武色持来军机处抄一件，内开拟赏西北两路将军大臣等锭子药，着配匣盛装，用线花塞垫，黑毡马皮包裹。发报记此。清单计开：伊犁将军参赞领队大臣等二份半、塔尔巴哈台参赞领队大臣等半份、乌鲁木齐都统领队大臣等一份、乌什阿克苏参赞领队大臣等一份、叶尔羌和阗办事大臣等一份半、喀什噶尔英阿杂尔办事大臣等一份半、土尔番库伦哈尔沙尔办事大臣等一份半、乌里雅苏台科布多将军参赞大臣等二份、成都将军四川提督等一份半，每份各色锭子药一大包、平安丸一百丸、人马平安散一瓶计重四两。

五月初十日员外郎五德、催长大达色、副催长福来将苏州送到青玉秋山行旅陈设一件、青玉刻字宝一方、白玉册页一份、青玉刻字册页一份系平定两金川告成太学碑文、青白玉宝一方、青白玉册页一份、青玉宝二方、青玉册页二份、刻字澄泥玉兔朝元砚六方、双珊瑚珠三色如意穗二百副、画金黄龙笺纸二十张、纵漆里底红雕漆圆盒一件、雕漆人物圆盒一件、白玉宴盘一件呈览。奉旨：将秋山行旅陈设交香山。青玉刻字册页一份、白玉册页一份交董诰填金刻字。宝一方、青玉宝二方、册页二份俱配匣。青白玉册页一份、宝一方俱交懋勤殿。澄泥砚六方交万寿山。如意穗并漆盒二件、匣一件交内殿。白玉宴盘一件交茶房。画金黄龙笺纸二十张交懋勤殿。钦此。

十六日员外郎五德、催长大达色、副催长福来将两淮盐政伊龄阿送到：青白玉兽面花瓢一件、青白玉荷花鸳鸯一件、青白玉素双耳瓶一件、皮糙玉洛浦英华一件、青白玉荷花瓶一件随盖、青白玉兽面蕉叶扁花觚一件、青白玉葵花宝月瓶一件、青白玉蕉叶汗纹双环宝月瓶一件、青白玉菜高头碗三件、青白玉苏糕鲍螺碗四件、青白玉点心高头盘四件、青白玉大酒钟二件、青白玉小酒钟七件、青白玉酒膳盘三件、青白玉垂手果钟二件、青白玉看盒钟三件、青白玉小菜碟三件、青白玉宴碗一件、青白玉群膳碗三件、青白玉果钟一件、青白玉群膳碗二件、青白玉果钟一件、青白玉看盒盅三件、青白玉小菜碟一件、青白玉鲍螺碗六件、青白玉宴钟二件。传旨：将兽面花觚一件、荷花鸳鸯一件、素双环瓶一件、洛浦英华一件俱交古董房。荷花瓶一件刻三等交万寿山。其葵花宝月瓶一件刻三等，交永安寺。蕉叶双环宝月瓶一件刻二等，交瀛台。其余盘碗钟碟等俱交茶膳房。钦此。

七月二十四日接得报上寄来信帖一件，内开七月二十日接得行在掌仪司知会文一件，内开奉旨：八月十四十六万树园搭盖大蒙古包。预备烟火筵宴班禅额尔德尼。钦此。钦遵。相应行文各该处，照例预备等因前来，查得相例，筵宴遇有烟火必预备西洋秋千鞑、转云游随将此情节回明公额驸福隆安。奉谕：应当预备，即寄信京内，将应预备此差达他匠役传唤前来，是日伺候。特谕。

九月二十七日副催长保恩来说，军机处传赏达赖喇嘛玉如意、朝珠、袍料、玻璃器皿等配箱盛装，包裹黑毡马皮，棉花塞垫。发报记此。计开赏达赖喇嘛：碧玉如意一柄、云产石朝珠一盘、绣鹅黄缎金龙袍面一件、玗黄玉石鳌鱼花插一件、广珐琅花瓶一对、粉红玻璃炉瓶盒一份、广珐琅五寸盘二件、商金里玳瑁碗一对、套蓝玻璃瓶一对、茶色玻璃盘一对、鹅黄缏珊瑚豆花大荷苞一对小荷苞三对、黄蟒缎二匹、黄粧缎四匹、绣坐褥靠背迎手一份。赏额尔德尼堪布诺门汗阿旺楚尔提穆：永昌玉如意一柄、云产石朝珠一盘、绣鹅黄缎金龙袍料一件、碧玉苓芝盖罐一件、广珐琅盖罐一对、蓝玻璃炉瓶盒一份、广珐琅五寸盘一对、套红玻璃扁瓶一对、红玻璃盘一对、鹅黄缏珊瑚豆花大荷包一对、小荷包三对、黄粧缎一匹、黄蟒缎一匹、黄缎一匹、赏达赖喇嘛过经师傅罗布藏丹巴：茶色玻璃瓶一对、套红玻璃瓶一对、蓝玻璃碗一对、广珐琅五寸盘一对。赏公班第达：金星玻璃盆景一件、套蓝玻璃瓶一对、广珐琅五寸盘一对、赏公扎什那穆扎尔、亮蓝玻璃瓶一对、广珐琅五寸盘一对。赏台吉巴尔桑策凌：粉红玻璃瓶一对。赏达尔汗堪布噶尔藏丹怎：呆黄玻璃瓶一对。赏台吉索诺穆扎什：亮蓝玻璃瓶一对。赏阿齐图诺们汗胡弼尔汗：呆绿玻璃瓶一对。赏公诺尔布彭素克：亮蓝玻璃铙碗一对。赏商卓忒巴扎木扬丹巴：呆蓝玻璃瓶一对。赏达尔汗堪布罗布藏格勒克：茶色玻璃铙碗一对。

乾隆四十六年

随围

六月二十七日太监鄂鲁里交三希堂法帖八套。传旨：着照烟雨楼殿内西案上现设装笔墨紫檀木外套匣一样，成做外套匣四件，每件匣内装法帖二套，安隔断板、糊蓝绫里，其紫檀木材料向芳园居查匣板改做，得时在烟雨楼殿内东案上摆。钦此。

记事录

正月初五日员外郎五德、催长大达色、金江来说，太监鄂鲁里传旨：坐褥套上夔龙边绣窄了，应将坐褥心花纹收小。其夔龙边仍照前一样宽方属为是。着舒文传旨申饰全德，俟过节后将此绣套并从前绣来褥套一并发去，着伊另行赔绣一件送来。钦此。

初五日副催长信顺来说，军机处传赏班禅厄尔德呢、达赖喇嘛、仲巴、厄尔德尼堪布诺门汉阿旺楚尔提穆什物，配箱盛装，用棉花塞垫包裹。发报记此。

计开，赏班禅厄尔德呢：御笔心经塔一轴墨榻、铜胎珐琅五寸盘六件、黄粧缎四匹、四色玻璃瓶一对、青白玉太平有象一对、茶色玻璃杯一对、碧玉如意一柄、呆黄玻璃瓶一对、云产石朝珠一盘、鹅黄办珊瑚豆大荷苞一对、广珐琅大瓶一对、绣坐褥靠背一份、铜胎珐琅卷书格一件。加赏班禅厄尔德呢：金地洋彩宝塔一对、铜胎珐琅碗一对、成窑五彩宝瓶一对、呆黄玻璃套斗一件、鹅黄大缎四匹、呆黄玻璃五寸盘一对、珐琅八宝一份、素玻璃鼻烟壶四个、五色香饼九盒、花小荷苞五对、五色香九匣。赏达赖喇嘛：玳瑁商金里碗一对、黄庄缎四匹、芙蓉石子母花囊一件、广珐琅大碗一对、碧玉如意一柄、广珐琅蕉花叶瓶一件、亮蓝玻璃铙碗一对、套红玻璃瓶一对、套红玻璃花瓶一件、绿玻璃碗一对、素玻璃鼻烟壶四个、呆黄玻璃炉一件、花小荷苞五对、鹅黄办珊瑚豆大荷苞一对、广珐琅大盘一件。赏额德呢堪布诺们汉阿旺楚尔提穆：红白玛瑙扁瓶一件、广珐琅碗一对、铜胎珐琅五寸盘一对、呆蓝玻璃瓶一对、亮蓝玻璃碗一件、鹅黄办珊瑚豆花大荷苞一对、花小荷苞三对、素玻璃鼻烟壶二个。赏仲巴：广珐琅五寸盘一对、广珐琅碗一对、呆黄玻璃瓶一对、呆黄玻璃炉一件、呆绿玻璃套斗一件、黄蟒缎一匹、黄锦二匹、黄粧缎二匹。赏岁本：广珐琅五寸盘一对、广珐琅碗一对、呆黄玻璃瓶一对、呆黄玻璃炉一件、呆绿玻璃套斗一件、黄蟒缎一匹、黄锦二匹、黄粧缎二匹。

二十八日管理造办处事务舒文面奉谕旨：造办处炕老鹳翎活计颜色平常，不能如西洋人所烧活计颜色好，你可问明如何烧法？着造办处跟西洋人学习。钦此。

三十日接得笔帖式和宁持来工部印文一件，内开为奏请金两事，本部具奏；内开乾隆四十六年正月十九日军机处交出尚书公福隆安等具奏；内开册封达赖喇嘛应赏金册文底。臣等业经恭呈览定，所有四项字样均照金册式样书写十三页，恭呈御览。俟皇上阅毕，发出交工部，照例由广储司支领金两打造，十三页用七八色金，每页重十八两，共用金二百三十四两。理合奏明，遵照原奏，由内务府广储司照数请领。在臣部派员打造完竣，仍交造办处镌字等因。乾隆四十六年正月二十五日奏，本日奉旨：知道了，钦此。钦遵。所有办造金册，本部派出之承办员外郎巴尼珊、监造司库百福支领，照例成造，应咨造办处查照可也等因回明。管理造办处事务舒文、公尚书福隆安，准行遵此。中堂英廉、总管佛宁、永德、福克精额，准行记此。

二月初七日副催长鹤龄来说，军机处传赏达赖喇嘛金满达、执壶、茶桶等，配箱盛装，塞垫包裹，发报记此。计开：四成金镀金满达一件、四成金镀金执壶一把、四成金镀金茶桶一件、四成金镀金钟一件以上各重三十两、镀金箍银茶桶一件重五十两、银执壶一件重三十两、银钟一件重三两、珊瑚朝珠一盘、各色缎三十匹、大哈达二十个、小哈达二十个，于二月初八日发报讫。

初八日催长大达色、金江来说，军机处传赏达赖喇嘛银茶桶、执壶、缎匹等项，配箱盛装，塞垫包裹，发报记此。计开：镀金银茶桶一件重五十两、镀金银执壶一件重三十两、镀金银钟一件重三两、银满达一件重五十两、镀金银器三件、银器一件、共重一百三十三两。珊瑚数珠一盘、上用红缎九匹、黄缎九匹、章绒九匹、五色手帕十个、大手帕十个、小手帕四十个、绣蟒袍面子一件、黄粧缎靠背褥子一份、金册一份随匣袱十三页、磁器十件、玻璃器十件、龙旗御仗一份随雨旱套。

三月初五日接得报上寄来旨意帖一件，内开二月二十一日太监常宁传旨：与做钟处首领张启将水法安设西洋盆景滚珠时钟一对，顶上盆景花叶太密，着摘拣。钦此。于本月初十日将摘拣得水法殿时钟一对上花朵画样三张随本报发往。于十四日接得回报寄来信帖一件，内开随于十二日交常宁持进呈览。奉旨：将拆下花朵在现造金释迦佛并宗喀巴佛背光上拟用。钦此。

十五日掌稿笔帖式和宁持来工部印文一件，为请领随炮什物事。虞衡司案呈准密云副都统文开本处委员赴养心殿，领到子母炮二十位、子炮一百位、大档四十根、小档四十根、朝天镫二十个。其应需随炮什物，咨查热河副都统。去后兹据咨付，内开本处于乾隆三年添设驻防时，由工部领到子母炮二十位，随炮一切什物俱系由部官给，并将随炮什物数目开单咨送，相应照依单开数目造册，咨部照例办给。俟制造完竣，本处出具印领，委员赴部请领等因，前来查驻防密云副都统应领子母炮二十位。先经兵部会同本部题准，移咨养心殿造办处，照数拨给在案。今该副都统将随炮什物数目造册，咨部请领，但查前次满洲火器营更换子母炮并随炮什物向由养心殿造办处拨给在案。今密云县副都统请领前项随炮什物相应照册开单，移咨养心殿造办处，将前项随炮什物照数拨给，俟给发之日，知照本部可也等因。前来回明中堂英廉、管理造办处事务大臣舒文、准行遵此。佛宁、总管永德、福克精厄准行记此。计开：螺蛳星斗替木螺蛳四十个、斗二十个、替木二十个、星四十个、炮架二十个、梯子二十个、朱红板凳二十条、连衣二十件、鞍笼二十条、龙油单二十块、龙挖单二十块、皮褡连二十件、车轮套八十个、烘药葫芦二十个、垫板二十块、子匣二十个、铁锨二十把、榆木榔头二十个、刚锉二十把、铁镢二十把、小铁锤二十把、骨锉二十把、拐刀二十把、铜制子二十把、螺蛳掸挠二十个、铁钳子二十把、柳木探炮杆二十根、挂钩二十把、驼鞍二十副、鞦辔鞊带踢胸二十副、皮条四十根。于四月初九日造办处谨奏为奏闻事。据工部来文，内称准密云县副都统文开，前经委员赴造办处领到子母炮二十位、子炮一百位、大档四十根、小档四十根、朝天镫二十个，其余应需随炮什物向系由部发给。今按开单造册咨部，照例办给等因，前来查驻防密云县副都统应领子母炮二十位。先经兵部会同本部题准，移咨造办处，照数拨给在案。兹据该都统将随炮什物数目造册咨部请领。查前次满洲火器营更换子母炮什物，系由造办处拨给在案。今密云县副都统请领前项随炮什物，相应照册开单，移咨造办处，将前项随炮什物照数拨给等因，前来查造办处库存，现有子母炮车四十三辆、黄布炮衣九十三件、榆木榔头垫板二十一件。量加粘补收什各拨给二十件外，应添做。随炮应用药葫芦袱套等项什物计四十六件。奴才等按从前成造发给满洲火器营随炮什物之例，详加核算。除用本处库贮材料并行取各该处毡片，皮张煤铁需用家匠外，每随炮一位什物，约用添补买办物料银六两八钱九分六厘二毫外，雇工三两零三厘，共子母炮二十位，计添做随炮什物二十份，通共买办工料银一百九十七两九钱八分四厘。饬交该作急速办造，俟造成之日，详细查验发给应用。谨将所用买办物料工银并库贮材料各数目谨缮清单，一并恭呈御览。为此谨奏等因，缮摺具奏。奉旨：知道了。钦此。

五月二十九日员外郎五德催长大达色舒兴将苏州送到青玉刻读王应麟困学记闻册页一份计十片，随读王应麟困学记闻手卷一卷、青玉轴头三对、玉别锦袱二份、红雕漆碗四件、大号澄泥玉兔朝元砚二份各随嵌玉砚盒、紫檀木砚盒一件配得澄泥砚一方，持进交太监鄂鲁里呈览。奉旨：玉册页一份并手卷一卷俱交懋勤殿，将册页上填金，得时着造办处配匣盛装。澄泥玉兔朝元砚交懋勤殿刻砚铭，将紫檀木盒内澄泥砚一方交懋勤殿试研盒，上挑玉厢嵌安，玉轴头并玉别锦袱，俱交如意馆。红雕漆砚四件配金里金底足，厢时底足要露款。钦此。于闰五月初一日员外郎五德、催长大达色、舒兴来说，太监鄂鲁里交汉玉莲鹅腰圆厢嵌一块，传旨：着在苏州新送到澄泥砚盒盖上嵌安。钦此。于本日员外郎五德等将玉厢嵌一块在砚盒盖上嵌安，持进交太监鄂鲁里呈进交懋勤殿讫。六月二十一日接得热河信帖，内开传要现配金里红漆碗一件，于六月二十七日将配得金里红漆碗一件由果报发往热河讫。于七月初三日接得热河信帖，内开再向京内查雕漆碗一件亦厢金里底足，于七月初七日将厢金里雕漆碗一件由果报发往热河讫。于九月十八日催长舒兴将红雕漆碗二件厢得金里底足，持赴两间房接驾呈进，交茶房讫。于九月二十三日员外郎五德、催长大达色、舒兴将苏州送到青玉刻字读王应麟困学记闻册页一份配得紫檀木拉道填金罩盖匣一件呈览。奉旨：交懋勤殿刻签子。钦此。于九月二十八日将青玉册页一份随匣懋勤殿刻得签子，持进交太监鄂鲁里呈进交宁寿宫讫。

十月二十一日员外郎五德、催长大达色、金江、舒兴将苏州送到缂丝上乐王佛秘蜜佛呀吗达嘎佛三轴、绣上乐王佛秘蜜佛呀吗达嘎佛三轴、做样佛像三轴吉云楼佛箱内传呈览。奉旨：将送到佛像六轴照做样佛像一样厢边、配银轴头、花绦子、赶珠圈、写四样字白绫签。钦此。于二十二日员外郎五德、催长大达色、金江、舒兴为厢做缂丝上乐王佛秘蜜佛呀吗达嘎佛三轴、绣上乐王佛秘蜜佛呀吗达嘎佛三轴，挑得内库石青洋锦一匹厢边做包首用，并做牙子。挑得内库红元金片金一块，黄片金因库内无存，随挑得本库黄扁金片金一块呈览。奉旨：俱准用。先将缂丝佛像三轴厢边成做，其绣佛像三轴仍交全德带去，照样再绣做六轴，送到时一同厢边成做。钦此。于二十五日员外郎五德、催长大达色、金江、舒兴来说，太监鄂鲁里传旨：现交全德绣做呀吗达嘎佛秘蜜佛上乐王六轴不必绣做，六轴照新送到佛像一样，绣做三轴，缂做三轴，得时送来。钦此。于四十八年七月初四日将苏州送到缂丝上乐王佛等三尊呈进，厢边成做讫。于二十六日将缂丝佛像三轴厢得边，配得银轴头呈览。奉旨：俱交里边打结子。钦此。于四十八年十月二十七日将苏州送到绣佛像三轴做样佛像三轴呈进，厢边成做讫。

二十五日员外郎五德催长大达色、金江、舒兴来说，太监鄂鲁里传旨：查广储司库内收贮犀角共有几件，送进呈览。再传与英廉，明年暹罗国人来，如有呈进犀角，题奏伺候呈览。钦此。本日随查得皮库有收贮犀角六件，俱持进交太监鄂鲁里呈览。奉旨：留一件交启祥宫，其余犀角五件仍收贮。钦此。

十二月初九日员外郎五德、催长大达色、金江、舒兴来说，太监鄂勒里交葫芦器六十三件内康熙款四十件，乾隆款二十三件，系乾清宫，传旨：着归入带往盛京陈设，一事带往。钦此。计开：康熙款四十件内，寿字磬口碗八件、西番莲撇口碗四件、西番莲磬口钟二件、寿字撇口碗六件、素盘大小八件、寿字盘四件、八不正罐一件、寿字圆盒一件、寿字茶铫一件、花瓶一件、匀香炉一件、匙箸瓶二件、香罐一件。乾隆款二十三件内，商银里夔龙撇口钟二件、博古撇口碗二件、诗意碗一件、寿字撇口碗二件、番花磬口钟二件、流云撇口钟二件、流鱼磬口钟一件、夔龙撇口碗一件、福字钟一件、如意云挠碗一件、靶碗二件、寿字盘大小二件、四季花香罐一件、桃式盒一件、扁瓶一件、鼻烟壶一件。此项葫芦器归入四十六年十二月二十日交发盛京什物，一事交将军索诺穆策凌领去讫。

二十日员外郎五德、催长大达色、金江、舒兴来说，太监鄂鲁里传旨：将应发往盛京什物配箱盛装，交盛京将军索诺穆策凌亲身带往。钦此。计开：陵图三卷随楠木匣三件、皇舆全图四套、玉器玛瑙器一百匣、洋哥窑钟碟银摄丝盘碗钟碟等九匣、葫芦器六十三件、瓦砚一方随紫檀盒一件、职贡图四卷随楠木匣一件、诗经图六套计三十册、正珠朝珠一盘计珠一百八颗，青金佛头塔、金厢珠石背云、嵌红宝石一块、五等正珠三颗，小正珠五颗，通眼大正珠、大坠角、珊瑚记念蓝宝石小坠角加间松石珠八个，珊瑚蝠二个，共重十一两四钱。金菱花大盘一件系九成金、重五百四两，紫檀座。金菊花寿字盒一件系九成金，重二百四十两。金花觚一对系九成金，一件重九十两五钱，一件重八十九两，共重一百七十九两五钱，紫檀座。金鼎炉一对系九成金，一件重一百十九两，一件重一百十七两，共重二百三十六两，紫檀座。金满尺盘一件系九成金，重六十四两，紫檀座。金如意五柄俱系九成金、重一百两三柄，重九十九两一柄，重九十八两五钱一柄，共重四百九十七两五钱。青绿器八百件、圣容八轴。

匣裱作

正月初五日员外郎五德催长大达色、金江来说，太监鄂鲁里交：铜厢玛瑙长方鼻烟盒一对、铜厢玛瑙带定南针千里眼一对、铜筒铅笔六枝、西洋珐琅鼻烟壶一对各随绿子儿皮套、西洋珐琅银鞘小刀二把各随绿子儿皮套、西洋珐琅银规矩套二件各随黑皮套俱图明阿进。传旨：收贮入百什件。钦此。

五月二十八日员外郎五德催长大达色、舒兴来说，太监鄂鲁里交御制金川平定告成太学碑文玉册页一份计六片，随紫檀木拉道填金罩盖匣一件、御制用白居易新乐府成五十章玉册页一份计十片，随紫檀木拉道填金罩盖匣一件，俱清玩格。传旨：将新乐府玉册页罩盖匣照金川平定告成太学碑文玉册页罩盖匣高矮大小一样改做。钦此。

广木作

九月三十日员外郎五德、催长大达色、舒兴来说，太监鄂鲁里交御制七十二候诗册页六册、御制生春生夏生秋生冬诗册页四册。传旨：将册页六册配插套一件，册页四册亦配插套一件。钦此。于十一月二十五日员外郎五德、催长大达色将御制十二候诗册页六册、御制生春生夏生秋生冬诗册页四册配得紫檀木插套二件，交太监鄂鲁里呈进。奉旨：交懋勤殿刻签子。钦此。于本日交讫。于十一月二十九日将十二候册页六册生春生夏生秋生冬册页四册配得插套，持进交太监鄂鲁里呈进，交圆明园讫。

十月十一日员外郎五德、催长大达色、舒兴来说，太监鄂鲁里传旨：宁寿宫东暖阁现设刻宁寿宫铭玉册页紫檀木拉道填金罩盖匣一件，着照样成做一件。钦此。于四十七年正月十一日将御笔古稀说青玉册页一份计六片用做得紫檀木拉道填金罩盖匣一件盛装，持进交太监鄂鲁里呈览。奉旨：交懋勤殿刻签子。钦此。

十一月二十八日员外郎五德、催长大达色、金江、舒兴来说，太监鄂鲁里交职贡图手卷四卷随玉别锦袱缂丝包首。传旨：着配楠木匣一件盛装。钦此。于十二月初九日将职贡图手卷四卷配得合牌罩盖匣样一件，交太监鄂鲁里呈览。奉旨：照样准做。素楠木匣一件盛装，得时交盛京。钦此。于十二月十八日将职贡图手卷四卷配得素楠木罩盖匣一件，交太监鄂鲁里呈览。奉旨：交懋勤殿，在匣盖上刻签子。钦此。此项手卷归入十二月二十日交发盛京什物一事，交将军索诺穆策凌领去讫。

金玉作

二月十六日员外郎五德、催长大达色、金江来说，太监鄂鲁里交：绣弥勒佛一轴绿洋锦大边，红缎金寿字小边，黄洋锦包首，花绦子赶珠圈，三色垫子，银轴头、绣吉祥天母一轴红缎金寿字边，俱蕴真斋佛箱内收供。传旨：将弥勒佛另换四样字白绫签，吉祥天母添配银轴头赶珠圈花绦子，得时写四样字白绫签。钦此。于四十七年二月十四日将挂像二轴配得包首，写得四样字白绫签，呈进交蕴真斋讫。

九月三十日员外郎五德、催长大达色、舒兴来说，太监鄂鲁里交金镯一支重一两、金簪四支重三两九钱、金戒指九个重一两九钱、金带头二块重二两、金如意簪三支重二两七钱、金耳圈十个重九钱五分、金簪五支重一两三钱、金环三对重五钱五分、金什五副计十件，重六钱二分七厘、金什一包计九件，重九两五钱、金首饰带头共二十六件连厢嵌重九两四钱，内有银环子二件，挺子九件，重一两六钱，假石二钱、银小簪四支内嵌药珠十五粒。传旨：着熔化。钦此。于十月二十四日将汇总熔化得九成金十一两五钱、八成金十四两五钱、七成金四两八钱五分、六成金五钱五分、五成金六钱二分七厘、银一两九钱、小珠十五颗、假石二钱呈进，金银俱交王成讫。

灯裁作

正月二十二日催长大达色来说，太监总管王忠等传做，大份锭子扇器三匣、紫金锭二百五十包、蟾酥锭二百五十包、离宫锭二百五十包、盐水锭六百包，以备端阳节应用。记此。于二月初二日造办处谨奏为请旨事。正月二十二日据敬事房传单，内开传做大份锭子扇器三匣，紫金锭二百五十包，蟾酥锭二百五十包、离宫锭二百五十包、盐水锭六百包，以备端阳节应用。除照敬事房传单备办外，再有每年向例备赏西北两路军营等处锭子药。今查得造办处现贮上年赏用余剩中匣锭子药十九匣，核计不敷应用，请添造锭子药半份，计得在匣二十匣、中匣三十匣，连旧存十九匣，一并备赏应用倘有存剩，仍收贮以备下年赏用。为此谨奏等回，缮摺于二月初二日具奏。奉旨：准造。钦此。于二月十六日造办处谨奏，据敬事房传单，内开传做大匣锭子药三匣、紫金锭二百五十包、蟾酥锭二百五十包、离宫锭二百五十包、盐水锭六百包，以备端阳节应用。再为添造备赏西北两路军营等处锭子药半分，计大匣二十匣、中匣三十五等回，奏准在案。今为配造二项锭子药所需药料照例买办外，约用朱砂三十八斤十五两七钱五分、雄黄三十六斤一两七钱五分、墨十二斤九两五钱、麝香七斤五两七钱五分。查库内麝香墨俱各用完，仅存朱砂四斤十一两六钱二分、雄黄八斤四两一钱四分四厘，不敷配造，理合奏明。由内庭请领朱砂三十八斤十五两七钱五分、雄黄三十六斤一两七钱五分、墨十二斤九两五钱、麝香七斤五两七钱五分，以便配造应用。其库内现存朱砂四斤十一两六钱二分、雄黄八斤四两一钱四分四厘仍贮库，以备别项活计应用。谨此奏闻等回，缮折具奏。奉旨：知道了。钦此。于本日交朱砂三十六斤六两三钱四分少领二斤九两四钱一分、雄黄三十六斤一两五钱少领二钱五分、墨十二斤九两五钱、麝香四斤十五两二钱五分。传旨：成造锭子药，用其不足者添买。钦此。

二月初九日员外郎五德、催长大达色、金江来说，太监鄂鲁里传旨：养性殿、乐寿堂等处宝座上俱铺猩猩毡，沿厢石青缎边。钦此。计开：养性殿东暖阁面西宝座、面南正宝座、明窗宝座、西暖阁面南宝座。三希堂宝座。乐寿堂明殿面北宝座、东暖阁面西宝座、西次间玻璃窗宝座。三友轩宝座。颐和轩东西暖阁宝座。景祺阁面西宝座。景福宫东南间宝座、面西玻璃窗宝座、方胜床宝座。倦勤斋明殿宝座、东稍间宝座、得闲室。遂初堂明殿宝座、东次间宝座。抑斋宝座。阅是楼东暖阁宝座。

十一日催长大达色来说，太监鄂鲁里交画像班禅厄尔德尼源流十三轴紫檀木画金轴头，素黄片金大边，石青红片金牙子，红绿绸佛帘，仲巴胡土克图岁本亢布呈进。传旨：将佛帘拆下，另换配洋锦包首，配赶珠圈绦子，黄纺丝里，先挑材料呈览，准时写四样字白绫签。钦此。于二月十七日将画像班禅厄尔德尼源流十三轴添做包首，挑得内库石青蓝洋锦各一匹，并董诰拟写得汉字说语样，交太监鄂鲁里呈览。奉旨：准用石青洋锦成做包首，照汉字说语写四样字白绫签。钦此。催长霍伦持来说报单一件，内开中正殿认看得：中一车必蜜、左一上乐王、左二玉帝主、左三四臂勇保护法、左四红吗哈嘎拉、左五财保天王、左六拉木吹中、右一呀吗达嘎、右二六臂勇保护法、右三白吗哈嘎拉、右四吉祥天母、右五赞国、右六庆嘎拉。于九月二十六日将配得包首写得四样字说语白绫签持像佛十三轴安在养心殿呈览。奉旨：交内庭打结子。钦此。

十一月二十九日员外郎五德、催长大达色、金江、舒兴来说，太监鄂鲁里传旨：宁寿宫乐寿堂东暖阁三友轩等处俱料估铺设花毡沿石青缎边。钦此。计开：宁寿宫乐寿堂东暖阁地毡一块用毡十丈七尺、东暖阁北间地毡一块用毡六丈五尺、东暖阁寝宫地毡一块用毡二丈八尺、东暖阁中间地毡一块用毡六丈八尺、西暖阁北间地毡一块用毡一丈二尺、西暖阁高矮床地毡一块用毡二丈七尺、东西夹道地毡一块用毡一丈四尺三寸、西暖阁寝宫地毡一块用毡二丈五尺、扶尔吉床下地毡一块用毡一尺八寸、三友轩罩里罩外地毡二块用毡一丈八尺。于正月初六日员外郎五德、催长大达色等来说，太监鄂鲁里传旨：将成做宁寿宫乐寿堂东西暖阁地毡，除用下剩零星白地红花毡，着交太监总管郭永清。钦此。

油木作

十月二十七日员外郎五德、催长大达色、舒兴来说，太监鄂鲁里传旨：启祥宫现裱陵图内将送往盛京陵图着造办处每轴各配楠木插盖匣一件盛装，其余图配楠木箱一件盛装，随铜镀金什件。钦此。于十一月二十五日接得郎中保成等押帖，内开十月二十六日鄂鲁里传旨：送往盛京收藏：永陵、福陵、昭陵、孝陵、景陵、泰陵、圣水峪陵图七轴各配楠木罩盖匣一件，留京内收藏：永陵、福陵、昭陵陵图三轴配装一匣，孝陵、景陵、泰陵、圣水峪陵图四轴配装一匣，其匣交造办处做。钦此。于四十七年正月二十二日太监鄂鲁里传旨：将配得红木匣陵图七轴内，永陵、福陵、昭陵陵图三轴交盛京将军索诺穆策凌请往盛京供奉。孝陵、景陵、圣水峪陵图三轴交东陵总管大臣派员请往供奉。泰陵图一轴交西陵总管大臣派员请往供奉。钦此。于三月初九日将陵图交陵上内副管领双保领去讫。

信帖

六月初五日接得报上寄来信帖一件，内开闰五月二十九日首领董五经交御笔宣纸双钩狮子园匾文一张狮子园东宫门上挂。传旨：着随报发往京内，照本文做铜镀金字骚青地杖，四寸宽雕龙边匾一面，随托钉挺钩，赶万寿以前送来安挂。钦此。于七月二十二日将做得铜镀金字雕龙边匾一面交付催长保恩送往热河讫。

初十日苏州坐京家人苏赫持来热河信帖一件，内开六月初二日将苏州织造全德送到大红片金二匹随做样片金一匹、澄泥玉兔朝元砚二份、紫檀木砚盒一件配得澄泥砚一方、青白玉鹿耳群仙大杯一件、戒得堂青白玉宝一方册页一份计十片俱交太监鄂勒里呈览。奉旨：大红片金二匹收热河烟波致爽大柜内。做样片金仍交宁寿宫。玉兔朝元砚二份交懋勤殿刻诗。紫檀砚盒澄泥砚一方向芳园居查玉厢嵌一块，在盒盖上嵌安。其青白玉鹿耳杯一件、青白玉册宝一份交伊家人送往京内，将玉鹿耳杯交如意馆刻款，玉册页宝交造办处照先做过紫檀木拉道填金匣一样配匣盛装，其玉册页上字交懋勤殿填金。得时发来，在新建戒得堂安设。钦此。随将做样片金一匹交宁寿宫讫。于七月十六日将做得紫檀木拉道填金宝匣一件、册页匣一件内盛玉宝玉册，交副库掌景文带往热河讫。

铸炉处

十月二十二日库掌同德持来旨意帖一件，内开十月初四日太监鄂鲁里传旨：宁寿宫符望阁后檐照倦勤斋前檐现设铜缸一样铸造一对安设。钦此。于十九日奴才舒文谨奏，奉旨：宁寿宫符望阁后檐照倦勤斋前檐现设铜缸一样铸造一对安设。钦此。钦遵。奴才随交铸炉处官员，照依该处现安之铜缸尺寸，按原办过之例估计连折耗共约用黄铜八千二百八十五斤十一两外，雇铸凿、锉刮、水磨、烧古等匠三千八百九十七工，每工银一钱五分四厘，计工银六百两一钱三分八厘。壮夫四百八十三名，每名银八分，计银三十八两六钱四分。买办杂项物料等约用银八十一两九钱九分四厘。通共约用工料银七百二十两七钱七分二厘。等因呈报前来。奴才复交查核房，按册照例详细斟算，与从前办过铜缸之例为属相符。奴才覆核无异，理合奏闻。其工料银两请在造办处库交领，至所需煤炭等项行文各该处领用。其铜斤即在铸炉处存贮铜斤内应用。统俟完竣之日，另行派员详秤查，据实核销。

谨将应用工料银两分晰细数敬缮清单，一并恭呈御览等因缮折具奏。奉旨：知道了。钦此。清单计开：成造口径四尺铜缸二口，共约用黄铜八千二百八十五斤十一两，每铜净重一百斤，用铸匠十三工三分，计七百七十一工五分按例节省二成，计节省一百五十四工五分。净用铸匠六百十七工、凿匠二十六工六分，计一千五百四十三工按例节省二成，计节省三百八工五分。净用凿匠一千二百三十四工五分，锉匠二十六工六分，计一千五百四十三工按例节省二成半，计节省三百八十六工。净用锉匠一千一百五十七工。化铜罐五个，计二百九十个。立黄土三筐，计一百七十四筐。粪土一筐，计五十八筐。土坯一百六十三块，计九千四百五十四块。苈麻二斤七两，计一百四十一斤六两。秫秸六个，计三百四十八个。铁丝一斤三两三钱，计六十九斤十五两。黑炭三十七斤八两，计二千一百七十五斤。渣煤二百七十五斤，计一万五千九百五十斤。每铜净重十二斤，用壮夫一名，计壮夫四百八十三名。共约嵌补钉三千四百七十二块，每四块用嵌补匠一工，计八百六十八工按例节省二成，计节省一百七十三工五分。净用嵌补匠六百九十四工五分。磨光出亮共折见方尺一百十一尺二寸，每尺用磨石二两，计十三斤十四两。磨炭五钱，计三斤七两。磨匠一工，计一百十一工按例节省二成半，计节省二十八工。净用磨匠八十三工。烧古共折见方尺一百十一尺二寸，每尺用西绿一两二钱，计八斤五两。胆矾一两二钱，计八斤五两。卤砂一两二钱，计八斤五两。烧古匠一工，计一百十一工。买办化铜罐二百九十个，每个银一钱，计银二十九两。立黄土一百七十筐，每筐银一分，计银一两七钱四分。粪土五十八筐，每筐银三分，计银一两七钱四分。土坯九千四百五十四块，每千块银七钱，计银六两六钱一分七厘。苈麻一百四十一斤六两，每斤银二分二厘，计银三两一钱一分。秫秸三百八十四个，每个银三分，计银十两四钱四分。磨石十三斤十四两，每斤银六厘，计银八分三厘。磨炭三斤七两，每斤银五分，计银一钱七分一厘。西绿八斤五两，每斤银五钱，计银四两一钱五分六厘。胆矾八斤五两，每斤银六钱，计银四两九钱八分七厘。卤砂八斤五两，每斤银二两四钱，计银十九两九钱五分。共用买办银八十一两九钱九分四厘。外雇铸匠六百十七工、凿匠一千二百三十四工五分、锉匠一千一百五十七工、嵌补匠六百九十四工五分、磨匠八十三工、烧古匠一百十一工、共用外雇匠三千八百九十七工每工银一钱五分四厘，计工银六百两一钱三分八厘。壮夫四百八十三名每名银八分、计银三十八两六钱四分。以上除节省工外，通共约用物料工价银七百二十两七钱七分二厘。行取营造司铁丝六十九斤十五两、黑炭二千一百七十五斤、渣煤一万五千九百五十斤、铸炉处黄铜八千二百八十五斤十一两。

鞍甲作

闰五月初三日员外郎五德、催长大达色、舒兴来说，太监鄂鲁里交青白玉回子刀靶三件勒尔谨名下。传旨：着配腰刀二把、回子刀一把，其腰刀上什件交武备院凿做。钦此。于十二月初四日将玉靶二件打得腰刀头二把，内一把拟得天字二十四号转电刀名，一把拟得地字二十四号秋霜刀名，各贴得乾隆年制款样，持进交太监鄂鲁里呈览。奉旨：俱准照样商做。钦此。于四十七年二月初十日催长金江、舒兴将玉靶配做得鞔红皮铜什件回子刀一把，持进交太监鄂鲁里，呈进交圆明园讫。于五十年十月三十日将造得厢嵌白玉靶鞔金桃皮鞘腰刀一把系天字二十四号转电刀名呈览，随交出珊瑚结子一个内库。奉旨：将珊瑚结子配厢嵌铜镀金掐子在腰刀上做结子用。钦此。于五十年十一月二十一日将玉靶鞔金桃皮腰刀一把拴得珊瑚结子呈进交四执事讫。

盔头作

正月二十八日员外郎五德来说，南府总管祥玉传旨：同乐园大戏台上应用升仙云水兜、鸾凤、鹤鱼等，俱属黪旧，着交造办处照样换做新的。钦此。计开：地井内升仙云一块、丝绳四根、水一块、鱼十二个不必做、水兜四块、云兜七个、鸾凤三个不必做、鹤四个不必做、八仙云□一个、天花一个。于二月十八日奉公尚书福谕，升仙云水兜等项活计着盔头作成做。特谕。

乾隆四十七年

行文

正月二十日员外郎五德、催长大达色、金江、舒兴来说，总管王成传旨：每年年贡内全德呈进黄粧缎二十匹、黄蟒缎二十匹，徵瑞呈进黄粧缎十匹、黄蟒缎十匹，传与伊等，年贡内不必进黄色粧缎蟒缎，仍照数改进各色粧缎蟒缎。钦此。

二十三日员外郎五德、催长大达色、金江、舒兴来说，总管王成传旨：乾清宫、昭仁殿、同乐园等处各式灯八十四对，分交两淮、长芦、淮关、九江关、凤阳关收拾见新。钦此。

计开交两淮见新灯二十对内，金漆仙鹤戳灯五对乾清宫、金漆海宴河清戳灯二对德日新、金漆六合同春挂灯三对昭仁殿二对、保合太和一对、紫檀绢缀木花挂灯四对同乐园二对，紫碧山房二对、紫檀杆座玻璃连二挑杆灯二对如园、紫檀玻璃四方挂灯四对韶景轩。交淮关见新灯二十五对内，紫檀玻璃连二挂灯一对敬胜斋、彩漆明角连二挑杆灯二对浴德殿一对，坦坦荡荡一对、彩漆结线葫芦挂灯十二对安澜园十对，慎修思永二对、彩漆绣纱四方挂灯四对清净地、紫檀杆座绣纱戳灯六对含经堂二对，山高水长二对，紫碧山房二对。交凤阳关见新灯十五对内，彩漆明角连二挂灯五对佛楼四对，舍卫城一对、紫檀五福骈臻挂灯二对同乐园一对，长春仙馆一对、南漆绣纱四方挂灯二对湛然堂、紫檀玻璃连二花篮挂灯四对方壶胜境三对，玉玲珑馆一对、紫檀杆座玻璃戳灯二对紫碧山房。交长芦见新灯十二对内，紫檀玻璃六方挂灯十二对换绿穗，养心殿西暖阁。交九江关见新灯十二对，内紫檀杆座玻璃连三挑杆灯四对暎清斋一对，慎修思永二对，方壶胜境一对、红雕漆太平有象桌灯二对双鹤斋一对，含经堂一对、彩漆画纱四方挂灯六对长春仙馆四对，清净地二对。共灯八十四对。

二月二十五日员外郎五德、催长大达色、金江、舒兴来说，总管王成交各色缂丝架裟十二件黄色四，蓝色八、藕色缎绣大宫衣十六份、各色绣男女花神衣十三对内正月绿色长春花、二月绿色杏花、三月频绿桃花、四月桃红牡丹花、五月大红石榴花、六月水红色荷花、七月藕色海棠花、八月白色桂花、九月月白菊花、十月黑色叠雪花、十一月青色梅花、十二月石青山茶花、闰月黄地棠花、各花靠七十九身金线七十三，白线六。传旨：着舒文传与两淮盐政伊龄阿，照发出各色袈裟、宫衣、花神衣靠等项样式件数色目，照式妥协成做送来。钦此。

现发出做样都花神男衣一件、都花神女衣一件随裙一条、寻常男花神衣一件、寻常女花神衣一件随裙一条、大宫衣一件随裙一条、黄色缂丝袈裟一件、蓝缂丝袈裟一件、金线靠一身、线靠一身。于本年十月初二日将两淮送到袈裟十二件、宫衣十六份、花神衣十三对、各色靠七十九身、原样九件呈进，俱交南府讫。

二十五日员外郎五德、催长大达色、金江、舒兴来说，总管王成交衣箱：大红缎织金女蟒二十四件、大红缎男员领二十八件、各色缎男员领二十件内银红一、月白三、香色二、紫色二、灰色一、石青一、绿色二、青色一、茶色一、古铜三、未色一、红色一、酱色一。自在观音衣一份、宫装三十二个、藕色缎仙人衣二件。靠箱：各色蟒箭袖一百十四件石青十六、蓝色十六、紫色十六、白色十六、绿色五十、门神铠九十九件内金线五十五、紫倭缎四、五色缎四十、各色排穗褂四十八件红蟒十六、黄蟒八、白蟒八、绿蟒十六、各色卒褂一百十八件内黄蟒十八、白蟒十六、青蟒十六、花倭缎八、绿蟒十六、红团龙四、红蟒十六、剪绒十六、石青夔龙八、树叶衣八份、阎王衣十份、各色鬼衣九十份内十殿八十、九鬼九、水鬼一、花銮带一百条。盔箱：各样仙巾一百二十顶内玉蟾巾五十、仙巾四十、条样巾三十、各色大页巾八十八顶内红色三十二、白色八、黄色八、绿色十六、月白八、石青十六、各色马夫巾二百二十四顶内黄色四十、红色四十、各色六十四、锦八十、白色软打仗盔十六顶、菩萨磕脑二顶红色一、黑色一、发网五顶、五佛冠四十八顶大的二、宫花二十枝、银额子六个、白观音兜一顶、千手一份、狱主套头三个变别脸像颜色、鬼套头二十四个头殿八、六殿八、九殿八、门神带四条软二、硬二。杂箱：各色纛二十六面内黄色二、白色二、黑色二、红色二、绿色二、灰色二、杏黄一、月白一、酱色一、香色一、紫色一、银红一、大红一、绿色一、石青一、白色一、黄色一、牙色一、黑色一、油绿一、藕色一、五色飞虎旗八十面内黄色十六、红色十六、黑色十六、绿色十六、白色十六、各色标枪旗一百二十四面内黄色十六、红色十六、绿色十六、白色十六、黑色十六、灰色十六、银红四、月白四、油绿四、藕色四、杏黄四、酱色四、紫色四、石青四、香色四、牙色四、五色背壶旗十份内黄色十、红色十、绿色十、白色十、黑色十、随兽面十。传旨：着舒文传与苏州织造四德，照发出衣靠、盔杂、女蟒、箭袖、仙巾、套头、旗纛等项样式件数按单开色目，照式妥协成做送来。钦此。于本年十一月二十八日苏州送到行头戏衣执事等件呈进，俱交南府讫。

二十九日员外郎五德、催长大达色来说，太监鄂鲁里交丁观鹏画极乐图挂轴一轴极乐世界、白纸四样字极乐图赞本文一张。传旨：着交苏州织造四德，照发出极乐图挂轴样式，按先绣做过极乐图做法花样一样绣做二轴，上面诗膛照极乐图赞本文绣做黄地章蓝字红宝。钦此。于四十八年正月二十七日员外郎五德、催长大达色、舒兴为苏州织造来文内开，前经奉旨，由内庭交出丁观鹏画极乐图一轴，随白纸样字图赞文一张，照样绣做二轴。现在饬匠敬谨绣做外，惟丁观鹏绘画极乐图精妙绝伦，御制四体字题赞应传万祀，若以缂丝织成，尤为明丽。现在本织造谨拟捐廉缂做二轴呈进，但读图赞本文绣线字样似专指针工，与缂丝有别，恳请酌换数字，发交缂做，以符体制。谨将原发图赞本文一张咨送贵处，转呈御览等情，声明前来，相应将图赞本文持进，交太监鄂鲁里呈览具奏。奉旨：图赞本文准交懋勤殿，将汉字内绣线二字改写缂工，其余三样字俱不必改写，发交四德缂做二轴送来。钦此。于四十九年十二月二十六日苏州送到绣极乐图佛像二轴、做样画极乐图佛像一轴呈进，交启祥宫做样，佛像交玉壶冰讫。

三月二十二日接得郎中保成押帖一件，内开三月二十一日太监鄂鲁里传旨：文溯阁记青白玉册页一份、文溯阁青白玉宝一方、知过论青白玉册页一份、知过堂青白玉宝一方，交两淮盐政伊龄阿刻做。戒得堂记青白玉册页一份、知过论青白玉册页一份、命馆臣录存，杨维祯正统辨谕青白玉册页一份交苏州织造四德刻做。钦此。于三月二十八日管理养心殿造办处事舒文面奉谕旨：现交两淮刻做玉宝二方、册页二份，着传与伊龄阿，接到时先将文溯阁玉宝一方、册页一份派妥人速行刻做送来。钦此。于本年七月十一日将两淮送到刻文溯阁玉宝一方、册页一份呈进交八哥金简讫。于本年八月初四日将两淮送刻字知过堂玉宝一方、知过论玉册页一份在热河呈进，交圆明园知过堂讫。于本年十月二十六日将苏州送到命馆臣录存杨维祯正统辨谕青白玉册页一份呈进，填金配匣讫。于本年十一月二十八日将苏州送到戒得堂玉册页一份呈进，填金配匣讫。于本年十二月二十五日苏州送到知过论玉册页一份呈进，填金配匣讫。

四月初九日接得郎中保成、库掌福庆押帖内开，初七日董五经交手卷七卷内，文伯仁平桥远水一卷、萧云从山水一卷、御制御门日作诗一卷、钱舜举郊园春意一卷、顾正谊仿黄公望天池石壁一卷、孙过庭书千字文一卷、王绂江山胜览一卷。传旨：交如意馆配袱别匣，做袱别样发往南边，依前做法照样做来。钦此。

九月二十九日员外郎五德、催长大达色等来说，太监鄂鲁里交红雕漆人物长方盒一件，内盛御笔临褚遂良枯树赋一轴玉轴头、御笔临黄庭坚书跋一轴玉轴头。红雕漆云龙长方盒一件，内盛御笔临索靖月仪帖一轴玉轴头、御笔临孙过庭颜真卿书一轴玉轴头、御笔唐文皇枇杷帖苏轼维摩赞一轴玉轴头、御临苏轼醉翁操一轴玉轴头、御临温兰一轴紫檀木轴头、御笔阜平道中云景一轴紫檀木轴头、御笔盆梅并书歌诗一轴紫檀木轴头、御笔新春写生一轴紫檀木轴头。传旨：挂轴交如意馆配锦囊，内有紫檀木轴头挂轴四轴亦着如意馆另配玉轴头。其雕漆盒二件俱发往苏州，将盒上有磕缺处俱收什好。其雕漆人物盒内漆里另漆素黑漆里，得时送来。钦此。于十月初六日接得郎中保成等押帖，内开十月初四日为做挂轴十轴内换玉轴头四对，挑得启字四千六百六十三号青玉子一块重二十斤，画得轴头四对，交鄂鲁里呈览。奉旨：交两淮盐政伊龄阿成做。钦此。于四十八年三月初七日将两淮送到玉轴头四对呈进交如意馆讫。于四十八年二月二十七日将苏州送到收什漆里红雕漆人物长方盒一件呈进安设呈览，交如意馆讫。

于四十八年三月二十五日员外郎五德等将苏州送到红雕漆云龙长方盒一件并如意馆配得锦囊换安玉轴头挂轴八轴交太监鄂鲁里呈览。

奉旨：交内务府大臣代往盛京安设。钦此。

十一月初七日接得郎中保成等押帖，内开十月十九日首领董五经交：金廷标画耳听好消息挂轴一轴、胡桂画夜山图手卷一卷、宋人合璧画一册。传旨：交启祥宫挂轴配囊，册页配套，手卷配袱别，做袱别样发往南边，依前做法照样做来。钦此。

二十日员外郎五德、催长大达色等来说，太监常宁传旨：养性殿东暖阁正宝座东边夹道内照养心殿年例安挂锦边璧子九九图挂屏一样，交苏州成做一件安挂。钦此。于四十八年十一月二十一日将苏州送到九九图挂屏一件呈进交原处讫。

记事录

正月初二日副催长信顺来说，军机处传赏达赖喇嘛等玉佛、如意、朝珠、瓶罐、缎匹等，配杉木箱盛装，包裹黑毡马皮，棉花塞垫，发报记此。计开赏达赖喇嘛：玉佛一尊漆龛、绣鹅黄缎龙袍面一件、碧玉如意一柄、云产石朝珠一盘、青玉龙凤花插一件、广法琅盆一件、铜掐丝法琅碗一对、广法琅盖罐一对、套红玻璃五供一份、白磁红花一件、套蓝玻璃瓶一对、红玻璃大吉瓶一对、鹅黄办珊瑚豆大荷包一对、花小荷包五对、黄粧缎二尺、黄蟒缎二尺、玻璃桌灯一对、绣座褥迎手一份。赏堪布额尔德尼诺们汉阿旺楚尔□穆：玉佛一尊紫檀木龛、碧玉如意一柄、翡翠玻璃瓶一件、广法琅大瓶一对、广法琅盘一对、红白玛瑙梅瓶花插一件、翡翠玻璃炉瓶盒一份、呆黄玻璃瓶一对、鹅黄办珊瑚豆大荷包一对、花小荷包三对、绣座褥迎手一份、黄蟒缎粧缎各一匹。赏拉穆吹忠：广法琅盘一对、翡翠玻璃瓶一件、红玻璃瓶一对、套蓝玻璃瓶一件、黄蟒缎一匹、黄粧缎一匹、鹅黄瓣珊瑚豆大荷包一对、花小荷包二对。赏达赖喇嘛过经师傅噶尔丹锡勒图阿旺吹扎：广法琅盘一对、套红玻璃瓶一对、茶色玻璃铙碗一对、翡翠玻璃瓶一对、黄粧缎二匹。赏公班第达：紫晶玉兰花插一件、广法琅盘一对、呆黄玻璃瓶一对、黄粧缎一匹。赏公珠尔玛特旺扎尔：广法琅盘一对、套红玻璃瓶一对、黄粧缎一尺。赏公扎什那木扎尔：广法琅盘一对、亮蓝玻璃瓶一对、黄粧缎一匹。赏台吉巴尔桑：亮蓝玻璃铙碗一对、黄粧缎一匹。赏达尔汗堪布噶尔桑丹怎：茶色玻璃铙碗一对、黄粧缎一匹。赏台吉索诺木拉什：呆绿玻璃瓶一对、黄粧缎一匹。赏台吉伊什旺对：茶色玻璃瓶一对、黄粧缎一匹。赏阿吉图诺们汉胡毕尔汉：蓝玻璃瓶一对、黄粧缎一匹。赏达尔汉堪布罗布藏格勒克：呆黄玻璃瓶一对、黄粧缎一匹。

初三日员外郎五德、催长大达色、金江、舒兴将苏州送到裱做字画挂轴七轴、裱做字画手卷十四卷、做样缂丝九阳消寒图一轴、三星图一轴持进，交太监鄂鲁里呈览。奉旨：将手卷挂轴俱交懋勤殿写签子，其做样九阳图交宁寿宫，三星图交重华宫。钦此。

二十六日员外郎五德、催长大达色、金江、舒兴将苏州送到青白玉宴瓶一对、刻东林列传青白玉册页一份计八片，随墨榻，本文无，黄缎垫、绣极乐图佛像二轴随做样画极乐图一轴、大号澄泥玉兔朝元砚一份、小号澄泥玉兔朝元砚一份各随嵌玉盒、重漆里雕漆盒三件、填漆碗随碗托四份随做样填漆碗，随托一份，持进交太监鄂鲁里呈览。奉旨：玉册页交懋勤殿填金，先配匣样呈览，其册片内配黄缎夹垫。宴瓶交如意馆刻款。绣极乐图交如意馆裱挂轴，画极乐图挂轴亦交如意馆做样，完时仍交极乐世界。澄泥砚并雕漆盒俱交懋勤殿刻诗。新做填漆碗并碗托俱刻款，做样填漆碗随碗托交九洲清晏格内摆。再传与金德，将现做宗镜大昭之庙雕漆嵌玉字匾一面，对一副急速做得送来。钦此。于二月初一日将雕漆盒三件懋勤殿刻得诗，填漆碗托四份刻得款呈进。雕漆盒交宁寿宫一件、内殿二件。填漆碗托四份交乾清宫、宁寿宫各二份讫。

于四月二十七日将御题刻东林列传玉册页一份配得紫檀木拉道填金罩盖匣一件，持进交太监鄂鲁里呈览。奉旨：交懋勤殿刻签字。钦此。于四月三十日将玉册页一份随匣懋勤殿刻得签字呈进交圆明园讫。

二十九日掌稿笔帖式和宁持来军机处清字抄一件，内开为赏遮模苏旦巴胡土克图金册一份计十六片，内六片改刻字样，于正月二十七日具奏。奉旨：知道了。钦此。钦遵。照例交造办处改刻等因，前来回明付都统福隆安、大人舒文，准行遵此。总管佛宁、永德、福克精额，准行记此。

三月初一日接得员外郎五德、催长大达色来说，太监鄂鲁里交织无量寿佛二轴大西天琉璃阁、织极乐图佛像一轴建福宫。传旨：着交舒文照新呈准小佛像一样裱做。钦此。于本月十七日将托裱得大西天织无量寿佛二轴、建福宫织极乐图佛像一轴，随换下米色宫绸三块，持进交太监厄勒里呈览。奉旨：佛像仍送原处佛箱内收供，其换下宫绸里赏给舒文作为工价材料用。钦此。

二十七日员外郎五德、催长大达色、金江、舒兴将苏州织造全德送到：广陵涛疆域办刻字玉册页一份计十片，随墨榻一份、攻克勒乌围贼巢红旗报捷七言十首刻字玉册页一份计十片，随墨榻一份，本文十八张、缂丝经帘一份计十块、景福宫雕漆匾一面对一付随本文三张、符望阁雕漆对一付随本文二张、宗镜大昭之庙雕漆玉字匾一面对一付随本文三张、配裱一面白纸一面白纸洒大金竹边股象牙穰扇四把、配裱一面白纸一面白纸洒大金木边股象牙穰扇六把，交太监厄鲁里呈览。奉旨：玉册页二份着董诰填金，得时配紫檀木拉道填金罩盖匣盛装，墨榻交如意馆裱册页。匾对各按原处安挂。扇子并匾对本文、册页本文俱交懋勤殿。钦此。于九月二十二日将广陵涛疆域办玉册页一份配得匣，交太监厄鲁里呈进交圆明园讫。于九月二十五日将攻克勒乌园玉册页一份配得匣，交太监厄鲁里呈进交圆明园讫。

四月初四日副催长信顺来说，军机处传赏西北两路参赞领队大臣等锭子药，配匣盛装，包裹黑毡马皮，棉花塞垫，发报记此。拟赏伊犁将军领队大臣等二份半、塔尔巴哈台参赞领队大臣等一份、乌鲁木齐巴里坤土尔番古城库尔喀拉乌苏都统领队大臣等二份、乌什阿克苏参赞领队大臣等一份、叶尔羌和阗办事大臣等一份半、喀什噶尔英吉沙尔办事大臣等一份半、哈蜜库车喀拉沙尔办事大臣等一份半、乌里雅苏台科布多将军参赞大臣等一份半、库伦办事大臣等一份，每份各色锭子药一大匣、平安丸一百丸、人马平安散一瓶计重四两。

二十六日员外郎五德、催长大达色等将苏州送到：青玉钵一件随木座、随做样伽楠香钵一件，黄杨木座，系玉壶冰、刻命馆臣录存杨维祯正统辨谕玉册页一份计十片，随墨榻一份、玉别子大小六件、缂绣三星图一轴、大红西番莲扁金片金二匹、织白缎地西番经咒哈达二件、缂丝五色经帘二份计二十块、并缴回河源诗包首纸样一张呈览。奉旨：玉钵交懋勤殿拟诗。做样钵仍交原处。玉册页交懋勤殿填金，得时配拉道填金罩盖匣盛装。墨榻并玉别子包首纸样交启祥宫。三星图亦交启祥宫裱挂轴。片金交内库。哈达交佛堂。缂丝经帘持出成做。钦此。于四十八年四月十五时将刻命馆臣录存杨维祯正统辨谕玉册页一份配得紫檀木拉道填金罩盖匣一件盛装呈览。奉旨：交懋勤殿刻签字。钦此。于四月二十三日将刻字玉册页一份随匣刻得签子，交太监厄鲁里呈进交香山讫。

十一月二十八日员外郎五德、催长大达色等将苏州送到：大红缎织金女蟒二十四件原样一件、大红缎男圆领二十八件原样一件、各色缎男圆领二十件原样一件、自在观音一份原样一件、宫庄三十二个原样一件、各色蟒箭袖一百十四件原样五件、门神铠九十九件原样七件、各色排穗四十八件原样四件、各色卒褂一百十八件原样九件、树叶衣八份原样三件、阎王衣十份原样十份、各色鬼衣九十份原样二十份、花鸾带一百条原样一条、各样仙巾一百二十顶原样二十七顶、各色大页巾八十八顶原样六顶、各色马夫巾二百二十四顶原样十顶、白色软打仗盔十六顶原样一顶、发网五顶原样一顶、五佛冠四十八顶原样大小二顶、宫花二十枝原样一枝、银额子六个原样一个、白观音兜一顶原样一顶、千手一份原样一份、狱主套头三个原样一个、鬼套头二十四个原样三个、门神带四条原样四条、菩萨磕脑二个红色一件、黑色一件，原样二个、藕色仙人衣二件原样一件、各色纛二十六面原样二十一面、五色飞虎旗八十面原样五面、五色标枪旗一百二十四面原样十六面、五色背壶旗十份原样一份、兽面十个原样一个，俱持进安在养心殿呈览。奉旨：交南府。钦此。于本日交南府讫。

二十八日员外郎五德、催长大达色等将苏州送到：刻戒得堂字玉册页一份、青白玉子孙佩五件、白玉菱花杯一件、绣吉祥天母佛像一轴、绣观音佛一轴、缂丝开泰图挂轴一轴、戳纱天鹿锦包首玉别锦袱三份、配裱一面素白纸面换股扇一柄换下金笺纸面一张，棕竹扇股一把、缂丝经帘三份呈览。奉旨：玉册页交董诰填金配紫檀木拉道填金匣。玉子孙佩交启祥宫刻款。绣吉祥天母观音照先厢过洋锦边一样厢边，配银轴头，赶珠圈花绦子。缂丝开泰图交启祥宫裱挂轴。缂丝经帘持出成做。天鹿锦包首袱别交启祥宫。配面扇交懋勤殿，其换下金扇面熔化，棕竹股变价。其白玉菱花杯交启祥宫查地方。钦此。

于十二月初一日将苏州送到绣十一面观音一轴挑得内库石青洋锦一块厢边，红黄绿洋锦各一块做牙子呈览。奉旨：俱准用，配银轴头。钦此。

于四十八年正月二十九日将绣吉祥天母一轴、绣观音一轴俱厢得石青洋锦边三色洋锦牙子，配得银轴头、赶珠圈花绦子，写得四样字白绫签呈览。奉旨：交里边打结子。钦此。

于四十八年五月初一日将刻戒得堂记玉册页一份配得紫檀木拉道填金罩盖匣盛装，交太监鄂鲁里呈览。奉旨：交懋殿殿刻签子，得时带往热河。钦此。于五月二十二日催长常存将戒得堂玉册页一份随匣送往热河讫。

信帖

六月初一日接得本报寄来信帖，内开五月二十七日太监鄂勒里传旨：如意馆现刻字热河烟雨楼玉宝一方，着造办处配做紫檀木拉道填金罩盖匣一件，俟玉宝刻得时随罩盖匣一并发来呈览。钦此。于七月初十日将玉宝一方配得紫檀木匣一件，由本报发去讫。

七月十一日接得两淮盐政伊龄阿坐京家人由热河发来信帖一件，内开刻文溯阁青白玉宝一方随紫檀木雕龙匣本文册页一册、刻文溯阁记青白玉册页一份计八片，随紫檀木罩盖匣本文册页一册，持进交太监鄂鲁里呈览。奉旨：仍着伊家人送往京内，交八阿哥内务府大臣金简现办。文溯阁书上每本前后俱用此宝，其宝册本文册页交如意馆。钦此。

十六日接得本报寄来信帖，内开七月十三日首领董五经交：御笔避暑山庄烟雨楼图并诗白纸包首样一张随玉别本文一张、御笔夜游山月诗白纸包首样一张随玉别本文一张。传旨：着交苏州，照发去白纸包首样大小尺寸缂做天鹿锦包首二件，随玉别外仍随锦袱玉别送来。其避暑山庄烟雨楼图手卷现在如意馆托裱，着造办处量准长宽高矮尺寸，成做雕龙紫檀木手卷匣一件。钦此。

于七月二十一日接得本报寄来信帖，内开七月十八日首领董五经交：御笔夜游山月诗并图白纸包首样一张随玉别本文一张、御笔河源诗白纸包首样一张随玉别本文一张。传旨：着交苏州，照发去白纸包首样大小尺寸缂做天鹿锦包首二件，随玉别外随锦袱玉别。其先发去夜游山月诗包首样不必成做，将原样交回。其夜游山月诗并图手卷现在如意馆裱做，着造办处量准长宽高矮尺寸，成做雕龙紫檀木手卷匣一件。钦此。于本年十一月二十八日将苏州送到戳纱天鹿锦包首玉别锦袱二份呈进交启祥宫讫。

八月初四日接得两淮坐京家人王印由热河带来旨意帖一件，内开七月二十七日两淮送到知过堂玉宝一方，随紫檀木雕龙匣盛装本文册页一册。知过论玉册页一份，随紫檀木罩盖匣盛装本文册页一册，持进交太监鄂勒里呈览。奉旨：俱着伊家人送往圆明园，将玉宝册交知过堂陈设，其本文册页交如意馆。钦此。于本月初九日将玉宝册一份计二匣着坐京家人王印送往圆明园讫。

十五日接得坐京家人孙义由热河持来信帖一件，内开八月初七日太监鄂勒里交：御笔河源诗手卷一卷、御笔河源按语诗文一张、御笔命馆臣编辑河源纪略论诗文一张、御笔读宋史河渠志诗文一张，俱随天鹿锦包首样。传旨：着照河源诗手卷长短尺寸成做装手卷四卷，红雕漆合牌罩盖匣样呈览，准时发往苏州成做。钦此。随照御笔河源诗手卷长短尺寸，做得红漆雕龙合牌罩盖匣样一件，匣盖上懋勤殿写得本文签子样。随手卷诗文三张、未裱完。河源诗手卷一卷、天鹿锦包首纸样四张，一并交太监鄂勒里呈览。奉旨：罩盖匣样并未裱，手卷四卷俱发往苏州，照合牌匣样成做红雕漆罩盖匣一件。诗文三张照未裱完手卷上花边一样画花边。再河源诗手卷上现画花边色淡，再往深里过色，俱托裱好，配天鹿锦包首，各随锦袱玉别，得时装在雕漆匣内，或赶年底送来，或明年春令送来。其先发河源诗成做天鹿锦包首不必成做，将原样缴回。钦此。于本年十月二十六日将苏州送到河源诗包首纸样一张呈进交启祥宫讫。于四十八年二月二十七日苏州送到红刁漆手卷匣一件，天鹿锦包首手卷四卷、玉别锦袱四份呈进，俱交懋勤殿讫。

匣裱作

四月三十日员外郎五德、催长大达色、金江、舒兴来说，太监鄂鲁里交：黑漆抽屉一件，内盛青白玉蔡（葵）瓣单靶洗一件随座、金洋漆海棠式盒一件、雕文竹圆盒一件。黑漆抽屉一件，内盛白玉卧牛一件、金洋漆包袱盒一件、青玉双鲇鱼鼻烟壶一件随嵌宝石盖、俱九洲清晏、定磁圆洗一件随座。传旨：将玉器等在屉内下槽安稳。钦此。于五月十一日将抽屉二件内盛玉器等下得槽，呈进交原处讫。

三十日员外郎五德、催长大达色、金江、舒兴来说，太监鄂鲁里交：白玉蟾一件木座、白玉双葵花式三层盒一件木座、白玉葵瓣腰圆洗一件木座、青白玉莲花荷叶洗二件木座、碧玉蕉叶式洗一件木座、青白玉松苓臂格一件木座、青白玉福寿臂格一件木座、蜜蜡五福捧寿圆盒一件，俱九洲清晏百什件内换下。黑洋漆金花方盒一件、金洋漆长方罩盖盒一件内盛小金漆盒二件、黑洋漆金花海棠式盒一件、金洋漆磬式盒一件、金洋漆腰式盒一件，系外进之盒。传旨：俱入百什件。钦此。

九月二十四日员外郎五德、催长大达色等来说，太监鄂鲁里交：文竹各式盒六件、洋漆盒四件、文源渊阁记小册页一册、洋珐琅全带一副。传旨：俱入百什件。钦此。

十二月二十日催长大达色、金江、舒兴来说，太监鄂勒里交：黑漆金花扇面式盒一对巴彦三进、红雕漆圆盒一件蔡新进、各式金漆盒五件富勒浑进、嵌玉三块紫檀木如意三柄黄穗，内一柄商金片字，巴彦三进，蔡新进，富勒浑进、雕蜜蜡根如意一柄无穗，养心殿后殿换下、铜法琅双环玉壶春瓶一件刘秉恬进，上缺环一个，木座。传旨：将漆盒八件俱擦抹好，其紫檀嵌玉如意三柄另换双珊瑚珠回头穗。蜜蜡根如意收贮做材料用。铜法琅瓶添配铜环呈览。钦此。于十二月二十二日将嵌玉商金字如意一柄另换得穗呈进交万寿山讫。于十二月二十三日将嵌玉三块紫檀如意一柄换得穗呈进交万寿山讫。于十二月二十五日将嵌玉三块刁紫檀如意一柄换得穗呈进交香山讫。于十二月二十五日将珐琅玉壶春一件配得圈呈进刻二等交宁寿宫讫。

于本月二十四日将黑漆金花扇式盒一对擦抹好，持进交太监鄂勒里呈览。奉旨：配册页样呈览。钦此。又将黑漆金花扇面式盒一对各配得合牌册页样呈览。奉旨：交懋勤殿伺候上写。钦此。于四十八年正月初五日将红雕漆元固一件打磨好，呈进交内库讫。

于四十八年正月十三日员外郎五德等将各式金漆盒五件俱打磨好呈览。奉旨：交内库 四件，其余一件收贮入百什件。钦此。于正月二十日将黑漆金花扇式盒一对配得册页二册，呈进交圆明园讫。

广木作

二月十一日员外郎五德、催长大达色、金江、舒兴来说，太监鄂鲁里交蛛石古稀天子之宝图章三方懋勤殿现用。传旨：着查旧匣改做盛装。钦此。于三月初二日将蛛石图章三方配得匣呈进交原处讫。

三月十七日员外郎五德、催长大达色来说，太监鄂鲁里交白玉古稀天子之宝图章一方、白玉犹日孜孜图章一方，各随紫檀木座。传旨：着配紫檀木罩，盖匣盛装。钦此。于本月二十一日将白玉图章二方配得合牌罩盖匣样，上画雕汉纹式花纹，持进交太监鄂鲁里呈览。奉旨：照样准做。钦此。于四月二十四日将玉图章二方配得罩盖匣一件呈进，交淳化轩讫。

十月十一日员外郎五德、催长大达色等来说，太监鄂鲁里交刻热河考青玉册页一份。传旨：着配紫檀木拉道填金罩盖匣一件。钦此。于四十八年正月初七日将刻热河考青玉册页一份配得紫檀木拉道填金罩盖匣盛装呈览。奉旨：交永和带往热河。钦此。

灯裁作

四月十五日员外郎五德、催长大达色、金江、舒兴来说，太监鄂鲁里交画像阳体地狱主一轴随嵌珊瑚松石等厢嵌累丝轴头，红片金大边，大花红片金边包首，赶珠圈花绦子，吉云楼。传旨：查明系何人呈进，得时写四样字白绫签子。钦此。于本月二十二日员外郎 五德、催长大达色等将画像地狱主一轴查得系额尔德尼诺们罕堪布阿旺粗尔提穆呈进呈览。奉旨：着写四样字白绫签。钦此。

五月十一日催长金江、舒兴来说，太监鄂鲁里传旨：年例端阳节应用绫绢堆做五毒陈设，并象牙五毒吊挂等，着持出收什见新，即算明年端阳节节活呈进。钦此。其原单系灯裁作持去踏勘料估，于四十八年二月初八日金江、舒兴将奉堂谕年例端阳节应呈进之绫绢堆做五毒陈设六对、象牙五毒吊挂六挂、绫绢五毒吊挂二十挂、绫绢堆做瑞福骈集一对、山石人物陈设八对、画彩胜十张、象牙盒二对，今年不必呈览。纸样除上年交出绫绢五毒陈设并象牙五毒吊挂，遵旨收什见新，算端阳节活呈进。其余应做之节活俱照年例成造，以备端阳节呈进。遵此。于四十八年四月二十九日将收什得绫绢陈设等、象牙盒彩胜等安在奉三无私呈进讫。

十一月初十日由军机处交旧桌帏一件。奉旨：着照尺寸成做锦桌帏四百件，先挑锦呈览。钦此。于十八日员外郎五德、催长大达色、金江、舒兴为做锦桌帏四百件，挑得内库红绿二色锦四尺做桌帏身，用石青锦二匹做刷子，桃红春绸一匹做里子呈览。奉旨：准用红锦成做，安石青锦刷子，配桃红布里。钦此。于四十八年正月初七日将做得锦桌帏四百件呈进，交地方上讫。

十二月十一日员外郎五德、催长大达色等来说，太监常宁交画像班禅像一张画匠喇嘛扎克巴多尔济进。传旨：着厢大花片金边，三色洋锦牙子，配银轴头，赶珠圈花绦子。钦此。

如意馆

正月初十日接得郎中保成等押帖，内开十二月二十一日董五经交绣释伽牟尼佛一轴、绣观音一轴。传旨：交启祥宫配囊，安白绫签。钦此。

初十日接得郎中保成押帖，内开十二月二十五日鄂鲁里传旨：年画已完，着姚文翰等接画平定两金川功臣像。钦此。

二月初三日接得郎中保成、库掌福庆押帖，内开正月二十六日董五经交绣线极乐图二幅、丁观鹏极乐图挂轴一轴。传旨：交如意馆，将绣线极乐图二幅照丁观鹏极乐图一样裱挂轴二轴。钦此。杉木天杆长六尺、径二寸二根，紫檀木轴头长三寸、径二寸二对。

初三日接得郎中保成、库掌福庆押帖，内开正月二十六日首领董五经交：御笔太庙礼成诗二册四十开、方泽坛礼成诗二册五十二开、御笔社稷坛礼成诗二册四十一开、御笔朝日夕月帝皇庙文庙传心殿礼成诗一册十五开、识语二开。传旨：交如意馆裱册页，将太庙社稷坛方泽坛分做三套，朝日夕月册页做一套，俱做一套紫檀壳面插套。钦此。

四月初九日接得郎中保成押帖，内开三月十七日首领董五经交张照字挂轴二轴、绣线如来海会极乐世界图挂轴二轴、金廷标花卉闻喜图挂轴二轴。传旨：交如意馆配囊，其极乐世界图挂轴二轴安白绫签。钦此。

初九日接得郎中保成等押帖，内开三月二十三日鄂鲁里传旨：如意馆现画功臣像一百幅，得时裱挂轴。钦此。杉木天杆一百根长三尺八寸、见方八分、杉木地杆一百根长三尺八寸径一寸八分、紫檀木轴头一百对长二寸二分径一寸八分、黄铜屈戌四百个各长三寸一分宽一分五厘、厚一分画绦一百根各长三尺五寸径一分五厘计三十五丈。

初九日接得郎中保成押帖，内开三月二十八日首领董五经交御笔墨刻广陵涛疆域办一册、红旗报捷一册。传旨：交如意馆裱册页二册。钦此。

六月二十五日接得郎中保成押帖，内开四月十八日首领董五经交郎世宁画秋林群鹿挂轴一轴。传旨：交如意馆配囊。钦此。

二十五日接得郎中保成押帖，内开四月二十四日太监鄂鲁里传旨：平定两金川功臣油画半身像一百幅、尚书和珅油画半身像一幅，着交军机处写赞，交造办处配楠木匣。钦此。

二十五日接得郎中保成押帖，内开五月初六日董五经交：宋元明名画册页一册，随御笔藏经纸希珍同寿大字一张，嵌裱在册页前副页，名画荟珍册页一册，随御笔夏日常临池上居字一张，嵌裱在册页内御容傍边。御笔神游心赏大字一张嵌裱在册页副面。传旨：交如意馆裱做。钦此。

十一月初七日接得郎中保成押帖，内开九月二十八日首领董五经交绣线无量寿佛二轴。传旨：交启祥宫安白绫签。钦此。

初七日接得郎中保成押帖，内开首领董五经交青白玉重华宫宝一方。传旨：交启祥宫做阳纹字。钦此。

初七日接得郎中保成押帖，内开十月初十日首领董五经交张鹏翀山水一册、四库全书馆进宣纺仿萧云从画离骚图三册计图一百五十七页，题跋一百五十七页。传旨：交启祥宫，将山水一册安副页壳面，其离骚图用耿绢挖嵌裱册页三册。钦此。

十九日接得郎中保成押帖，内开十月二十六日苏州送到缂丝三星图一张。传旨：交启祥宫裱挂轴一轴。钦此。杉木天杆长二尺六寸见方八分一根、地杆长二尺六寸见元一寸六分一根、紫檀木轴头长二寸二分径一寸六分一对。

十九日接得郎中保成押帖，内开十月三十日太监鄂鲁里交御笔五朝册宝尊藏太庙礼成谕一册、王原祁仿黄公望山水挂轴一轴。传旨：交启祥宫，册页添副页壳面，挂轴从裱。钦此。

十九日接得郎中保成押帖，内开十一月初四日首领董五经交御笔笺纸命馆臣入吴三桂擒桂王由榔谕一卷。传旨：交启祥宫裱手卷一卷。钦此。

十二月二十二日接得郎中保成押帖一件，内开十一月十一日董五经交御笔命皇子及军机大臣订正通鉴纲目续编谕一张。传旨：交启祥宫裱手卷一卷。钦此。

二十二日接得郎中保成押帖一件，内开十七日董五经交缂丝三星图挂轴一轴。传旨：交启祥宫配囊。钦此。

二十二日接得郎中保成押帖，内开十一月二十七日又送到绣线三阳开泰一张。传旨：交启祥宫裱挂轴一轴。钦此。杉木天杆长五尺、见方一寸，地杆长五尺、径一寸八分，紫檀木轴头长三寸，径一寸八分。

二十二日接得郎中保成押帖，内开十二月初三日首领董五经交金廷标画听泉图挂轴一轴。传旨：交启祥宫配囊。钦此。

铸炉处

正月初六日员外郎五德、催长大达色、金江、舒兴来说，太监常宁传旨：中正殿内东供案上中间现供铜智行佛母一尊，北边六臂文殊菩萨一尊，南边六臂观音菩萨一尊。着照北边文殊菩萨成造六臂观音菩萨一尊，照南边观音菩萨成造六臂文殊菩萨一尊。钦此。

三月二十二日掌稿笔帖式苏楞额持来圆明园知会一件，内开遵旨长春园添建远瀛观殿宇工程，应用出水铜龙口二十四口。三月初二日经管理圆明园内事务中，将远瀛观殿上出水铜龙口样一个恭呈御览。奉旨：照样准做，交铸炉处成做，钦此。钦遵。相应知会贵处，希即派员领取蜡样，以便遵照旨内事宜办理可也等因。前来随明中堂英廉、都统福隆安、副都统福长安、管理造办处事务大臣舒文、总管永德，准行遵此。

五月初九日员外郎五德、催长大达色等来说，太监鄂鲁里交铜镀金班禅像一尊系第十二辈、铜镀金金刚菩萨一尊。传旨：照第十二辈班禅像法身高矮尺寸，按新造过银班禅像面像一样，成造第十三辈班禅像一尊。再照金刚菩萨法身高矮尺寸成造吉祥天母一尊。得时俱在西黄寺新建庙内安供。钦此。于四十八年四月二十四日管理造办处事务舒文将遵旨加镀一次铜镀金班禅像一尊、吉祥天母一尊、随交出原样二尊，安在养心殿呈览。奉旨：着送在清净化城庙内安供。钦此。

玻璃厂

三月十二日掌稿笔式苏楞额持来武英殿各处汉字印文一件，内开武英殿修书处为转交发板事。查乾隆四十五年十一月三十日起至四十六年十二月二十日止，由军机处陆续交来江西等省解到名堂绪论等书板，共八次。应销毁废板贰万壹千九百八十三块，查验俱系双面刊刻，仅厚四五分不等，难以铲刻应用。查向例凡外省解交武英殿板片，由本殿奏明，交玻璃厂烧柴应用，若有军机处奏交武英殿板片，据军机处原奏转交玻璃厂，作为烧柴应用。此项板片系由军机处交到之板，相应呈明，照例交造办处玻璃厂劈碎，作为硬木烧柴应用可也等因。回明大学士英廉，管理造办处事务大臣舒文，准行遵此。总管佛宁、永德、福克精额，准行记此

舆图房

十一月二十日副催长海柱持来旨意帖一件，内开四十七年十一月初九日奉旨：星宿海河源图着交舆图处照式镌刻，完竣后刷印呈览，仍将原图交进。钦此。于初十日回明公尚书福隆安、管理造办处事务

大臣舒文，着刊刻木板。遵此。

于四十八年十一月初一日将刷印得星宿海河源图一份计十张持进，交太监鄂鲁里呈览。奉旨：将现刷印得河源图一份托裱配套，再刷印五十份。钦此。

于十一月二十四日将黄河源图配得套样，交太监鄂鲁里呈览。奉旨：准照套样成做十份，其余四十份不必配套。钦此。

于四十九年九月二十七日将刷印得星宿 海黄河源图五十份每份计十张内十份配糊得锦套图十套，随原样图一张安在养心殿呈览。奉旨：将配得锦套图十份交热河二份，圆明园、长春园、盛京、盘山、玉泉山、瀛台、海子、团河、万寿山各一套。其单页图四十份内交海子、新衙门、旧衙门、南宫各一份。其余三十七份原样图一张俱交懋勤殿。钦此。

炮枪处

二月二十日接得掌稿笔帖式苏楞额持来清字堂抄一件，内开绵志阿哥、绵懃阿哥现应学习鸟枪，所应用之交枪、线枪向造办处要取等因，于乾隆四十七年正月三十日具奏。奉旨：知道了。钦此。

绵志阿哥绵懃阿哥学习鸟枪，安达等挑准交枪二杆、线枪二杆、应交该作添做枪上什物。开后交枪二杆应添做：红氆氇套二份、红油绸套二份、金黄丝线搂拌二根、金黄丝线背拌二根、跨插二个、大药葫芦二个、烘药葫芦二个、法都荷苞二个、拌鼻二个、皮带二条、鹿皮口袋二个、喀巴腿二个、火绳荷苞二个、火门盖二个、拴枪水洗白鹿皮条六条。线枪二杆应添做：红氆氇套二份、红油绸套二份、金黄丝线背拌二根、跨插二个、大药葫芦二个、烘药葫芦二个、砂子荷苞二个、火门盖二个、擦洗枪膛用长八尺、宽一幅白油敦布四块、小细绦子共用一两二钱。

珐琅作

十月二十五日员外郎五德、催长大达色等来说，太监鄂鲁里交白玉碗一件系茶房。传旨：着交珐琅作，照先做过金胎珐琅嵌宝石靶碗上托座碗盖一样配托座一件、碗盖一件。钦此。

于十一月初七日将白玉碗一件镟得木碗样一件、盖样一件、托座样一件，各画得金胎珐琅嵌红蓝宝石冰冽纹梅花样菊花样，又照珐琅作现做靶碗上花朵样持进，交太监鄂勒里呈览。奉旨：准照梅花样成做碗一件、盖一件，其碗托不必成做，做样玉碗交原处。钦此。

于初八日为金胎珐琅盖碗上刻款贴得乾隆年制乾隆御用款样，持进呈览。奉旨：准照乾隆御用款样刻做。钦此。

于四十八年二月初一日员外郎五德、催长大达色等将做得金胎珐琅嵌红蓝宝石冰冽纹梅花碗一件、盖一件，因嵌安红宝石垫子七百三十八块、蓝宝石垫子八十四块，各拨得蜡样呈览。奉旨：准向刘秉忠要用。钦此。

随交出五等红宝石七百三十八块重二两九钱六分、五等蓝宝石八十四块重二钱六分八厘、于四十八年三月十五日将做得金胎珐琅靶碗一件呈进交茶房讫。

金玉作

十月二十九日员外郎五德、催长大达色等来说，太监鄂鲁里交：金叶五十五两六钱市秤，熊启谟名下，库秤五十二两，八成金、金盆一对重七两，秦雄飞名下，八成金、金爵一对重五两一钱，秦雄飞名下，八成金、金镯二对重三两一钱二分，邱大英名下，七成金、金镯三对重十两九钱，康基渊名下，九成金、金镯一对系金包银重二两六钱五分，秦雄飞名下、金斋戒牌一件重九钱五分，秦雄飞名下，珊瑚豆二个，九成金、金镯一对重三两九钱，秦雄飞名下，九成金、金镯一支重二两九钱三分，彭永和名下，九成金、金镯一对重三两九钱，秦雄飞名下，九成金、金扁方一支重五钱，杨樊琭名下，八成金、金扁方一支重八钱，康基渊名下，八成金、金扁簪三支重一两九钱，秦雄飞名下，七成金、金簪一支重五钱，邱大英名下，六成金、金扁簪一支重九钱五分，九成金，无名、金扁方一支重三钱五分，胡兆龙名下，八成金、金双莲簪一支重五钱，康基渊名下，七成金、金插一支重五钱，无名，九成金、金如意簪一支重六钱，康基渊名下，九成金、金厢玉佛手簪一支重五钱，康基渊名下，七成金、镀金挑牌一对内宋珠一百二十粒，康基渊名下，无分两、米珠兰花一对随挺二支，内米珠五十三粒，无名，无分两、金戒指六个重九钱一分，胡兆龙名下，九成金、金蜘蛛簪一支小珠二粒重一钱五分，秦雄飞名下，八成金、金耳挖一支重一钱二分，秦雄飞名下，九成金、金耳环一对重四钱八分，彭永和名下，九成金、金厢玉耳圈一对重二钱八分，康基渊名下，七成金、金小圈一对重六分，秦雄飞名下，八成金、金一锭重五钱四分，彭永和名下，七成金、金圈十一件重五钱六分，胡兆龙名下，七成金、镀金花簪五支内嵌小珠子二十八粒，无名，无分两、珠花一对重二钱四分，连小珠子二百二十粒，秦雄飞名下、珠面花一支珠子二百六十三粒，秦雄飞名下，无分两、金耳圈一对重一钱，杨樊名下，八成金、金条九两九钱康基渊名下，七成金、金戒指二个重二钱五分，秦雄飞名下，九成金、金一锭重一两八钱六分，秦雄飞名下，七成金、金一条重八钱，秦雄飞名下，七成金、金香炉一件重九两三钱，秦雄飞名下，八成金、碎金一两康基渊名下，八成金、金圈一对重八分，秦雄飞名下，八成金、金戒指二件重二钱四分，杨樊璪名下，九成金。传旨：俱熔化。钦此。以上金银首饰等交金玉作，计拆下米珠六百五十六颗、珊瑚豆二个、小珠子三十颗、玉佛手一件、玉圈一件，系于十一月十九日将金银汇总熔化，并珠石等一同呈览，另有记载。

十一月初一日员外郎五德、催长大达色等来说，太监鄂鲁里交：金首饰一包重六两四钱六分九成金，何汝南名下、金首饰一包重一两六钱六成金，库法平得一两五钱，顾芝名下、金器首饰一包重四十三两二钱八成金，平得四十一两五钱，程国表名下、金器首饰一包重五十两七成金，平得四十九两、金叶金条共一包重五十四两八钱七成金、金锭金叶金条共一包重五十两六成金，平得四十九两五钱、金叶金条共一包重五十两六成金，平得四十九两、金叶金条共一包重五十两八成金、金锭金条共一包重五十两六成金、金首饰一包重二十二两七钱九分七成金，平得少二钱九分，陈鸿文名下、金锭金叶一包重五十七两七成金，平得五十六两五钱，富斌名下、金首饰一包重七十四两二钱五分八成金，内银挺四支，平得七十二两，富斌名下、金镯首饰一包重四十二两三钱八成金，杨士机名下、金首饰一包重五两二钱八成金，蒋重熹名下、金首饰一包重八两四钱四分八成金，王曾翼名下、金首饰一包重十一两三钱六分七成金，秦熊飞名下、金首饰一包重五钱一分八成金，董熙名下、药珠挑牌六支、小珠花四支、小珠花一对珠石不全、厢珠花二支珠石不全、珊瑚簪一支共五百七十七两九钱一分，俱富斌名下、金首饰一包重二钱八成金，顾汝恒名下。传旨：认看熔化。钦此。于初二日将金首饰金叶等共重五百七十七两九钱一分内认看分晰得：九成金六两四钱六分、八成金二百二十三两九钱、七成金一百九十五两九钱五分、六成金一百五十一两六钱，呈览。奉旨：熔化。钦此。以上金银首饰等交金玉作，拆下小珠一百七十三颗、药珠一百四十五粒、白扣珠二分、红扣珠一分、珊瑚一块，系于十一月十九日将金银汇总熔化，并珠石一同呈览，另有记载。

十二月初四日员外郎五德、催长大达色等来说，太监鄂勒里交：淡金扁簪一支重五钱八成、淡金镯一对重二两三钱七成、淡金蜻蜓花一对重二钱上嵌小珠四粒，七成、淡金掌扇一对、重金镯一对重二两九钱，王芳名下，七成、金如意簪二支重一两九钱，八成、钱上嵌小珠八粒六成，钟廖起名下、金叶七两王燧名下九成、小金镯二对重二两七钱，王芳名下，八成、金扁方二支重一两九钱，七成、金镯二支重四两，夏恒名下，三等、金戒指一个重一钱，闵鹓元名下，八成、淡金废饰五两五钱，八成、金扁方一支重六钱，八成、金镯一支重二两一钱，潘时选名下，八成、金镯一支重三两四钱，八成、金簪一支重九钱，八成、金戒指一个重二钱，八成、金耳圈一对重二钱，八成、金耳圈一对重一钱二分，六成、金饰三根重六钱，巴彦岱名下，七成、淡金扁簪一支重七钱五分，舒元龙名下，八成、淡金杯一对重五两七钱、肃州历任抵款，八成。传旨：俱熔化。钦此。于十二月二十五日将金簪等汇总熔化得金共四十四两一钱七分呈进，交刘秉忠讫。流水档内另有记载。

油木作

正月初六日员外郎五德、催长大达色、金江、舒兴来说，太监常宁传旨：中正殿内西案新供银护法四尊配紫檀木座，其东案现供铜佛四尊亦配紫檀木座。钦此。于初八日太监鄂鲁里传旨中正殿西案上现供银护法并东案上现供铜佛俱不必配座，著用中正殿做材料用红木匣改做垫起。钦此。

三十日员外郎五德、催长大达色、金江、舒兴来说，太监常宁传旨：中正殿现设文殊诗利赞经一部，宝华殿现设金纸经一部，着照现供金七珍八宝紫檀木雕巴达马须弥座样款配座。钦此。

十一月初二日员外郎五德、催长大达色等来说，太监鄂鲁里交珐琅兽面双环有盖樽一件陈淮名下。传旨：配紫檀木座。钦此。

于十二月二十七日将掐丝珐琅兽面双环有盖樽一件配得座，安在养心殿呈览。奉旨：交内务府大臣派人送往盛京安设。钦此。

十二月十六日员外郎五德、催长大达色等来说，太监鄂鲁里传旨：瀛台宝月楼现设自鸣钟一对添配香几座。钦此。

于本月十七日为瀛台宝月楼现设自鸣钟一对添配香几，画得纸样一张，交太监鄂鲁里呈览。奉旨：照样准做。钦此。

二十七日员外郎五德、催长大达色等来说，太监鄂勒里传旨：养性殿地平上现设自鸣钟一对，下添配红木香几一对。钦此。随画得香几纸样一张呈览。奉旨：照样准做。钦此。

乾隆四十八年

油木作

四月初四日员外郎五德、催长大达色等来说，太监鄂鲁里传旨：如意馆现裱八骏图挂轴八轴，着配楠木罩盖匣二件，得时送往盛京。钦此。于四月三十日为做八骏图楠木罩盖箱一对，做得长一丈一尺五寸五分、进深一尺九寸四分、通高二尺一寸二分杉木小箱样一件，上贴铜镀金环子样，持进交太监鄂鲁里呈览。奉旨：照样准做。钦此。于五月二十九日内副管领汤吾色将八骏图箱二件内盛图送往盛京讫。

十月十七日员外郎五德、催长金江等来说，太监鄂鲁里交：葫芦八仙人瓶二件一件有冽、葫芦撇口碗三件、葫芦撇口钟五件二件有冽、葫芦钟四件三件有冽、葫芦酒钟四件、葫芦各式鼻烟壶十五件内三件有冽、葫芦香炉一件、葫芦水盛二件一件有冽。传旨：厢口漆里。钦此。于四十九年十二月二十六日将葫芦碗、钟、水盛、鼻烟壶等二十六件厢口漆得里，随有裂葫芦器十件安在养心殿呈进。奉旨：将鼻烟壶四件配盖，其余葫芦器俱交乾清宫。钦此。于五十年正月二十六日将葫芦鼻烟壶四件配得盖呈进，交奉三无私百什件讫。有裂葫芦器十件交古董房下库讫。

灯裁作

正月二十四日总管永清等传做：大份锭子扇器三匣、中份锭子扇器三匣、紫金锭三百五十包、蟾酥锭三百五十包、离宫锭三百包、盐水锭八百包，以备端阳节应用。记此。于四十八年二月初五日造办处谨奏为请旨事。据敬事房传单，内开传造大匣扇器三匣、中匣扇器三匣、紫金锭三百五十包、蟾酥锭三百五十包、离宫锭三百包、盐水锭八百包，以备端阳节应用。除照敬事房传单备办外，查向例有备赏西北两路军营等处锭子药。现今造办处收贮上年赏用余剩中匣锭子药八匣，核计不敷应用，请添造大匣锭子药二十匣、中匣锭子药三十匣，以便备赏应用。如有余剩，仍收贮，以备下年赏用。为此谨奏。奉旨：俱准造。钦此。于三月初一日钱粮库持来折片一件，内开造办处谨奏，据敬事房传单，内开传造大匣锭子药扇器三匣、中匣锭子药扇器三匣、紫金锭三百五十包、蟾酥锭三百五十包、离宫锭三百包、盐水锭八百包，以备端阳节应用。再请添造备赏西北两路军营等处锭子药大匣二十匣、中匣三十匣等因。于本年二月初五日具奏。奉旨：俱准造。钦此。钦遵。今为配造二项锭子药，除所需药料照例买办外，约用麝香八斤七两五分、朱砂四十四斤十二两九钱、雄黄四十一斤九两五钱、墨十三斤九两一钱。查库内墨用讫无存，尚存有麝香一斤八两、朱砂五斤五两四钱五分、雄黄四斤十五两七钱四分四厘。除将此数项现存者添配外，尚不敷麝香六斤十五两五分、朱砂三十九斤七两四钱五分、雄黄三十六斤九两七钱五分六厘、墨十三斤九两一钱。理合奏明，由内庭请领，以便配造应用。谨此奏闻。于本年三月初一日随午活具奏。奉旨：朱砂、雄黄向内库要，其麝香着买办。钦此。

二月二十三日员外郎五德、催长大达色等来说，太监鄂鲁里交文溯阁玉宝一方懋勤殿。传旨：着拴黄绦子。钦此。于二月二十九日将文溯阁玉宝一方拴得绦子，系懋勤殿裱匠三达子要去呈览讫。

三月十二日员外郎五德、催长大达色、舒兴来说，太监鄂鲁里交紫檀木厢玻璃罗汉床一座随象牙凉席褥子一件，澄虚榭深柳读书堂。传旨：将玻璃拆下，并象牙凉席褥子有用处用，其罗汉床做材料用，其殿内新设罗汉床绣褥迎手上着配锦套。钦此。此床扶手上玻璃二片用在本月十七日传做玻璃对子上用讫。

金玉作

正月初十日员外郎五德、催长大达色等来说，太监刘秉忠传旨：着做玉八宝十份、金八宝五十份、金钱五十个、一钱重金锞五十个、银八宝一百份、二钱重银锞二千个、一钱重银俊锞五百个、一钱重银锞一千五百个，其应用之金向内库领用。钦此。于五月十三日库掌大达色、催长金江、舒兴为年例成造金八宝五十份、金锞五十个、金钱五十个，请领内庭六成金六十两。缮写清单交太监鄂鲁里具奏。奉旨：准向刘秉忠要用。钦此。于本日总管刘秉忠交出六成金大小四条，重六十两。于十二月二十七日将做得金银八宝钱锞等俱安在养心殿呈进交内库讫。

四月初四日员外郎五德、催长大达色等来说，太监鄂鲁里交：金扁镯二支、金扁簪二支、金如意簪一支、金圈六个共重七两六钱，杨迎鹤各名、金首饰一包重十一两二钱，内七件系银镀金，重六两三钱，彭永年名下、金首饰一包重十两四钱，内四件系银镀金，重三钱，吴鼎新名下、金首饰一包连玉桃假珠重十三两九钱一分，观禄名下、金首饰一包重一两一钱，徐树旃名下、金戒箍二个重四钱，朱兰名下、金锞二个金条一条重三两四钱五分、金饰一包重五两二钱，高模名下、金饰二支重三两四钱五分六厘，林德基名下、金屑一包重二十八两二钱，林德基名下、金爵杯一对重七两五钱，国栋名下、金鹿钩圈四件重二两，国栋名下。传旨：认看熔化。钦此。于五月二十一日将熔化得金八十七两四钱一分六厘，假珠石四钱，银六两六钱呈进，金银交刘秉忠，假珠石做材料用讫。

热河随围

七月初二日将长芦盐政徵瑞送到刻字青玉戒得堂宝一方、青玉石稀天子宝一方配得双连紫檀拉道填金罩盖匣一件盛装，持进交太监鄂鲁里呈览。奉旨：着交热河戒得堂摆。钦此。

初七日太监鄂鲁里传旨：着随报寄信京内，将苏州送到现配册页玉十二辰盒随报发一份来呈览。钦此。于七月十四日接得果报寄来玉十二辰一份，随玉盒一件内盛册页二册外随雕紫檀盒，持进交太监鄂鲁里呈览。奉旨：着交烟雨楼摆。钦此。

盛京随围

十月初九日接得苏州坐京家人孙鉴持来行在造办处信帖一件，内开九月十八日太监鄂鲁里传旨：将染银鼠边绣黄缎朝衣一件留在盛京存收，着造办处照样画样呈览，准时交苏州绣做。钦此。于九月二十日将画得披领纸样一张、朝衣着色上身纸样一张、着色下身前面纸样一张、未着色下身后面纸样一张交太监鄂鲁里呈览。奉旨：准发往苏州照样绣做，要鹅黄金银地绣做，外随袖妆四副。钦此。于四十八年十二月二十六日苏州送到绣黄缎朝衣一件随袖妆等呈进，交四执事讫。

行文

正月初五日员外郎五德、催长大达色等来说：太监鄂鲁里交：缂丝三星图挂轴一轴随青玉轴头，系御花园续入。传旨：照三星图挂轴画样呈览，其挂轴上周围大边并上玉下玉花纹俱照乐寿堂现挂八仙挂轴上大边上玉下玉花纹一样画样呈览，准时交苏州缂做。钦此。随照交出三星图挂轴画得纸样一张，上玉照乐寿堂八仙挂轴上蓝地淡三色云凤花纹五彩云寿带，画得着色花纹样。下玉照八仙挂轴上蓝地淡三色海水花纹，画得着色花纹样。大边照八仙挂轴上米色地蓝西番莲花纹，画得着色花纹大边样。并照三星图挂轴上面金笺纸大字四个，画得黄地蓝缂丝大字着色样，下面诗堂画得蓝地金字缂丝诗堂样呈览，随交出御笔诗堂本文一张。奉旨：将三星图挂轴并着色画样诗堂本文俱发往苏州，交四德，照三星图挂轴缂丝心花纹颜色按纸样上大边上玉下玉花纹缂做挂轴二轴。其上面大字四个照做样三星图挂轴上字样临下，缂做黄缂丝地蓝缂丝大字四个。诗堂按发去本文上字样临下，缂做蓝缂丝地金字诗堂。接到时将样子临下，做样三星图先行送来。钦此。于四十八年十月二十七日苏州送到三星图一轴呈进交御花园讫。于四十九年四月二十六日苏州送到绣缂三星图二轴呈进交懋勤殿讫。

二月二十九日接得郎中保成押帖一件，内开二月二十七日首领吕进忠交：御笔艮岳三丈石辟辞字一张、御笔乐善堂记字一张、御笔重华宫记字一张、御笔回思一首字一张、开宗明义一卷、郑重十八罗汉一卷、赵孟頫十八罗汉一卷、文同晚霭图一卷、汪承霈兰亭图记诗跋一卷、戴衢亨春林晓岫一卷、雪坞晴溪一卷、钱选观梅图真迹一卷、盛惇崇四季写生花卉一卷、唐寅画马一卷、米芾书蜀素帖诗一卷。传旨：交如意馆配袱别，样子发往南边，依前做法照样做来。钦此。于四十八年十月十五日苏州送到玉别锦袱十五份呈进交如意馆讫。

三月十四日接得郎中保成、库掌福庆押帖，内开三月十二日鄂鲁里传旨：青玉七佛偈钵一件、白玉五经萃室记册页一份十片、青白玉重华宫记册页一份十片、白玉拱璧坯二件、白玉子一块做拱璧二件随木样一件，交苏州织造四德，将玉钵玉册页照本文墨道刻拱璧四件，照发去木样加深做，别做糙了。其做璧二件白玉子中心照上用大制取搬指一件，如四德处有样即做一件送来，如无样将搬指料送来交如意馆做。钦此。玉五经萃室记册页十片内一片有粘。四十八年七月初四日苏州来文声明，现做拱璧二件上取下钻心成做搬指坯一件，随画样三张，再拱璧劄下回残玉一片拟做玉圭璧一件，做得木样。于四十八年八月初八日苏州送到白玉拱璧二件呈进交烟波致爽讫。于四十八年十月十五日苏州送到白玉拱璧二件呈进交宁寿宫讫。于四十八年十月二十七日苏州送到重华宫记刻字玉册页十片呈进配画交原处讫。于四十八年十一月二十七日苏州送到刻字青玉钵一件呈进配套讫。于四十八年十二月二十六日苏州送到刻字白玉五经萃记册页一份呈进填金配匣讫。

十八日员外郎五德、催长大达色、舒兴来说，太监鄂鲁里传旨：着传与粤海关监督李质颖，前次发去西洋珐琅做样之器皿每年只准呈进十数件，其样式亦不准外人烧造。钦此。

五月二十一日催长金江、舒兴来说，太监鄂鲁里交：六阿哥画一面张照字黑面棕竹边胶嵌文竹花扇三柄、方琮画一面张照字黑面棕竹边胶嵌文竹花扇四柄、弘昨画面张照字黑面棕竹边胶嵌文竹花扇一柄俱九洲清晏、弘昨画一面张照字黑面棕竹边胶嵌文竹花扇一柄淳化轩。传旨：俱交苏州织造四德，将扇面折致磨蹭露白地处照新送到找补黑面扇一柄一样找补黑色，得时送来。钦此。于四十八年八月初六日苏州送到找补黑色扇九柄呈进交原处讫。

十二月初七日员外郎五德、库掌大达色等来说，太监鄂鲁里传旨：传与苏州织造四德，年例呈进庄缎二十匹、蟒缎二十匹，嗣后俱进鹅黄色妆蟒不必另进各色。再传与杭州织造盛住，年例呈进锦四十匹，不必呈进锦缎，亦进鹅黄妆缎二十匹、蟒缎二十匹，自四十九年端阳贡为始。钦此。于四十九年十二月二十二日杭州送到黄妆蟒缎各二十匹呈进交内库讫。

十三日库掌大达色、催长金江等来说，太监鄂鲁里传旨：李质颖办进年贡内洋水法自行人物四面乐钟一对，样款形式俱不好，兼之轮齿又系四等，着大人寄信申饬，传与粤海关监督，嗣后办进洋钟或大或小俱要好样款，似此等粗糙洋钟不必呈进。再嗣后贡内大项木器亦不必办进，俟传做时再进。钦此。

记事录

正月初二日副催长保恩来说，军机处传赏班禅额尔德尼、达赖喇嘛等如意、朝珠、珐琅器等项，俱配箱盛装，塞垫包裹，发报记此。计开：赏班禅额尔德尼御笔心经塔一轴填金、碧玉如意一柄、云产石朝珠一盘、碧玉海棠花觚一件、广珐琅大瓶一对、广珐琅盆一件、广珐琅碗六件、广珐琅七寸盘一对、青花白地磁梅瓶一对、绿玻璃奓斗一件、茶色玻璃碗一对、呆黄玻璃瓶一对、素玻璃鼻烟壶四个、鹅黄瓣珊瑚豆花大荷包一对、花小荷包五对、绣坐褥靠背一份，班禅额尔德尼来使带去。赏达赖喇嘛青玉松灵花插一件、碧玉如意一柄、广珐琅大瓶一对、广珐琅大盘一件、广珐琅盆一件、玳瑁商金里碗一对、红花白地磁花瓶一对、亮蓝玻璃碗一对、呆黄玻璃碗一对、套红玻璃瓶一件、呆黄玻璃炉一件、素玻璃鼻烟壶四个、五色香饼五匣、五色香二十五束、鹅黄瓣花大荷包一对珊瑚豆、花小荷包五对。赏额尔德尼堪布诺们汉阿旺楚尔提穆水晶鸳鸯花插一件、五色香饼三匣、五色香十五束、铜胎珐琅碗一对、亮玻璃瓶一对、亮蓝玻璃碗一件、素玻璃鼻烟壶二件、鹅黄瓣珊瑚豆花大荷包一对、花小荷包三对。赏岁本堪布铜铃杵一份、广珐琅碗一对、呆黄玻璃五寸盘一对、呆黄玻璃炉一件、黄蟒缎一匹、黄锦二匹、黄妆缎二匹。赏仲巴胡土克图铜铃杵一份、广珐琅碗一对、呆黄玻璃五寸盘一对、亮蓝玻璃炉一件、黄蟒缎一匹、黄锦二匹、黄妆缎二匹。加赏班禅额尔德尼镶嵌珠石金曼达一件内盛五色哈达、金八吉祥八件、鹅黄大缎四匹、哈达一件。递丹书克又加赏班禅额尔德尼五色香饼五匣、五色香二十五束。

四月十三日副催长鹤龄来说，军机处传赏西北两路将军大臣等锭子药，配匣盛装，包裹黑毡马皮，棉花塞垫，发报记此。计开：赏伊犁将军领队大臣等二份半、塔尔巴哈台参赞领队大臣等一份、乌鲁木齐巴里坤土尔番古城库尔喀拉乌苏都统领队大臣等二份、乌什阿克苏办事大臣等一份、叶尔羌和阗办事大臣等一份半、哈蜜库车喀拉沙尔办事大臣等一份半、喀什噶尔英吉沙尔办事大臣等一份半、乌里雅苏台科布多将军参领大臣等一份半、库伦办事大臣等一份，每份各色锭子药一大匣、平安丸一百丸、人马平安散一瓶计重四两。

五月初三日员外郎五德、催长大达色等来说，太监鄂鲁里交青白玉宝二方上贴古稀天子之宝本文，戒得堂宝本文。传旨：着配匣样呈览，准时交长芦成做。其玉宝亦交长芦照本文刻做，得时送往热河。钦此。于五月十三日库掌大达色催长金江、舒兴将青白玉古稀天子之宝一方、戒得堂玉宝一方配得双连合牌罩盖匣样一件，上画拉道填金云龙花纹样，交太监鄂鲁里呈览。奉旨：将玉宝并匣样俱发往长芦照样成做拉道填金罩盖匣一件，其玉宝按本文刻字，得时即送往热河。钦此。于四十八年七月初六日长芦将玉宝刻得字配得匣送往热河呈进备文咨明事。

十月初五日掌稿笔帖式和宁持来清字堂抄一件，内开八月十九日公尚书福隆安奉旨敕封达赖喇嘛玉册宝一份，交造办处如意馆镌刻四样字等因，回明管理造办处事务大臣舒文，准行遵此。佛宁、总管永德，准行记此。福克精厄于四十九年正月初六日将玉册宝一份刻得字，交乾清门侍卫伊鲁尔图持去送往藏里讫。

二十七日副催长方刚来说，军机处传赏班禅厄尔德尼胡必尔汉、达赖喇嘛嵌玉如意、哈达、缎匹、朝珠、玻璃器、磁器等，配箱盛装，包裹黑毡马皮，棉花塞垫，发报记此。拟赏达赖喇嘛：嵌玉如意一柄、大小哈达五十个、五色哈达十个、珊瑚朝珠一盘、明黄蟒袍料一件、明黄迎手靠背坐褥一份、黄缎九匹、红缎九匹、漳绒九匹、玻璃器十件、磁器十件、赏班禅厄尔德尼胡必尔汉：七衣一份、铃杵一份、嵌玉如意一柄、大小哈达三十个、碧牙西朝珠一盘、明黄坐褥靠背迎手一份、黄缎五匹、红缎五匹、漳绒五匹、玻璃器八件、磁器十件。于十一月初三日为赏达赖喇嘛件物配做杉木箱盛装，回明公尚书福隆安，准其成做。发报记此。于四十九年正月初六日将赏喇嘛物件交乾清门侍卫伊鲁尔图送藏里讫。

如意馆

三月十八日接得郎中保成押帖，内开二月十一日交：丁云鹏画罗汉挂轴一轴安白绫签、丁云鹏画罗汉手卷一卷配匣、董其昌题刘松年松阴读画挂轴一轴、盛惇崇画岩壑春熙挂轴一轴、林峦雪霁挂轴一轴、顾英虚亭竹树挂轴一轴、陈洪绶岁朝图挂轴一轴、汪承霈画仿古花卉册页二册、文同晚霭图手卷一卷、汪承霈兰亭图记诗跋手卷一卷、戴衢亨春林晓岫手卷一卷、戴衢亨雪坞晴溪手卷一卷、钱选观梅图真迹手卷一卷、盛惇崇四季写生花手卷一卷、唐寅画马手卷一卷，此七卷袱别无庸传办。传旨：交启祥宫挂轴一轴安白绫签，五轴配囊，册页二册配套，手卷一卷配匣，七卷配袱别匣做袱别样发往南边，依前做法照样做来。钦此。

十八日接得郎中保成押帖，内开二月十二日首领吕进忠交御制乙未效仇远十二辰体咏金川事解闷诗册页二册十六开、御笔回思一首字横披一张。传旨：交如意馆表册页二册，手卷一卷。钦此。

十八日接得郎中保成押帖，内开二月十二日交：王时敏山水挂轴一轴、方从义竹石挂轴一轴、董其昌尺牍册页一册、董其昌字册页一册、张照楷书册页一册、开宗明义手卷一卷、杨晋写生花果手卷一卷、明人溪山图挂轴一轴、王穀祥双清图一轴、杨晋兰亭修禊图挂轴一轴、王谔画山水挂轴一轴、李世倬松阴观瀑图挂轴一轴、陈括(栝)松石芝兰挂轴一轴、项元汴竹树挂轴一轴、元人绥安图挂轴一轴、张李林谷秋容挂轴一轴、钱榖画山水挂轴一轴、周之冕松鼠葡萄挂轴一轴、元人芦雁挂轴一轴。传旨：交如意馆，将挂轴手卷册页应重裱者重裱，换包首者换包首，收什者收什，挂轴配囊，册页配套，手卷一卷配匣，一卷配袱别匣。做袱别样发往南边，依前做法照样做来。钦此。此内手卷袱别无庸传办。

十八日接得郎中保成押帖，内开二月十二日交：绣线九阳启泰挂轴一轴、杨大章画额摩鸟挂轴一轴。传旨：交如意馆配囊。钦此。

十八日接得郎中保成押帖，内开二月十二日交：郑重十八罗汉手卷一卷、赵孟頫十八罗汉手卷一卷、关槐山水册页二册、黄道周尺牍册页一册、徐汧尺牍册页一册、赵用贤姚希孟尺牍册页一册、侯震阳侯峒侯岐曾尺牍册页一册、李邦华尺牍册页一册、六阿哥仙桥长春挂轴一轴、六阿哥芳园高韵挂轴一轴、元人梅茶春喜挂轴一轴、元人岁朝图挂轴一轴、边鸾花鸟挂轴一轴、周道行岁朝欢赏挂轴一轴、王舜国疏樾钟馗挂轴一轴、关槐万户同春挂轴一轴、郑淮岁朝图挂轴一轴、宋人灞桥诗思挂轴一轴、元人三阳开泰一轴、王翚雪霁图挂轴一轴、恽寿平仿倪瓒古木丛篁挂轴一轴、倪瓒秋林野兴挂轴一轴、关槐群峰积玉挂轴一轴、蒋乾雪桥访胜挂轴一轴。传旨：交如意馆，将挂轴十六轴配囊，册页七册、手卷二卷配袱别匣，做袱别样发往南边，依前做法照样做来。钦此此内手卷二卷袱别无庸传办。

四月十四日接得郎中保成、库掌福庆押帖一件，内开十一日太监鄂鲁里传旨：平定西域战图分交等处安摆三十五份。今着将金川战图照样裱做三十五份，得时照前次分交各处，同西域战图安摆。其楠木壳面板交造办处成做。钦此。又将交来西域战图二份内掀缝一册推缝一册，一并呈览。奉旨：照现做战图一样改做。钦此。金川图三十五份改做西域战图二份共同楠木壳面板七十四块。

十一月二十日接得郎中保成押帖，内开十月十七日首领吕进忠交：御笔临王羲之帖字册页四开、癸卯宋孝宗论字册页四开、开惑论西师诗册页二十四开、山水画一张随挂轴一轴从裱、圣容一幅用绢琴边裱、汪承霈画册页十六开、董诰画册页十六开、梁国治字册页十六开字横披二张、曹文植字册页八开字横披一张、董邦达山水画挂轴一轴从裱、画横披一张、弘旿画册页八开、六阿哥画册页二十四开、八阿哥字册页十六开、十五阿哥字册页三十二开字横披四张、胡桂画四十开。传旨：交启祥宫，将字画册页裱二十九册，横披裱手卷十卷，圣容一幅用绢琴边，山水画重裱挂轴二轴。钦此。

二十日接得郎中保成押帖，内开十月十七日首领吕进忠交：邹一桂五君子图一轴、绣线大士观音像二轴安白绫签、元人天中庆节一轴、端阳佳节一轴、虞沅簪瓶芍药一轴、唐寅层岩荣枝一轴、山静日长一轴、沈周柳溪花鸭一轴、陈槐林徵协瑞一轴、六阿哥画清溪晓渡一轴、松桥仙侣一轴、汪承霈画蜀葵一轴、天中花果一轴、丁云鹏画应真一轴安白绫签、钱选端阳景一轴、赵孟頫画雨竹一轴、陆治画石菖蒲一轴、吕琮六合同春一轴，以上挂轴十六轴上等。张照楷书千字文一册、褚奂临诅楚文一册、瀛洲集胜一册，以上册页三册上等。宋人江山写胜一卷、仇英白描罗汉一卷、萧云从画秋山行旅一卷、元赵孟頫书千字文真迹一卷、王翚临燕文贵武夷叠嶂一卷，以上手卷五卷上等。传旨：交启祥宫，将挂轴配囊，册页配套，手卷配袱别匣。钦此。

二十日接得郎中保成押帖，内开十月十七日首领张进喜交：王翚仿古一册、王绂水竹山石一册，此二册石渠宝笈上等。文嘉仙春祝百图一卷，此卷石渠宝笈上等。陆治拳石芙蓉一轴、王原祁秋山图一轴、杜堇九芝如意图一轴、弘旿云岩锦树一轴，弘旿松壑仙庐一轴、关槐松鹤仙岩一轴，以上挂轴六轴石渠宝笈上等。丁云鹏洗象图一轴、元人书阿弥陀佛经塔一轴、刘松年文殊洗象图一轴、元人献寿图一轴、宋赵善扛金刚经塔一轴、丁云鹏扫象图一轴、丁云鹏应真授记一轴，以上七轴秘殿珠林上等。旧缂丝百子图一轴，石渠宝笈次等。传旨：交启祥宫，将挂轴配囊，册页配套，手卷配袱别匣，佛像安白绫签。钦此。

二十日接得郎中保成押帖，内开十一月初五日太监鄂鲁里传旨：将画得夏朝冠圣容一幅交养心殿，在重华宫安收。冬朝冠圣容一幅，黄缎天地两边着用二色泥金画云龙。钦此。

十二月十八日接得郎中保成等押帖，内开十二月初一日吕进忠交：贺清泰白海青一轴、马远华灯侍晏一轴、张渥说经图一轴、陈淳溪亭对瀑一轴、元人应真参妙一轴、王翚江村读书图一轴、门应兆耳听好消息一轴、倪瓒松亭山色一轴、唐寅苏武牧羊一轴、沈周张公洞图并诗手卷一卷、王翚山水一册、李成寒林鸦集袱子一件。传旨：交启祥宫，将挂轴九轴配囊，内二轴安白绫签，手卷一卷配袱别匣，册页一册配囊套袱子，一件配换白绫里。钦此。

十二月十八日接得郎中保成等押帖，内开十二月初三日吕进忠交：御笔文渊文源文津三阁记一册热河文庙碑记一册，随罩盖匣一件，又交御笔文溯文渊文源文津四阁记三十二页。传旨：交启祥宫，将四阁记照三阁记册页一样用耿绢挖嵌裱做。其紫檀木雕汉纹壳面并罩盖匣银母字签镀金边线锦套，俱照文庙碑记壳面匣套一样做。钦此。

铸炉处

四月二十六日库掌同德持来旨意帖一件，内开四月二十四日太监常宁传旨：宁寿宫佛日楼院内现设鼎炉一对，着交舒文添配铜盖，先画样呈览。钦此。

铜錽作

二月初十日库掌同德持来旨意帖一件，二月初八日军机处奉旨：从前各行宫未经陈设回部得胜图之处，交造办处补印六十四份，照此次所拟陈设金川图得胜图各处补行陈设。钦此。于三月初七日库掌同德交来旨意帖一件，内开三月初二日奉旨：从前压印回部得胜图并金川得胜图各取一份呈览。钦此。于本日管理造办处大臣事务舒文将回部得胜图一份、金川得胜图一份持进交太监鄂鲁里呈览。奉旨：回部得胜图不必压印六十四份，着查各处有收贮回部得胜图多余者分给各行宫陈设，其不足若干份再行补印，查明回奏。再现在陈设回部得胜图之处如有楠木匣亦配楠木匣陈设，如无不必配做。钦此。于三月初二日奴才舒文谨奏，查得造办处图房现存贮回部得胜战图二十份、紫光阁存贮战图十一份、懋勤殿存贮战图十二份，共计图四十三份。此内拟将紫光阁存贮图十一份内撤出十份，懋勤殿存贮图十二份撤出十份，造办处存贮图二十份全数撤出，共撤出战图四十份。查前由军机处奏准续印回部得胜图六十四份。遵旨：即将撤出图四十份添用外，仍应补印图二十四份，以备分发各处行宫陈设。谨奏请旨。乾隆四十八年三月初二日具奏。奉旨：知道了。钦此。

舆图房

二月初八日员外郎五德、催长大达色等来说，太监鄂鲁里交铜板斜格皇舆全图十份，系懋勤殿交出，内七份有雨渍。传旨：照新改刻后藏道路图每份内刷印三张抽换。钦此。此系据舆图房副催长海住说，系在四十六年十月二十五日抽换五十份内入讫。

珐琅作

五月十一日接得郎中柏永吉押帖，内开初九日太监常宁传旨：照保和太和现安掐丝珐琅象鼻腿圆鼎炉样款成做二件。钦此。于十一月初十日接得郎中柏永吉押帖，内开十一月初二日将做得里外镀金一遍掐丝珐琅象鼻腿鼎炉二件交太监鄂鲁里呈览。奉旨：外面俱着再加镀金一遍，里子不必镀。钦此。于十二月二十七日将造得掐丝珐琅象鼻腿鼎炉二件安在养心殿呈览。奉旨：配座。钦此。于四十九年四月二十四日库掌大达色等将珐琅炉二件配得座，交太监厄鲁里呈进，交热河一件，盘山一件讫。

广木作

二月初七日员外郎五德、催长大达色等来说，太监鄂鲁里交金川得胜图四份，每份计十六张。传旨：着各配楠木罩盖匣盛装，得时交黄新庄、梁格庄、半壁店、秋澜村行宫等处各安设一份。钦此。

四月十二日员外郎五德、催长大达色等来说，太监常宁传旨：天坛现设黄钟二件照养心殿后殿现设钟架样式一样成做花梨木架二件，得时交斋宫陈设。钦此。于四月十九日催长大达色、金江为天坛现设黄钟二件添配钟架，照养心殿后殿现护钟架样式画得纸样一张，交太监鄂鲁里呈览。奉旨：照样准做。钦此。于十月十七日将做得天坛黄钟花梨木架二件安在养心殿呈览。奉旨：着刻诗。钦此。于十一月十九日将天坛黄钟架二件刻得诗送往原处讫。

十月二十三日太监玉连城来说，首领吕进忠交：御制河源诗手卷一卷皇十一子永瑆书、河源按语手卷一卷皇十五子永琰书、河源按语手卷一卷皇十一子永瑆书、河源诗手卷一卷皇十五子永琰书、读宋史河渠志手卷一卷皇十一子永瑆书、命馆臣编辑河源纪略谕手卷一卷皇十一子永瑆书、命馆臣编辑河源纪略谕手卷一卷皇十五子永琰书、读宋史河源志手卷一卷皇十五子永琰书，各随玉别。传旨：查旧匣二件另改做盛装，每匣装手卷四卷。钦此。于十月二十八日将手卷八卷四卷配得合牌罩盖匣样一件，交太监鄂鲁里呈览。奉旨：照样准做，得时交懋勤殿拟四个字。钦此。于十一月二十二日将手卷八卷配得素紫檀木罩盖匣二件，交太监常宁呈览。奉旨：交懋勤殿刻签子。钦此。

十一月初七日库掌大达色、催长金江、舒兴来说，太监常宁交：御笔平定两金川战图三册随宋锦壳面板，系如意馆裱做，现有二册。传旨：将册页配紫檀木雕龙匣盛装，先呈样。钦此。于十一月十四日将御笔平定两金川战图三册配得合牌罩盖画样一件，持进交太监常宁呈览。奉旨：照样准做。钦此。于十一月十七日交出匣盖上三捷垂谟签字本文一条，于四十九年四月二十八日将做得雕龙紫檀木匣一件呈进讫。

十二月初二日员外郎五德、催长金江等来说，太监鄂鲁里交汉玉皇极主人之宝一方，随说语帖二张。传旨：将玉宝配楠木匣一件盛装，外配锦匣袱，入乾清宫入古次等。钦此。于十二月初五日员外郎五德、库掌大达色等将汉玉宝一方随说语帖二张配得合牌罩盖匣样，上层装宝，下层装说语，交鄂鲁里呈览。奉旨：照样准做。钦此。于十二月十八日催长金江等将汉玉宝一方配得楠木匣锦匣袱呈进，交乾清宫讫。

匣裱作

二月初三日员外郎五德、催长大达色等来说，太监鄂鲁里交：发晶鼻烟壶十件各随铜厢玛瑙盖二件，有粘，八件俱有磕缺、汉青白玉异兽暖手一件木座、白玉双桃暖手一件木座、白玉双蝠暖手一件木座、汉玉五蝠暖手一件木座、汉白玉狮子暖手一件木座、青白玉赖瓜暖手一件木座、白玉娃娃一件木座、汉青玉鹦鹉摘桃暖手一件木座、汉青白玉荷莲鸠暖手一件木座、汉白玉狮子暖手一件木座、汉玉瓜暖手一件木座、汉白玉异兽暖手一件木座、汉青白玉莲鹅暖手一件木座、汉白玉双桃凤暖手一件木座、汉青玉子母鹿暖手一件木座、汉白玉行龙暖手一件木座、汉青白玉三羊开泰暖手一件木座、青白玉苏武牧羊暖手一件木座、万窑五彩小碟一件木座、汉白玉三羊开泰暖手一件木座，具陈绳祖名下。传旨：俱收贮入百什件。钦此。

初八日员外郎五德、催长大达色等来说，太监鄂鲁里交棕竹股一面金纸字一面笺画小扇十八柄、洋漆扇式盒三件内一件随屉一件、洋漆二层扇式盒一件内盛小盒二件屉一件、洋漆扇面式盒一件、洋漆长方二层盒一件、洋漆八方盒一件、洋漆六方三层盒二件、洋漆高装盒二件、洋漆小方盒三件、洋漆海棠式盒一件。传旨：俱入百什件。钦此。

四月初四日员外郎五德、催长大达色等来说，太监鄂鲁里交：青绿商金银天鸡花插一件随铜胆，谢廷庸名下、厢铜口哥窑元洗一件观禄名下、白玉松子手串一串计珠二十四个，佛头塔、松石葫芦一个，红宝石、蓝宝石小豆各一个、雕紫檀木八方盒一件盖破，内盛松石刻诗鼻烟壶二件，嵌红宝石蓝石银镀金盖、玛瑙刻诗鼻烟壶一件嵌红宝石松石银镀金盖、青白玉瓜式鼻烟壶一件玉盖、玛瑙刻诗鼻烟壶一件嵌蓝宝石银镀金盖、发晶刻诗鼻烟壶一件嵌蓝宝石松石银镀金盖、紫英石刻诗鼻烟壶一件嵌蓝宝石松石银镀金盖、蜜蜡刻诗鼻烟壶二件各随嵌红宝石松石银镀金盖、青白玉刻诗鼻烟壶一件嵌红宝石松石银镀金盖、青玉鼻烟壶一件嵌玛瑙铜镀金盖国栋名下。传旨：俱入百什件，其八方盒收贮有用处用。钦此。

十二月初二日员外郎五德、库掌大达色等来说，太监鄂鲁里交圣驾四指盛京恭谒祖陵礼成恭纪册页四册随糊锦套，斋宫。传旨：将套按册页高矮另改做落矮。钦此。于本月初四日员外郎五德、库掌大达色等将改做锦套并册页持进交懋勤殿讫。

乾隆四十九年

金玉作

四月二十四日库掌大达色、催长舒兴来说，太监鄂鲁里交雕山水人物犀角杯一件紫檀木架座，南巡带来。传旨：将底足花纹磨平，磕缺处补好，木座打磨熟。钦此。于四月二十五日将犀角杯一件系将底足花纹磨平，看得底足系拼做，随起下犀角片一片，持进交太监鄂鲁里呈览。奉旨：将底足边磨薄，磕缺处补好呈览。钦此。于五月初一日库掌大达色、催长舒兴将犀角杯一件随座磨去底足，交太监鄂鲁里呈进交九洲清晏二等讫。

八月初一日掌稿笔帖式和宁持来由内阁抄来旨意帖一件，内开查向来安南国贮表金饰件匣金锁钥俱交造办处。今此次该国进到贮表金饰件匣二个、金锁二副，俟命下之日仍交造办处，为此谨奏。于乾隆四十九年七月二十六日奉旨：知道了。钦此。等因回明副都统工部右侍郎伊龄阿武备院卿管理造办处大臣事务舒文，准行遵此。总管永德，准行记此。于十月二十八日将安南国贮表金饰件金锁钥匣二件持进交太监鄂鲁里呈览。奉旨：将金饰件拆下，并锁钥认看熔化，其表匣做材料用。钦此。于十一月初七日将安南国贮表匣二件上拆下金饰件锁钥认看，得系八成金重，四两四钱，持进交太监鄂鲁里呈览。奉旨：着熔化。钦此。于五十年正月初八日将金锁钥熔化得八成金四两四钱呈进交刘秉忠讫。

初五日掌稿笔帖式和宁持来武英殿汉字印文一件，内开为行取事。本处为装御书房，交出宋版百家注苏诗一部四套、明版十七史详解一部十二套、元版通鉴辩误一部一套书三种共计十七套。俱换套不换本，需长用一寸二分象牙夔龙别子四对，相应呈明，行文造办处，照数给发，应用可也。等因回明右侍郎副都统伊龄阿、武备院即管理造办处大臣事务舒文，准行遵此。总管永德，准行记此。

十月初三日库掌大达色、催长金江、舒兴来说，太监鄂鲁里交金一千七百四十一两系一两平。传旨：着舒文平准分两，认看成色呈览。钦此。随经武备院卿管理造办处大臣事务舒文将原交金一千七百四十一两库法平得共重一千六百三十七两九钱五分，内认看得九成金六十四两八钱五分、五成金一千五百七十三两一钱，持进交太监鄂鲁里呈览。奉旨：交刘秉忠。钦此。本日交讫。

十二月初五日员外郎五德、库长大达色、催长金江、舒兴来说，太监鄂鲁里交：银宝瓶一件连镶嵌共重十八两四钱、银满达一件重十二两三钱、银满达一件重二十八两、银满达一件重二十六两、银满达一件重二十八两五钱、银满达一件、银八宝一分连铜座共重七十九两、银八宝一分连铜座共重七十六两、银八宝一分连铜座共重八十九两、银八吉祥一分连铜座共重八十八两、银八吉祥一份连铜座共重七十四两、银八宝一份连铜座共重七十三两、银七珍一份连铜座共重六十七两、银七珍一份连铜座共重六十三两、银七珍一份连铜座共重八十四两、银镀金杵一件重十九两、银镀金杵一件重三十三两、银镀金杵一件重三十二两、铜镀金盘九件、铜镀金胆一件。传旨：将银七珍八宝满达杵熔化，料估足造供器几份？画样呈览，其铜座、铜盘、铜胆刮金毁铜。钦此。于十二月初十日员外郎五德、库掌大达色等将交出熔化银满达七珍八宝等，并先交出熔化火锅银碗等，共重一百八十四两八钱，一并料估，毁造供器。画得通高一尺一寸六分银镀金塔一对纸样一张、通高九寸六分银镀金轮一对纸样一张、通高七寸六分银间镀金五供二份纸样一份、通高七寸六分银间镀金八宝二份纸样一份，持进交太监鄂鲁里呈览。奉旨：俱照样准造，如分两不足添用。钦此。计开原交银满达杵共重二百二十九两二钱、银七珍八宝等除铜座净重二百十七两、银火锅碎银什盒等共重一百八十四两八钱。三共银六百三十一两。于五十年三月二十七日将铜座六十九件秤得重三十斤六两，铜镀金盘九件秤得重二十七斤，铜镀金胆一件秤得重一两。于五十年四月二十八日将造得银间镀金五供二份八宝二份轮一对、塔一对安在奉三无私呈进，交佛堂讫。于五十年五月二十七日将铜座、铜盘、铜胆上刮下金沫，汇总熔化，得金重一两七钱一分五厘呈进，交刘秉忠讫。

铸炉处

十一月十五日员外郎五德、库掌大达色、催长金江、舒兴来说，太监鄂鲁里传旨：著照钦安殿天一门外现设铜烧古大鼎炉样式成造一座，料估现存之铜足用否？钦此。随查得钦安殿现安重檐鼎炉一座，通高一丈二尺，系乾隆六年传造，册开连折耗共用过黄铜二万六千八百四十五斤在案。查铸炉处现存淘澄熔化铜八千余斤，又领到毁铜大炮二位，计重三千余斤，二共存铜一万一千余斤，核计尚不敷铜一万五千余斤。缮写折片一件，持进交太监鄂鲁里具奏。奉旨：准造，得时在中正殿安设。钦此。于五十年正月二十五日太监鄂鲁里传旨：铸炉处现造中正殿大鼎炉，做至何成数？著问舒文。钦此。随于本日武备院卿舒文将铸炉处现造中正殿安设大鼎炉共约用铜二万六千余斤，因存贮铜斤不敷现在做模子器具等因，交太监鄂鲁里口奏。奉旨：著舒文照依中正殿现安之炉放高一二尺，比钦安殿鼎炉收小二三尺，仅现有铜斤料估具奏。钦此。于二十六日将遵旨照钦安殿鼎炉花纹样式拟画得减去铜座炉身重檐至顶通高七尺纸样一张，并声明每件约用铜六千余斤。查铸炉处现有铜斤足敷铸造一对等因，交太监鄂鲁里口奏。奉旨：照样准造，得时配安高二尺五寸石座一件，安在雨花阁前一件，安在宝华门外。钦此。于二月初六日造办处谨奏，为约估工饭买办物银两奏闻事。遵旨照依钦安殿现设铜烧古鼎炉花纹样式减去铜座，铸造高七尺鼎炉二座，得时各配安高二尺五寸石座，雨花阁前安设一件，宝华门外安设一件，钦此。钦遵。奴□等随饰交铸炉处官员，照依尺做法按例估计。今据该员等呈称，成造黄铜烧古錾花重檐鼎炉二座，炉身至顶楼通高七尺，共约用黄铜一万二千斤，外雇拨蜡、铸造、錾花、锉刮、烧古等匠一万六千一百四十二工，核计共用工饭银二千四百十两九钱四分，买办花铜罐松香灯油西碌胆矾等项银一百五十三两二钱二分五厘，以上通共约用工饭买办物料银二千五百六十四两一钱六分五厘等因，呈报前来。奴才等复交查该房官员照依从前成造过鼎炉之例，详细斟查，与该员等所报估计数目均属相符，奴才等覆核无异，理合奏明。其所需工料银两即向造办处库领用，应需煤炭、黄蜡等项照例行取各该处。至所用铜斤即在铸炉处存贮铜斤动用。统俟活计完竣之日，奴才等另行派员，按其实在做法尺寸，查该据实报销。其应配石座二件，行文总理工程处办理安设，谨将约用工料铜斤细数另缮清单，一并恭呈御览，为此谨奏等因，缮写折片清单具奏。奉旨：知道了。钦此。于五十一年四月二十六日奴才舒文谨奏为奏销用过铜斤工料银两事。遵旨成造中正殿安设黄铜烧古錾花重檐鼎炉二座，已于上年十二月内安设讫。今据铸炉处官员等呈称，成造黄铜烧古錾花重檐鼎炉二座，各通高七尺，共用过黄铜一万一百零七斤，所有周身花素活共折见方尺二百十一尺五寸七分。按例用过外雇拨蜡铸凿、錾花、嵌补、锉刮、磨洗等项匠工共一万六千一百零二工五分，每工银一钱五分四厘，计用工银二千四百七十九两七钱八分五厘。壮夫五百八十九句五分，每名银八分，计用银四十七两一钱六分。家内食粮烧古匠二百十一工五分，每工饭银三分六厘，计饭食银七两六钱一分四厘，买办化铜罐、松香灯油、秫秸苈麻、土坯磨石、西碌卤砂等项、用银一百十一两四钱五厘。以上通共用过工饭买办物料银二千六百七十五两九钱六分四厘。至所用西纸、黄蜡、铁丝、煤炭等项，系照例行取应用等因，呈报前来，奴才随派查核房官员详加称验，按其实在尺寸分两做法逐细丈量斟算据呈与该员等所报数目，均属与例相符。奴才随捡取从前造过鼎炉之例，详细比较，亦与现造之例无异，谨将所用铜斤工料银两细数及行取煤炭等项另缮清单，一并恭呈御览。为此谨奏等因，缮写折片清单具奏。奉旨：知道了。钦此。

热河随围

十七日太监常宁传旨：文津阁殿内现安水法乐钟一对，着配做香几一对垫起，所用木植，查芳园居库桌杌改做。钦此。香几一对，面宽二尺零六分、进深一尺六寸三分、高一尺八寸七分。

六月二十二日太监常宁传旨：戒得堂现安设水法乐钟一对，着配香几一对，所用木植材料向芳园居查旧椅杌改做。钦此。香几一对，面宽一尺九寸一分、进深一尺六寸四分、高一尺六寸一分。

八月十一日太监鄂鲁里交白玉宝一方，上贴五福五代堂古稀天子宝文，随紫檀栏杆座罩盖匣一件，伊龄阿进。传旨：交如意馆照本文刻做阳纹字。钦此。

信帖

九月十六日接得本报寄来信帖，内开本月十三日首领吕进忠交：御笔迟速论手卷一卷、御笔五福五代堂记手卷二卷，各随大字包首袱别纸样。传旨：发往苏州织造四德，裱手卷三卷。钦此。于五十年正月二十七日苏州送到裱做手卷三卷随包首玉别锦袱呈进，安奉三无私讫。

灯裁作

九月二十九日库掌大达色、催长金江、舒兴来说，太监鄂鲁里交嵌玉三块紫檀木如意一柄无穗，浴兰轩。传旨：着用如意上换下黄线穗拴办，交千叟宴上用。钦此。

十一月二十二日员外郎五德、库掌大达色、催长金江、舒兴来说，太监鄂鲁里交：一面白纸字一面金纸画棕竹股扇一把弘德殿明殿、汉青白玉猫扇器一件、二面金纸字画棕竹股扇一把敬胜斋楼上、汉白玉卧马扇器一件、一面金纸字一面白纸画棕竹股扇一把重华宫西间、汉玉双桃扇器一件、一面白纸洒大金字一面金纸画棕竹股扇一把延春阁、汉玉异兽扇器一件、二面白纸字画棕竹股扇一把翠云馆、汉玉卧猫扇器一件、一面白纸洒大金一面金纸画棕竹股扇一把延春阁白玉双荔枝扇器一件、一面白纸画一面金纸字红油竹股扇一把翠云馆、汉玉卧羊扇器一件、一面白纸画一面金纸字竹股扇一把延春阁、汉玉异兽扇器一件、一面白纸画一面金纸字竹股扇一把延春阁、汉白玉卧马扇器一件、一面白纸画一面金纸字竹股扇一把延春阁、汉白玉鹅扇器一件、一面白纸洒金一面金纸画棕竹股扇一把符望阁、白玉卧马扇器一件、一面白纸洒金字一面白纸画棕竹股扇一把符望阁、汉白玉鹳扇器一把、一面白纸洒大金字一面白纸画棕竹股扇一把景福宫、汉玉卧羊扇器一件、一面金纸字一面画棕竹股扇一把乐寿堂、汉玉鸡扇器一件、一面金纸字一面白纸画棕竹股扇一把符望宫、汉玉卧鹿扇器一件、一面米色纸字一面白纸画紫檀股扇一把遂初堂、汉白玉东升扇器一件、一面金纸字一面白纸画棕竹股扇一把景福宫、汉白玉鹅扇器一件、二面白纸字画棕竹股扇一把乐寿堂、汉白玉犬扇器一件、一面白纸画一面金纸字棕竹股扇一把寻沿书屋、汉白玉狮子扇器一件、一面白纸画一面金纸字棕竹股扇一把颐和轩、汉白玉鹅扇器一件、一面白纸洒金字一面金纸画棕竹股扇一把养性殿、白玉鹅扇器一件、一面素白纸一面画棕竹股扇一把宁寿宫、汉白玉卧猫一件、一面金纸字一面白纸画竹股扇一把乐寿堂、白玉象扇器一件、一面白纸洒大金字一面白纸画十八罗汉竹边股棕竹穰扇一把坤宁宫、汉玉□泽扇器一件。传旨：将扇器俱配月白绦子拴办。钦此。于十一月二十八日至三十日将扇子二十四柄各用交出玉扇器拴得月白绦子陆续呈进，各交原处讫。

油木作

四月二十四日库掌大达色、催长舒兴来说，太监鄂鲁里交：黑雕漆八仙圆盒一件、红雕漆八仙高装盒一件、黑雕漆圆盒一件、红雕漆三层长方盒一件、紫雕漆圆盒一件、红雕漆圆盒一件，俱南巡带来。传旨：俱擦抹好呈览。钦此。于十月十七日将黑雕漆圆盒一件擦抹好呈进交内库讫。于十一月二十二日将红雕漆三层长方盒一件擦抹好呈持进呈进交内库讫。于五十年正月初七日将雕漆盒四件呈进另有记载。

五月初六日催长金江来说，太监鄂鲁里传旨：远瀛观现设自鸣钟十三对单一件，俱配香几座。钦此。于九月二十二日将做得红木香几大小二十七件安在奉三无私呈进，俱交原处讫。

行文

正月初七日太监王连成来说，首领吕进忠交：御笔宋孝宗论玉册页一份计六片上写本文、御笔濮议辩玉册页一份计八片上写本文。传旨：将孝宗论玉册页发往扬州，照本文刻字，其濮议辩玉册页发往杭州，照本文刻字送来。钦此。于本年六月二十六日接得热河信帖一件，内开六月二十日两淮盐政全德送到刻字填金玉册页六片，随紫檀木匣墨榻册页一册，系御笔宋孝宗论，持进交太监鄂鲁里呈进，亦随墨榻交戒得堂摆讫。于本年九月二十二日杭州送到刻濮议辩玉册页一份呈进，配匣盛装讫。

初八日接得郎中保成押帖一件，内开正月初六日吕进忠交：春祺集锦手卷一卷、李公麟临韩幹师子骢图手卷一卷、沈士充四时山水手卷一卷、文徵明四体千字文手卷一卷。传旨：交启祥宫配袱别匣，做袱别，样发往南边，依前做法照样做来。钦此。于四十九年七月四日苏州送到玉别锦袱四份呈进交如意馆讫。

二十日库掌大达色、催长舒兴来说，太监鄂鲁里交御笔银岳三犬石辟辞青玉册页四片上写本文。传旨：发往扬州，照本文刻字。钦此。于本年六月二十六日接得热河信帖一件，内开六月二十日两淮盐政全德送到刻字填金玉册页四件，随紫檀木匣墨榻册页一册，系御笔银岳三犬石辟辞，持进交太监鄂鲁里呈进，交烟雨楼讫。

二月二十二日太监玉秉忠来说，首领张进喜交御笔大学士阿桂等奏报黄河漫口合龙大溜全入新河纪事十二韵本文青玉册页一份计十片上写本文。传旨：著发往江宁，照本文刻字。钦此。于四十九年十月初五日淮关送到江宁任内刻字玉册页一份，随匣呈进懋勤殿填金，交重华宫讫。

闰三月初十日首领张进喜交御笔云上于天解玉册页一份计八片，上写红字本文。传旨：发往扬州，照本文刻字。钦此。于四十九年十一月十四日两淮送到刻字玉册页一份呈进交重华宫讫。

五月初二日接得郎中保成押帖，内开四月二十七日首领吕进忠交：李宗谟兰亭修禊手卷一卷、仇英桃花园图手卷一卷、王原祁九如图手卷一卷、蔡襄春草轩杂说真迹手卷一卷、宋徽宗摹卫协高士图手卷一卷。传旨：交如意馆，手卷七卷配袱别匣，做袱别样发往南边，依前做法照样做来。钦此。于九月十二日苏州送到玉别锦袱七份呈进交如意馆讫。

六月初九日接得郎中保成押帖一件，内开五月二十二日首领张进喜交：赵伯驹桃源图手卷一卷上等、宋宣和写生翎毛手卷一卷、陈居中舜歌薰风手卷一卷、唐寅桃花庵图手卷一卷、马琬幽居图手卷一卷、江参林峦积翠手卷一卷、吴彬画五百罗汉手卷一卷共手卷七卷配袱别匣、赵伯驹金谷园图手卷一卷、仇英揭钵图手卷一卷、刘松年天保九如图手卷一卷共手卷三卷配匣。传旨：交如意馆，手卷三卷配匣，手卷七卷配袱别匣，做袱别样发往江南，依前做法照样做来。钦此。于十一月二十九日苏州送到玉别锦袱十份呈进交启祥宫讫。

十月初五日库掌大达色、催长金江舒兴来说，太监鄂鲁里交青玉五代五福堂记册页一份计十片，上贴刻字本文、青玉宝一方上贴刻字本文。传旨：交两淮盐政全德，照本文加深刻做，得时配匣盛装送来。钦此。于五十年六月十九日两淮送到刻字玉册宝一份呈进，回銮呈览讫。

二十三日接得郎中保成库掌福庆押帖，内开九月十二日懋勤殿交：宋绣大士像一轴、宋人洗象图一轴、宋人画佛像一轴、元人画像迦牟呢佛一轴、元人画佛像一轴、赵雍护国天王像一轴、郑重画佛像一轴、丁云鹏洗象图一轴、丁云鹏画达摩一轴、关槐画玉河观音像一轴、金粟藏阿比达摩顺正理论一卷、吴斌画罗汉一卷、杨无咎画蝴蝶花一轴、唐寅松溪琴兴一轴、蒋乾仿王蒙山水一轴、宋人雪山行旅图一轴、赵孟頫兰亭修禊图一轴、宋刻丝松芝双鹤一轴、关槐画松龄益庆一轴、宣和王济观马图一轴、贾全八骏图一卷，共挂轴十七轴手卷四卷。传旨：交懋勤殿配囊，内十轴安白绫签，手卷四卷内二卷配袱别，二卷配袱别匣，其袱别先做样，发往南边，依前做法照样做来。钦此。五十年三月二十七日苏州送到玉别锦袱四份呈进交启祥宫讫。

二十三日接得郎中保成库掌福庆押帖，内开九月二十八日懋勤殿交：董邦达风漪小阁一轴、金廷标曹大家授书图一轴、姚文瀚华严香海一轴、王翚山萧寺一轴、王原祁山水一轴、项圣谟山水一轴、巨然烟林远岫一轴、女史陈书画山水一轴、王绂乔松竹石一轴、项圣谟仿唐子华红树青山一卷、恽寿平写意花卉一册、元人画达摩像一轴、胡环卓歇图一卷，共挂轴十轴配囊，册页一册配套，手卷二卷配袱别匣。传旨：交启祥宫，挂轴配囊，册页配套，手卷配袱别匣，其袱别先做样，发往南边，依前做法照样做来。钦此。

二十六日员外郎五德、库掌大达色、催长金江、舒兴来说，太监鄂鲁里交石青地宋锦一块。传旨：著照此锦花样，按内库现收宋锦尺寸，交苏州织造织做五匹送来。钦此。量得内库宋锦每匹宽二尺八寸、长三丈。于五十年三月二十七日苏州送到蓝地大花宋锦二匹呈进交养心殿讫。于五十年六月初十日，苏州送到蓝地大花宋锦三匹呈进交热河一匹、送京一匹讫。

十一月十二日员外郎五德、库掌大达色、催长金江、舒兴将粤海关监督穆腾额送到西洋法琅钵盂一件、西洋珐琅杯盘一份、西洋珐琅花篮一件、西洋珐琅卤铫一件、西洋画法仿成窑花样盖罐一对、西洋珐琅包袱式盖罐一件、西洋画珐琅壶一件、西洋珐琅碗一件做样珐琅一件，持进交太监鄂鲁里呈览。奉旨：将做样珐琅碗一件仍交粤海关监督穆腾额，照样烧造珐琅碗一对，务要照做样珐琅碗花纹颜色一样烧造，其钵盂杯盘花篮等俱交宁寿宫。钦此。于五十一年四月二十六日粤海关送到珐琅碗一对做样珐琅碗一件呈进交宁寿宫，做样碗交乾清宫讫。

十三日员外郎五德、库掌大达色、催长金江、舒兴来说，太监鄂鲁里交白玉一块，上贴五福五代堂本文，玉上画做宝墨道。传旨：发往苏州成做玉宝一方，得时照本文刻字。钦此。于五十年九月二十七日将苏州送到刻字白玉五福五代堂宝一方呈进交懋勤殿讫。

十三日员外郎五德、库掌大达色、催长金江、舒兴来说，太监鄂鲁里交白玉一块，随古稀天子图章木样一方、烟雨楼引首木样一方、犹日孜孜图章木样一方。传旨：著交苏州织造四德照图章木样成做图章二方、引首一方送来。钦此。于五十年九月十一日苏州送到白玉图章三方呈进配匣讫。

记事录

正月初四日副催长鹤龄来说，军机处传赏达赖喇嘛等玉佛、玉如意、龙袍、玻璃器等，配箱盛装，包裹黑毡马皮，棉花塞垫，发报记此。计开赏达赖喇嘛：玉佛一尊紫檀木龛、四色香饼一盒、红刁漆盒一对、绣鹅黄缎龙袍一件、碧玉如意一柄、云产石朝珠一盘、碧玉龙凤花插一件、广珐琅盖罐一对、商金里玳瑁碗一对、广珐琅盆一件、套红玻璃五供一份、呆黄玻璃爹斗一件、亮红玻璃瓶一对、鹅黄瓣珊瑚豆大荷苞一对、花小荷包五对、黄庄缎二匹、黄蟒缎二匹、玻璃桌灯一对、绣坐褥迎手一份。赏堪布诺们汉：四色香饼一盒、雕漆盒一对、玉佛一尊紫檀木龛、碧玉如意一柄、呆黄玻璃爹斗一件、广珐琅大瓶一对、广珐琅碗一对、红白玛瑙花插一件、翡翠玻璃盒一份、呆黄玻璃瓶一对、珊瑚豆花大荷包一对、花小荷包三对、绣坐褥靠背迎手一份、黄蟒缎一匹、黄庄缎一匹。赏拉穆吹本：广珐琅碗一对、翡翠玻璃炉一件、绿玻璃盘一对、套红玻璃爹斗一件、黄蟒缎一匹、黄庄缎一匹、珊瑚豆花大荷包一对、花小荷包二对。赏达拉喇嘛过经师傅噶尔丹西勒土阿旺吹扎：广珐琅碗一对、套红玻璃瓶一对、茶色玻璃铙碗一对、翡翠玻璃瓶一对、黄庄缎二匹。赏公班第达：水晶双环盖罐一件、广珐琅碗一对、呆黄玻璃瓶一对、黄庄缎一匹。赏公珠尔玛特旺扎尔：广珐琅碗一对、套蓝玻璃瓶一对、黄庄缎一匹。赏台吉巴宗桑策凌：茶色玻璃瓶一对、黄庄缎一匹。赏达尔汗堪布噶尔桑丹怎：翡翠玻璃碗一对、黄庄缎一匹。赏台吉索诺木旺扎尔：呆黄玻璃瓶一对、黄庄缎一匹。赏台吉索诺木拉什：翡翠玻璃碗一对、黄庄缎一匹。赏台吉伊什旺对：呆绿玻璃盘一对、黄庄缎一匹。赏阿齐图诺们汗胡弼尔汗：茶色玻璃盘一对、黄庄缎一匹。赏达尔汗堪布罗布藏格勒克：呆蓝玻璃碗一对、黄庄缎一匹。赏班祥额尔德尼：四色香饼一盒、绣线无量寿佛一轴、绣坐褥一件、绣鹅黄缎龙袍面一件、广珐琅瓶一对、广珐琅大盘一件、广珐琅碗一对、广珐琅盘一对、套蓝玻璃瓶一对、呆黄玻璃瓶一对、红玻璃炉一件、鹅黄瓣珊瑚豆花荷包一对、小荷包五对。

正月二十日回明，奉武备院卿管理造办处大臣事务舒文谕，赏达赖喇嘛什物照例配杉木箱盛装，黑毡马皮包裹。遵此。于二月二十二日付领催呈祥将赏喇嘛什物等配得箱，包裹塞垫，送往黄寺，交理番院人员领去讫。

五月初六日副催长萨龄阿来说，军机处传赏西北两路将军大臣锭子药，著配杉木匣盛装，包裹黑毡马皮，棉花塞垫，发报记此。拟赏西北两路将军大臣锭子药：伊犁将军领队大臣二份半、塔尔巴哈台参赞领队大臣等一份、乌鲁木齐巴里坤土鲁番古城库尔喀拉乌苏都统领附队大臣等二份、乌什阿克苏办事大臣等一份、叶尔羌和阗办事大臣等一份半、喀什噶尔英吉沙尔办事大臣等一份、哈密库车喀拉沙尔办事大臣等一份半、乌里雅苏台科布多将军参赞大臣等一份半、库伦办事大臣等一份，每份各色锭子药一大匣、平安丸一百丸、人马平安散一瓶计重四两。

六月十九日副催长方刚来说，军机处传赏陕甘总督福康安平安丸香需丸二千丸，着包裹黑毡马皮，发报记此。

九月二十二日库掌大达色、催长舒兴将杭州织造盛住由热河送到御笔濮议辩刻字玉册页一份计八片呈览。奉旨：交懋勤殿填金。钦此。于十月二十三日将杭州送到御笔濮议辩玉册页一份交懋勤殿填得金呈览。奉旨：着配匣盛装。钦此。于五十年正月初八日将御笔刻濮议辩玉册页一份配得拉道填金紫檀木罩盖匣一件呈览。奉旨：交懋勤殿刻签字。钦此。于正月十一日将玉册页一份随匣懋勤殿刻得签字呈进，交重华宫讫。

三十日库掌大达色、催长金江、舒兴来说，太监鄂鲁里交：元赵仲穆双勾墨竹手卷一卷玉轴头一个、嵇康草书琴赋真迹手卷一卷青玉别一个，玉轴头二个、朱君璧画十八罗汉手卷一卷青白玉别一个，玉轴头二个、马遂仙奕图手卷一卷青白玉别一个，玉轴头二个、赵孟頫字手卷一卷玉别一个，玉轴头二个、明人画册页一册、龙眠居士职贡图手卷一卷青白玉别一个，玉轴头二个、南田山水真迹册页一册、南田题石谷山水真迹册页一册懋勤殿交出。传旨：交崇文门变价。钦此。

十一月十四日员外郎五德、库掌大达色、催长金江、舒兴将两淮盐政全德送到刻云上于天解玉册页一份计八片，随墨榻一份持进交太监鄂鲁里呈览。奉旨：交重华宫、建福宫看地方摆，墨榻交万寿山。钦此。

二十七日员外郎五德、库掌大达色、催长金江、舒兴将苏州送到刻南巡记册页一份计十片，随紫檀雕龙匣一个、青玉凫鱼壶一件紫檀座、青白玉图章三方计一份、青白玉觥一件紫檀座、玉别锦袱十份、修理见新挂灯八对、织羊毛花毯一块随做样花毯一块、汉白玉鸠杖头棕竹杖二根、白玉羊头杖头棕竹杖一根呈览。奉旨：玉册页交懋勤殿填金。凫鱼壶交宁寿宫换摆。玉图章交懋勤殿。玉觥交启祥宫刻款。玉别锦袱亦交启祥宫。挂灯花毯交造办处。汉白玉杖头柱杖交香山、万寿山各一根。白玉羊头柱杖交静明园做样。花毯交敬事房。钦此。于十二月二十四日将南巡记玉册页一份懋勤殿填得金随匣呈进交重华宫讫。

十二月初一日掌稿笔帖式和宁持来辟雍工程处汉字印文一件，内开为移咨事本工修建辟雍殿座工程。遵奉谕旨，钦赐御制彝伦堂内添挂福畴攸叙九龙横匾一面、辟雍清汉字斗字匾一面，俱系镀金铜字，所有铜字并挺钩如意钉相应移咨贵处，按依字样尺寸成造镀金可也等因，前来回明工部右侍郎伊龄阿、户部左侍郎福长安、准行遵此。武备院即舒文，福克精额、总管永德、准行记此。花尚阿。

二十二日掌稿笔帖式和宁持来工部汉字印文一件，内开准礼部仪注，内开裕皇贵妃死逝应用黄绢册定，付司照例敬谨制造等因，随派出主事鹤昌，会同造办处可也等因，前来回明户部左侍郎福长安、武备院即舒文，准行遵此。福克精额、总管永德、准行记此。花尚阿，于五月初五日将哥窑碟一件另配得放大木座持进呈进交原处讫。

广木作

四月二十八日库掌大达色、催长舒兴来说，太监常宁交御笔缂丝字新乐府册页四册鸡翅木壳面板。传旨：配紫檀木插套一件。钦此。于九月二十三日将御笔新乐府册页四册配得紫檀木插套，持进交太监鄂鲁里呈览。奉旨：如意馆裱做新乐府册页次序裱做舛错，著福长安查明治罪。钦此。于九月二十三日奴才福长安谨奏为恭奏事。本年九月二十三日奉旨：如意馆裱做新乐府册页次序裱做舛错，著福长安查明治罪。钦此。奴才遵旨，查此项册页系如意馆裱匠林如岗裱做，理应查明次序号数裱做装演，倘有未能明晰之处，亦当向懋勤殿查对。乃该管郎中保成、库掌福庆系专管官之员，理应敬谨细心查对，致令匠役率意裱做，以致将册页前后裱做舛错，皆由该员等漫不经心所致。请将所用工价不准开销外，仍将郎中保成、库掌福庆各罚俸三个月。成做匠役林如岗重责二十板以示警戒。为此谨奏等因，缮折具奏。奉旨：知道了。裱匠林如岗加罚钱粮三个月。钦此。

十月初八日库掌大达色、催长金江、舒兴来说，太监鄂鲁里交冻石图章一方随图说，养性殿阅古格、冻石图章一方随图说，景福宫玻璃格、冻石图章一方随图说，敬胜斋明殿雕漆格、冻石图章一方随图说，静怡轩方胜东玻璃格、冻石图章一方随图说，养心殿东暖阁钟格。传旨：各配紫檀木罩盖匣盛装。钦此。于十月初十日将图章五方各配得合牌罩盖盒样，持进交太监鄂鲁里呈览。奉旨：俱照样准做，盒盖上桃玉镶嵌嵌安。钦此。于十月十一日将景福宫冻石图章一方配得罩盖匣样一件，挑得内库蚕纹长方镶嵌一块。养心殿东暖阁钟格内冻石图章一方配得罩盖匣样一件，挑得内库汉玉夔龙镶嵌一块。敬胜斋雕漆格内冻石图章一方配得罩盖匣样一件，挑得内库白玉双夔龙璧一件。静怡轩方胜床玻璃格内冻石图章一方配得罩盖匣样一件，挑得内库汉白玉乳钉璧一件。养性殿阅古格内冻石图章一方配得罩盖匣样一件，挑得内库白玉蟠螭璧一件。持进交太监鄂鲁里呈览。奉旨：罩盖匣俱准做玉镶嵌，亦准在匣盖上嵌安。钦此。于十月十二日太监常宁传旨：将现配匣冻石图章送进呈览。钦此。随将敬胜斋雕漆格冻石图章一方随合牌罩盖匣样一件，匣盖上应嵌白玉双螭璧一件、养心殿东暖阁钟格冻石图章一方随合牌罩盖匣样，匣盖上应嵌汉玉夔龙镶嵌一件、静怡轩方胜床玻璃格内冻石图章一方随合牌罩盖匣样一件，匣盖上应嵌汉白玉乳钉璧一件、养性殿阅古格冻石图章一方随合牌罩盖匣样一件，匣盖上应嵌白玉长蟠螭辟一件、景福宫玻璃格冻石图章一方随合牌罩盖匣样一件，匣盖上应嵌白玉长方蚕纹镶嵌一件持进交太监常宁呈览。奉旨：俱持出快做，得时俱交懋勤殿刻字。钦此。于十月二十三日将敬胜斋冻石图章一方、养心殿冻石图章一方、静怡轩冻石图章一方、养性殿冻石图章一方、景福宫冻石图章一方，各配得嵌玉一块紫檀木章盖匣，各随刻诗本文，持进交太监常宁呈览。奉旨：俱交懋勤殿刻字。钦此。于十一月初一日将冻石图章五方各配得嵌玉一块紫檀木罩盖匣一件，懋勤殿刻得字呈进交各处讫。

二十六日员外郎五德、库掌大达色、催长金江、舒兴来说，太监鄂鲁里交御制全韵诗册页五册随紫檀木商银丝花纹壳，面上嵌铜字签子。传旨：将册页上另换素紫檀木壳面板，得时用旧壳面上铜字签子嵌安，其旧壳面上银丝起下熔化，胎股做材料用。钦此。于十二月二十二日将御制全韵诗册页五册换得壳面板呈进交宁寿宫讫。

十一月二十一日员外郎五德、库掌大达色、催长金江、舒兴来说，太监鄂鲁里交西洋珐琅钵盂一件、西洋珐琅杯盘一份、西洋珐琅花篮一件、西洋珐琅卤铫一件、西洋画珐琅仿成窑花样盖罐一对、西洋画珐琅包袱式盖罐一件、西洋画珐琅壶一件、西洋画珐琅碗一件，俱宁寿宫。传旨：各配楠木匣盛装。钦此。于十二月初八日将西洋珐琅卤铫一件配得楠木匣，呈进交宁寿宫。于十二月初九日将西洋珐琅钵盂一件配得楠木匣，呈进交宁寿宫讫。于十二月初十日将西洋珐琅壶一件配得楠木匣，呈进交宁寿宫讫。于十二月十一日将西洋珐琅花篮一件配得楠木匣，呈进交宁寿宫讫。

如意馆

二月初二日接得郎中保成押帖内开正月十二日首领吕进忠交陆治万年青一轴、蓝瑛溪山云霁一轴、陈洪绶三生图一轴、宋旭岁朝报喜一轴、元人春朝婴戏一轴、文徵明书雪赋并图一轴、谢时臣山水一册、刘松年斗牛图一卷、王原祁仿黄公望山水一卷、李早寒林猎骑一卷、崔子忠扫象图一卷、蓝洪层峦飞瀑一卷、丁云鹏白描应真一卷、沈周山水一册。传旨：交启祥宫，将挂轴配囊，册页配套，手卷配袱别匣。钦此。

初二日接得郎中保成押帖，内开正月十二日交仇英佛会图文徵明金刚经塔合璧挂轴一轴安白绫签、宋旭皆大欢喜图挂轴一轴安白绫签、宋人九阳协纪图一轴、宋人货郎一轴、陆治蚕桑图一轴、王问春元献寿图一轴、洞天仙聚一轴、黄公望秋岩林屋一轴。传旨：交启祥宫，挂轴配囊，内二轴安白绫签。钦此。

五月十七日接得郎中保成押帖，内开四月二十三日首领吕进忠交御书千千眼观世音菩萨大悲心陀罗尼经一册四十七开。传旨：交姚文瀚，照旧经内佛像一样画佛像，交如意馆装演，得时给上天竺。

钦此。

十七日接得郎中保成押帖，内开四月二十七日吕进忠交，御笔大字二张、徐贲狮子林图册页一册、宋徽宗摹卫协高士图手卷一卷。传旨：交如意馆，将御笔大字换裱在册页前二开，手卷换杆子安好，得时册页配套。钦此。

十七日接得郎中保成押帖，内开四月二十八日吕进忠交御制甲辰南巡五律诗三册，内一册一百页、一册八十四页、一册七十二页。传旨：交如意馆，照庚子南巡诗用耿绢挖嵌裱三册画五份宋花边。钦此。

十一月初五日接得郎中保成等押帖，内开十月十六日懋勤殿交：唐人书金粟山大般若波罗蜜多经手卷一卷、唐人书金粟山大藏阿毘达摩大毘婆沙论一卷、唐人书金粟山大藏开元释教录一卷、唐人书金粟山大藏中阿含经一卷、唐人书金粟山大藏杂阿含经一卷、唐人书金粟山大藏阿毘达摩识身足论一卷、双须别子五枝随别子本文九件、锦袱子五件手卷囊二卷。传旨：交启祥宫，将手卷上字跋刮去，别子五枝磨去字，照本文刻。再配做双须别子四枝，亦照本文刻袱子五件。安白绫里。再做袱子四件，手卷囊二件使材料。钦此。

十二月二十日接得郎中保成押帖，内开十一月十八日懋勤殿交御制乙巳上丁释奠后临字册页二册各十开。传旨：交启祥宫裱册页二册，得时交造办处做紫檀木匣。钦此。

鞍甲作

四月二十八日库掌大达色 、催长舒兴来说，太监鄂鲁里交嵌红宝石白玉刀靶二件。传旨：著配做腰刀。钦此。于五月初四日交镶嵌青白玉刀靶二一件，传旨：著配做腰刀。钦此。于五月初一日交青白玉刀靶二件郑大进进，传旨：著配做腰刀。钦此。于十二月二十八日将青白玉刀靶二件、镶嵌青白玉刀靶四件画得鞔金桃皮鞘铁镀金动龙饰件刀盘腰刀纸样一张，持进交太监鄂鲁里呈览。奉旨：将青白玉刀靶二件内交启祥宫一件、镶嵌青白玉刀靶四件，内二件将镶嵌起下磨平。其余青白玉刀靶一件，镶嵌青白玉刀靶二件俱照样准做。其饰件交武备院凿做。钦此。于十二月十三日将磨去镶嵌青白玉刀靶二件内一件画得鞔黄皮鞘银饰件回子刀纸样一张，一件画得鞔红皮鞘铜镀金炕火漆饰件回子刀纸样一张呈览。奉旨：俱照样准做。钦此。于五十年三月十九日将做得玉靶三件配得腰刀头三把商做刀名，拟得天字二十五号兔胆刀名样、地字二十五号霜明刀名样、人字二十四号彩锷刀名样，俱贴得乾隆年制款样呈览。奉旨：俱准商做。钦此。于五十年十月初四日将做得玉靶鞔黄皮鞘银饰件回子刀一把呈进，交重华宫、咸福宫换摆讫。于十月初六日将做得玉靶鞔红皮鞘铜饰件回子刀一把呈进，交瀛台讫。于五十三年十月十七日将造得玉靶鞔金桃皮鞘镀金饰件腰刀二把天字二十五号兔胆刀一把，地字二十五号霜明刀一把呈览，随交出松石结子二个内库。奉旨：将交出松石结子配铜镀金镶嵌宛子，拴绦子、打结子，在腰刀上拴安。钦此。

乾隆五十年

行文

正月二十九日员外郎五德、库掌大达色、催长金江舒兴来说，总管刘秉忠传旨：年例交发两淮、淮关、凤阳关、长芦、九江关五处换帏穗见新之灯，今岁仍不必发交，传与伊等照四十九年之例呈进缎匹。钦此。计开：两淮每年进灯二十四对，今拟办黄蟒缎二十匹、黄妆缎二十匹、黄大卷五丝缎七十匹、黄小卷五丝缎七十匹、女衣颜色大卷八丝缎二十匹。淮关每年进灯四十对，今拟办黄蟒缎二十匹、黄妆缎二十匹、各色大卷八丝缎十匹、各色大卷五丝缎八十匹、黄小卷五丝缎八十匹。凤阳关每年进灯二十四对，今拟办黄蟒缎二十匹、黄妆缎二十匹、黄小卷五丝缎一百五十匹。长芦每年进灯二十对，今拟办黄蟒缎十匹、黄妆缎十匹、各色大卷八丝缎十匹、各色大卷五丝缎五十匹、各色小卷五丝缎一百匹。九江关每年进灯十二对，今拟办各色大卷八丝缎二十匹、各色小卷五丝缎一百五十匹。以上通共九百五十匹，内

二月二十日员外郎五德、库掌大达色、催长金江舒兴来说，太监鄂鲁里交御笔三老记青白玉册页十片。传旨：交苏州织造四德刻做送

来。钦此。于五十年七月初六日苏州送到刻字青白玉册页一份呈进，配匣交热河讫。

四月二十四日接得郎中保成押帖，内开四月二十二日将贡玉内挑出白玉子一块重二十五斤，铡开得碗一件，碗上铡下玉一块做素璧一件，又得四喜觥一件。随木样蛟龙钮宝一方，见方三寸、宝身高一寸一分，宝钮尽玉做。随蛟龙钮宝纸样一张，钮两边铡下玉二块，做双须别子四双。又得蹲龙钮宝二分六方，内见方一寸六分、通高一寸五分；二方引首高一寸五分、面宽一寸六分、厚一寸；一方见方一寸三分、通高一寸四分；二方引首高一寸四分、面宽一寸三分、厚八分一方。异兽钮宝一分二方，见方一寸、通高一寸一分、引首高一寸一分、面宽一寸、厚六分；一方随蹲龙钮异兽钮宝木样二件呈览。奉旨：四喜觥一件、蛟龙钮宝一方、别子四双交苏州织造四德成做。蹲龙宝二分六方、异兽钮宝一份分三方交两淮盐政全德照木样款尽玉大小做，铡下回残玉交回。其碗一件、素璧一件留如意馆做。钦此。又将贡玉内做双龙合卺觥铡下回残玉一块重二斤十两画蹲龙宝一方，见方一寸八分、通高二寸二分，又挑贡玉内五份，通高一寸二分玉子一块重十两画蹲龙钮圆式宝一方，见圆一寸呈览。奉旨：亦照前件木样交全德成做。钦此。又将贡玉内挑得玉子一块铡开得蛟龙钮宝一方，见方四寸、通高三寸八分，随纸样一件呈览。奉旨：交长芦盐政徵瑞成做。钦此。于五十一年二月二十七日苏州送到白玉四喜觥一件呈进交茶房讫。于五十一年三月二十七日苏州送到白玉宝一方、别子四双呈进交如意馆讫。于五十一年四月初二日两淮送到白玉宝十二方呈进交懋勤殿讫。

记事录

正月初四日笔帖式圣保来说，军机处传：赏班臣厄尔德呢、达赖喇嘛心经塔、缎匹、玻璃器、朝珠等配木箱盛装，包裹塞垫。记此。计开：赏班臣额尔德呢御笔心经塔一轴填硃、碧玉如意一柄、云产石朝珠一盘、永昌玉碗一件、广珐琅大瓶一对、广珐琅盆一件、珐琅碗六件、珐琅五寸盘一对、五彩梅瓶一对、亮蓝珐琅瓶一件、茶色玻璃碗一对、绿玻璃瓶一对、翡翠玻璃五寸盘一对、素玻璃烟壶四个、金黄瓣珊瑚豆大荷包一对、花小荷包五对、绣坐褥迎背一份、加赏五色香二十五束、五色香五匣。赏忠巴胡图克图加赏碧玉如意一柄、珐琅碗一对、翡翠玻璃铙碗一对、亮红玻璃炉一件、黄蟒缎一匹、黄锦缎二匹、黄妆缎二匹、赏岁本堪布加赏碧玉如意一柄、广珐琅碗一对、亮蓝玻璃瓶一对、翡翠玻璃炉一件、黄蟒缎一匹、黄锦缎二匹、黄妆缎二匹。赏达赖喇嘛云产石朝珠一盘、永昌玉碗一件、碧玉如意一柄、珐琅大瓶一对、珐琅大盘一件、珐琅盆一件、玳瑁商金里碗一对、五彩磁瓶一对、茶色玻璃铙碗一对、呆黄玻璃瓶一对、二色玻璃瓶一件、呆黄玻璃盘一件、素玻璃鼻烟壶四个、五色香五匣、五色香二十五束、鹅黄瓣珊瑚珠豆大荷包一对、花小荷包五对。赏阿旺粗尔体木云产石朝珠一盘、珐琅碗一对、绿晶夔凤笔搁一件、呆黄玻璃瓶一对、呆黄玻璃盘一件、素玻璃烟壶二个、五色香三匣、五色香二十五束、鹅黄瓣珊瑚豆大荷包一对、花小荷包三对。赏迪木胡土克图翡翠玻璃炉一件、亮蓝玻璃碗一件、茶色玻璃盘一件、蟒缎一匹、黄缎一匹、鹅黄瓣珊瑚豆花大荷包一对、花小荷包二对。赏扎什那木扎尔亮红玻璃扎斗一件、妆缎一匹。赏班第达呆绿玻璃炉一件、妆缎一匹。赏讷尔布朋楚克茶色玻璃盘二件、妆缎一匹。赏拉布当那木扎尔亮红玻璃扎斗一件、妆缎一匹。赏依什旺对翡翠玻璃盘一件、妆缎一匹。赏索讷木旺扎尔亮蓝玻璃碗一件、妆缎一匹。赏嘎尔桑那木扎尔呆黄玻璃盘一件、黄缎一匹。赏丹晋班珠尔翡翠玻璃碗一件、黄缎一匹。赏索诺木拉什黄缎一匹、亮玻璃盘一件。赏巴尔桑策楞亮蓝玻璃碗一件、黄缎一匹。赏过经师傅依什加木粲茶色玻璃碗一件、黄缎一匹。赏商卓忒巴嘎尔桑丹晋亮红玻璃盘一件、黄缎一匹。赏堪布罗布藏格勒克茶色玻璃碗一件、黄缎一匹。赏堪布嘎尔桑策旺亮蓝玻璃碗一件、黄缎一匹。赏堪布罗布藏朋素克亮蓝玻璃碗一件、黄缎一匹。

三月初一日催长傅宣来说，军机处传：赏班禅厄尔德尼仲巴胡土克图金佛、如意、朝珠缎匹、玻璃器等配杉木箱盛装，包裹黑毡马皮，棉花塞垫，发报记此。计开：赏班禅厄尔德尼金佛一尊紫檀木龛、碧玉如意一柄、琥珀根朝珠一盘、永昌玉碗一件、洋磁多穆一对、广珐琅盆一件、洋磁盆六件、广珐琅九寸盘一对、洋磁大碗一对、呆黄玻璃盘一件、呆黄玻璃碗一对、亮蓝玻璃瓶一对、银累丝碗一对、素玻璃鼻烟壶四件、鹅黄瓣珊瑚豆花大荷包一对、花小荷包五对、绣迎手靠背坐褥一份、万寿贡香二匣十八束、五色香五匣。赏来使堪布黄缎二匹、洋磁碗一对。赏仲巴胡土克图碧玉如意一柄、洋磁碗一对、呆绿玻璃盘一对、呆黄玻璃炉一件、黄妆缎二匹、黄锦二匹、黄蟒缎一匹。赏岁本堪布碧玉如意一柄、洋磁碗一对、翡翠玻璃盘一对、亮蓝玻璃炉一件、黄妆缎二匹、黄锦二匹、黄蟒缎一匹。

四月初四日员外郎五德、库掌大达色、催长金江、舒兴来说，太监鄂鲁里交：汉玉夔龙磬一件黑漆画金花座、青玉夔蝠磬一件紫檀木架、青玉夔龙合符磬一件紫檀木架、碧玉三喜磬一件花梨木架、白玉八吉祥磬一件紫檀木架、青白玉海屋添筹花纹磬一件黑漆描金架、青白玉夔龙花纹磬一件紫檀木座、青白玉鱼磬一件紫檀木架、青白玉花篮磬一件紫檀木架、青白玉鱼磬一件无架、荆州石福寿有余磬一件无架、青白玉云凤磬一件随架无下座、青玉夔蝠磬一件紫檀木架、白玉三喜鳌鱼磬一件紫檀木架、汉青玉鳌鱼磬一件无架、白玉殿式花纹磬一件紫檀木架，俱寿康宫。传旨：俱变价。钦此。

十一日副催长福庆来说，军机处传：赏西北两路将军大臣、参赞大臣等锭子药，配匣盛装，包裹黑毡，棉花塞垫，发报记此。拟赏西北两路将军大臣等：伊犁 将军领队大臣等二份半、塔尔巴哈台参赞领队大臣等一份、乌鲁木齐巴里坤土鲁番古城库尔喀拉乌苏都统领队大臣等二份、乌什阿克苏参赞领队大臣等一份、叶尔羌和真办事大臣等一份半、喀什噶尔英吉沙尔办事大臣等一份、哈密库车喀拉沙尔办事大臣等一份半、乌里雅苏台科布多将军参赞大臣等一份、库伦办事大臣等一份，每份各色锭子药一大匣、平安丸一百丸、人马平安散一瓶计重四两。

十二日太监刘进禄来说，奏事太监王进福等传旨：赏贵州巡抚永保、云南巡抚刘秉恬、江宁将军万福中份锭子药各一匣。钦此。

十四日太监刘进禄来说，奏事太监王进福等传旨：赏广东巡抚孙士毅中份锭子药一匣。钦此。

十六日太监刘进禄来说，奏事太监王进福传旨：赏两江总督萨载大份锭子药一匣，杭州将军莽古赉中份锭子药一匣，钦此。

五月二十五日掌稿笔帖式和宁持来武备院印文一件，内开甲库案呈为补造撒袋事。查得本库原存撒袋五十四副，陆续赏用过撒袋四十三副，现在仅存撒袋十一副，不敷应用。相应行文造办处，照例补造撒袋四十三副，以备赏用等因，回明侍郎伊龄阿、副都统舒文，准行遵此。总管永德、福克精额，准行记此。应补造撒袋粘单。计开：嵌玻璃黄铜镀金什件撒袋六副、珐琅什件撒袋十三副、黄铜镀金什件红皮堆花撒袋十四副、黄铜镀金什件黑皮堆花撒袋十副。

十一月二十七日员外郎五德、库掌大达色、催长金江、舒兴、候缺笔帖式福海将苏州送到青白玉爵盘二件随做样爵盘二件、青玉宝二方册页二份、缂绣三星图一幅随做样三星图一轴、诗堂本文一张、缂丝百子图一幅、裱做手卷四卷随缂丝龙包首、玉别、锦袱、紫檀木雕龙匣、澄泥玉兔朝圆砚大小二份各随嵌玉砚盒、紫檀木外套盒、红飞金一万张、黄色画金龙笺纸四十张，持进交太监鄂鲁里呈览。奉旨：玉爵盘交乾清宫次等，玉册宝交广储司，归庙字字号收贮。三星图、百子图交宁寿宫，其做样三星图交御花园。手卷、澄泥砚笺纸俱交懋勤殿。飞金交造办处。钦此。

十二月二十八日员外郎五德、库掌大达色、催长金江、舒兴、候缺笔帖式福海将苏州送到皮糙玉夔龙觥一件随紫檀木座、刻字青玉宝一方册页一份随本文一份、墨榻一份、宝系五福五代堂古稀天子、册系国学新建辟雍圜水工成碑记、红飞金九万张、澄泥玉兔朝元砚大小二份各随嵌玉紫檀砚盒一件、紫檀外套盒一件、黄色描金龙仿宣纸六十张、漆黑漆底红雕漆四方入角盘一件、方壶胜境绣蝠儿旛一堂、收什见新红雕漆盆景四盆，呈览。奉旨：玉夔龙觥刻二等，交瀛台。玉册宝交懋勤殿填金，得时配匣。本文墨榻交启祥宫裱册页。飞金交造办处库收贮。澄泥砚交懋勤殿收贮。描金宣纸交懋勤殿收贮。红雕漆盘交宁寿宫。绣蝠儿旛交原处安挂。盆景交香山。钦此。此内绣蝠儿旗入于五十年九月二十八日原案档内讫。于五十一年三月二十六日将刻字青玉册页一份、宝一方配得紫檀木拉道填金罩盖匣二件呈览。奉旨：将玉册宝罩盖匣交懋勤殿刻签字。钦此。于三月二十八日将玉册宝一份随匣懋勤殿刻得签字呈进，交圆明园讫。

二十九日副库掌来说，军机处传：发往土尔扈特银印一颗、喀拉沙尔粮饷处关防一颗配木匣盛装，包裹马皮黑毡，棉花塞垫，发报记此。

盘山随围

六月初八日接得两淮坐京家人孙义持来信帖一件，内开六月初二日将两淮送到青玉册页一份计十片、刻字五福五代堂玉宝一方随本文、刻字五福五代堂玉册一份计十片，随紫檀壳面墨榻册页一册，俱交太监鄂鲁里呈览。奉旨：将玉册页二份、宝一方、本文册页一册仍交本家人送京交总管内务府大臣金简，俟回銮时伺候呈览。其墨榻册页一册交热河园内安摆。钦此。于九月二十二日将两淮送到青玉册页一份计十片、刻五福五代堂玉宝一方、刻五福五代堂玉册页一份计十片，随墨榻册页一册呈览。奉旨：青玉册页一份交广储司，归庙字号收贮，其五福五代堂玉宝玉册并墨榻册页一册俱交五福堂摆。钦此。

八月二十一日接得热河寄来信帖，内开八月初三日太监常宁交：广珐琅花篮一对、广珐琅罐一对、广珐琅花插一对、广珐琅双环罐一对，粤海监督穆腾额进。传旨：将花篮珐琅罐交乾清宫，其花插双环罐交宁寿宫。钦此。于本日交讫。

二十一日接得热河寄来信帖，内开七月三十日太监鄂鲁里交：紫檀木杆座孔雀翎鸾翎掌扇四对、各色漆杆座孔雀翎鸾翎掌扇三对，俱糙旧虫蛀，热河各等处换下。传旨：着发交盐政、织造、钞关七处，每处各一对，传与伊等收什见新，随年贡内呈进。钦此。计开：两淮、长芦、九江、淮关、苏州、杭州、江宁。于五十年十二月十四日两淮送到鸾翎掌扇一对呈进交宫内换摆讫。于五十年十二月二十日九江送到鸾翎掌扇一对呈进交宫内换摆讫。于五十一年四月二十七日苏州送到鸾翎掌扇一对呈进讫。于五十一年五月初八日江宁送到鸾翎掌扇一对呈进交圆明园等处讫。其杭州长芦淮关三处掌扇自行随贡呈进讫。

灯裁作

正月二十五日敬事房传做：大份锭子扇器二匣、中份锭子扇器四匣、紫金锭二百五十包、蟾酥锭二百五十包、离宫锭三百包、盐水锭八百包，以备端阳节应用。记此。于二月初六日造办处谨奏为请旨事。正月二十五日敬事房传单内开，传做大份锭子扇器二匣、中份锭子扇器四匣、紫金锭二百五十包、蟾酥锭二百五十包、离宫锭三百包、盐水锭八百包，以备端阳节应用，除照敬事房传单备办外，又查向例有备赏西北两路军营等处锭子药。今查造办处上年赏用余剩大匣锭子药九匣、中份锭子药三十一匣。核计不敷备赏之用，请添造大匣锭子药十五匣，连旧存大匣九匣、中匣三十一匣，一并备赏应用。如有存剩，仍收贮，以备下年赏用，为此谨奏。请旨等因缮折，交太监鄂鲁里具奏。奉旨：准造。钦此。于二月十六日造办处谨奏为请旨事。窃查配造锭子药所需药料照例买办外，其应用硃砂二十五斤四两二钱七分、雄黄二十三斤四两六钱二分、麝香四斤十三两四钱二分、墨八斤十四两三钱五分。查造办处库内硃砂香墨俱已用完无存，现存麝香一片八两、雄黄十五斤十两。除将现存二项尽用，尚不敷硃砂二十五斤四两三钱七分、雄黄七斤十两六钱二分、香墨八斤十四两三钱五分、麝香三斤五两四钱二分。今请向内库所存硃砂、雄黄、懋勤殿所存香墨内如数奏明，向各处领应用。其麝香一项内药房无存，外药房虽现存十数两，不敷应用，请照例买办添用。为此谨奏请旨等因，缮折交太监鄂鲁里具奏。奉旨：知道了。钦此。

十二月二十一日太监鄂鲁里传旨：重华宫、漱芳斋床上着铺红地黑花毡。沿石青缎边红猩猩床毡一块着用旧石青缎边改做。钦此。

二十四日员外郎五德、库掌大达色、催长金江、舒兴、候缺笔帖式福海来说，总管吕进忠交：列朝人画轴七百七十三轴、无名氏画轴一百三十七轴、缂丝画轴二十六轴、列朝人画轴三轴、国朝人画轴五百七十一轴、画轴三十七轴、缂丝画轴二十七轴、册页二百二十八册、国朝人画轴三十八轴，以上俱续入石渠宝笈上等。传旨：套上俱添白绫签字，写名款。钦此。于五十一年正月初八日交敬胜斋各色锦套六十件。于正月十一日交淳化轩各色锦套一百件。于正月二十八日交重华宫各色锦套六十件。

钱粮库

正月初十日员外郎五德、库掌大达色、催长金江、舒兴来说，太监鄂鲁里交钻石十两暹罗国进。传旨：收贮，有用处用。钦此。

三月十八日员外郎五德、库掌大达色、催长舒兴来说，太监鄂鲁里交：珊瑚枝大小二十二枝、雄黄花插洗扇器等共重五百七十五斤三两九钱、硃砂共重三十三斤二两四钱三分、打色木匣七十三个俱内库。传旨：俱做材料用。钦此。

十八日员外郎五德、库掌大达色、催长舒兴来说，太监鄂鲁里交各式海螺大小九百六件内库。传旨：将海螺内挑小些收贮在百什件玉盒、玉洗内装，其余海螺交库有用处用。钦此。计开：前库领去海螺八百七十八个、画作领去海螺二十八个。

珐琅作

正月初九日员外郎五德、库掌大达色、催长金江、舒兴来说，太监鄂鲁里传旨：画舫斋现设格内配做珐琅陈设六件。钦此。于正月二十六日郎中柏永吉将画得掐丝珐琅陈设纸样十二张交太监鄂鲁里呈览。奉旨：着照飞脊方瓶纸样成做一件、牺兽纸样成做一件、双螭虎盖罐纸样成做一件、牺兽罍纸样成做一件、丁樽纸样成做一件、双管瓶纸样成做一件。钦此。于九月二十二日将做得镀金一次掐丝珐琅飞脊方瓶一件、牺兽一件、双螭虎盖罐一件、牺首罍一件、丁樽一件、双管瓶一件，安在奉三无私呈览。奉旨：俱着再镀金一次。钦此。于十月初六日将镀金二次掐丝珐琅陈设六件持进交太监常宁呈览。奉旨：着配紫檀木座。钦此。于十月十六日催长存柱将珐琅陈设六件各配得木座，持赴画舫斋安讫。

盔头作

八月二十七日掌稿笔帖式和宁持来清字堂抄一件，内开弘仁寺念经应用跳布扎套头衣等项，俱属糙旧损坏，照例行文内务府转交盔头作，照旧式修理见新等因，回明右侍郎伊龄阿，准行遵此。总管永德花尚阿准行记此。计开：献供跳布扎用套头、缨络、玲珑面、顶髻、五佛冠年深破烂，共四十二份。万寿念经用小木桌损坏遭折，年例应领玉露经应用缝跳布扎衣服衣线八两绒四两。于九月三十日造办处谨奏，查得本年八月内由内务府抄来，据达喇嘛来文内开，弘仁寺每年跳布扎应用套头、五佛冠、缨络衣等项一份，因年久损坏，不堪应用，行文造办处修补。经奴才等派员踏勘，得天女面二十一面、玲珑面二十一面、五佛冠二十一顶、缨络衣四十二份、葫芦发四十二件，俱有损坏不全，实难承用，相应修饰见新。按款逐件照例核算，除行取材料外，应需工价银三百十一两六钱九分六厘、买办银七十二两一钱八分八厘，另缮清折一件并将套头、缨络衣等项按件粘签，一并恭呈览。为此谨奏等因，缮折具奏。奉旨：准其修理，知道了。钦此。

如意馆

二月十九日接得郎中保成押帖，内开正月二十四日懋勤殿交：御笔千尺雪手卷一卷、董邦达钱维诚张宗苍千尺雪手卷三卷。传旨：着照御笔手卷俱画宋花边。钦此。

十九日接得郎中保成押帖，内开正月二十五日懋勤殿交：御书鲁灵光殿赋手卷一卷随大字一张、御临王羲之帖一册四开、八阿哥字一册八开、梁国治字一册八开。传旨：交如意馆，将御笔大字换裱手卷，前引首裱册页三册。钦此。

十九日接得郎中保成押帖，内开正月初九日懋勤殿交：御笔己卯填仓日灯词一轴、御笔节临兰亭一轴、御笔书王维诗一轴。传旨：交启祥宫，将挂轴照灯词改做，要一般大。钦此。

三月二十四日接得郎中保成押帖，内开二月二十六日交：六阿哥八阿哥十一阿哥十五阿哥写春夏秋冬字册页四册、六阿哥写乙巳平定金川一册、八阿哥写丙申平定金川一册、十一阿哥写乙亥平定金川一册、十五阿哥写平定回部一册。传旨：交如意馆裱册页八册。钦此。

五月初四日接得郎中保成押帖，内开三月十九日交古稀天子御容挂轴一轴。传旨：交如意馆配黄缎囊。钦此。

初四日接得郎中保成押帖，内开三月二十二日裱作为裱做：御笔御园观梅有悟歌手卷一卷、御笔妙应寺八韵字手卷一卷、御笔读召诰手卷一卷、六阿哥弘旿小手卷六卷，用玉轴头九对、别子六支，挑得白玉碗上回残三块重三两五钱，做轴头九对、别子六支。

十五日接得郎中保成押帖，内开四月初十日懋勤殿交：御笔书写雪赋冰嬉赋挂轴二轴、罗汉挂轴二轴、蒋廷锡四瑞庆登图挂轴一轴。传旨：交如意馆配囊。钦此。

九月十二日接得郎中保成押帖一件，内开六月二十四日懋勤殿交：御制丁丑贯休画十六应真像赞三册。沈初写戊寅丁观鹏画十六应真像一册。传旨：交如意馆，册页四册各用紫檀木壳面插套。钦此。

十二日接得郎中保成押帖一件，内开八月初九日懋勤殿交：御笔诗云乐只君子字横披一张、御制经筵御论册页二份、十一阿哥写五册共一百十九开、十五阿哥写五册共一百十九开。传旨：交如意馆裱手卷一卷，册页十册。钦此。

十月二十二日接得郎中保成押帖，内开九月初三日交：宋绣益寿花挂轴一轴、钱选卢仝烹茶图挂轴一轴、宋懋晋石林高士挂轴一轴、周之冕荷花挂轴一轴、陈洪绶荷露称觥挂轴一轴、汪承霈桂月长春挂轴一轴、李公麟画罗汉挂轴一轴、王振宝莲大士挂轴一轴、宋人宝莲大士挂轴一轴、元人无量寿佛挂轴一轴、元人仙桂长春挂轴一轴、吴彬画佛挂轴一轴、明缂丝群仙祝寿图挂轴一轴、胡高望书心经塔挂轴一轴。传旨：交如意馆挂轴十四轴，配囊，内六轴安白绫签。钦此。

二十二日接得郎中保成押帖，内开九月初三日交：转轮藏续高僧传第十二卷一卷、丁云鹏应真渡海手卷一卷、戴文进画达摩至慧能六代像手卷一卷、赵孟頫书必得其寿赋手卷一卷。传旨：交如意馆。手卷四卷内一卷配匣，三卷配袱别匣。钦此。

二十二日接得郎中保成押帖，内开九月二十二日懋勤殿交：吴彬画十八应真手卷一卷、王时敏仿赵孟頫山水手卷一卷、王原祁夏山新霁图手卷一卷、蒋廷锡荔枝手卷一卷、萧照瑞应图手卷一卷、吴彬山阴道上图手卷一卷。传旨：交如意馆配袱别匣。钦此。

二十二日接得郎中保成押帖，内开九月二十二日懋勤殿交：夏昶三祝图挂轴一轴、王原祁山水挂轴一轴、王綦溪桥红树挂轴一轴、唐寅红树书窗挂轴一轴。传旨：交如意馆挂轴四轴，配囊。钦此。

二十二日接得郎中保成押帖，内开九月二十二日懋勤殿交：胡桂仿吴彬山阴道上图手卷一卷、关九思白云红树挂轴一轴。传旨：交如意馆裱手卷一卷，挂轴添地头、杆子、覆背。钦此。

二十二日接得郎中保成押帖，内开九月二十四日懋勤殿交：姚文瀚画十八学士手卷一卷。传旨：交如意馆配匣。钦此。

二十二日接得郎中保成押帖，内开九月二十五日常宁交：圣容得鹿图一张热河带来。传旨：着西洋人贺清泰照得鹿图上乘之马，将锦云良骏一样绘画，圣容着缪炳泰临写，衣纹着姚文瀚画，山树着胡桂画，续入郎世宁画过有枝杆拴系红花马要来呈览。准时亦着贺清泰照有枝杆拴系样款，将锦云良骏再画一张。钦此。

十月二十二日接得郎中保成押帖，内开十月初二日懋勤殿交：宋徽宗鸜鸲挂轴一轴、宋人山云酿雨挂轴一轴、宋人九阳消寒图挂轴一轴、王渊春禽图挂轴一轴、陈裸洗砚图挂轴一轴、钱选三蔬图挂轴一轴、杨维祯铁笛图挂轴一轴、刘松年琴书乐志挂轴一轴、盛懋风雨归舟挂轴一轴、李唐秋江符渡挂轴一轴、王绂山亭文会挂轴一轴、方方壶山水挂轴一轴。传旨：交启祥宫配一色锦囊，安白绫签二根，添紫檀木轴头二对。钦此。

二十二日接得郎中保成押帖，内开十月初五日懋勤殿交：李公麟临洛神赋手卷一卷、顾信之洛神赋手卷一卷。御笔字二张传旨：交启祥宫添配裱，前引首添绫隔水一段。钦此。

二十二日接得郎中保成押帖，内开十月初七日懋勤殿交：王问溪山清樾挂轴一轴、李流芳松阴垂钓挂轴一轴。传旨：交启祥宫重裱，得时二等配囊。钦此。

十一月二十三日接得郎中保成押帖，内开十月十八日懋勤殿交：倪瓒竹树野石图一轴、江岸望山图一轴、倪瓒设色雨后空林图真迹一轴、倪瓒岩居图一轴、倪瓒万壑秋亭图一轴、倪瓒溪亭山色一轴。传旨：交启祥宫配一色锦囊，用内库锦袖。换下旧锦囊使材料用。钦此。

二十三日接得郎中保成押帖，内开十月二十二日懋勤殿交仇英清明上河图手卷一卷。传旨：交启祥宫配袱别匣。钦此。

十一月二十三日接得郎中保成押帖，内开十月二十三日懋勤殿交：凌渊书大般若经手卷一卷、宋蒋琦书放光摩诃经一册。传旨：交启祥宫。凌渊书大般若经手卷字心后小字一行裁去，字心前签子挖去全色。宋蒋琦书放光摩诃经一册改裱手卷一卷，末开字心后小字四行裁去，另配一色纸拼做。其壳面上绛丝锦有手卷做包首用锦，插套做材料用。钦此。

二十三日接得郎中保成押帖，内开十一月初一日懋勤殿交：御笔颜真卿送刘太冲叙字一张、御笔重葺芦沟桥记字一张。传旨：交启祥宫裱手卷二卷。钦此。

二十三日接得郎中保成押帖，内开十一月初四日懋勤殿交：御笔河神庙碑记字一张。传旨：交启祥宫裱手卷一卷。钦此。

十二月二十七日接得郎中保成押帖一件，内开十一月二十三日懋勤殿交：张照写御制赋得波静藻依鱼字条一张、御制春夜偶成三首字条一张、御制插秧吟字条一张、御制九日登高字条一张、御制读大学衍义诗字条一张、御制芝兰曲字条一张、御制鹭立芦花秋水明字条一张、豳风七月流火字条一张、白居易池上篇字条一张、苏轼书真一歌董其昌摹大字横披一张。传旨：交启祥宫裱挂轴八轴，手卷二卷。钦此。杉木天杆四根，长五尺五寸、方一寸二分。地杆四根，长五尺五寸、方一寸二分。紫檀木轴头四对，长二寸五分、径二寸。杉木天杆四根，长四尺、方八分。地杆四根，尺四尺，方一寸八分。紫檀木轴头四对，长二寸五分、径一寸八分。

二十七日接得郎中保成押帖一件，内开十一月二十七日懋勤殿交：缂丝三星图一轴。传旨：交启祥宫配囊，安白绫签。钦此。

铸炉处

二月十五日员外郎五德、库掌大达色、催长金江、舒兴来说，太监常宁交：洋铜三层亭式架问乐钟二对重一百四十斤、黄铜西洋三层亭式架时乐钟一对重一百八十斤、黄铜三亭式磁花顶铜架时钟一件重十五斤、黄铜葫芦式架问乐钟一对重八十斤、黄铜三层亭式架时乐钟一对重一百三十斤、黄铜三层亭式时乐钟一对重八十斤、洋铜西洋亭式架水法问乐时钟一对重八十斤、洋铜花树四方架时乐钟一对重一百十斤、黄铜三层亭式架时乐钟一对重一百三十斤、黄铜山座问乐时钟一对重四十斤、黄铜山亭式架时乐钟一对重四百斤、黄铜四方铜架时乐钟一对重九十斤、俱做钟处交来。传旨：着交舒文，将钟架座认看，内有金者刮金熔化，无金者毁铜，共得铜斤多少？查办明白回奏。钦此。于二月十六日经武备院卿舒文将交来钟架座二十三座内认看，得洋铜钟架六座、黄铜呀金钟架十五座、铜烧古钟座二座，共称得铜重一千八百四十五斤。内挑得洋铜钟架上执事试风旗八件，内用四件平得重五两五钱，煎化得六成金一分八厘八毫，每两计得金三厘四毫。洋铜钟架六座重三百三十斤，计五千二百八十两，合计共得金十七两九钱五分二厘，计用高黑铅三升余斤。缮写折片并将洋铜五千二百八十两照前例煎化，得金十七两九钱五分，核计用黑铅三千余斤，约合价银二百五六十两。按六成金十七两九钱五分二厘，约合价银一百七十两之数，比较多费银九十余两。请旨若将此洋铜可否收贮成造紫金琍玛佛用等情，一并交太监常宁转奏。奉旨：准收贮成造紫金琍玛佛用。钦此。于二月二十日交：黄铜三亭式钟一对重八十斤、镀金铜花架钟一件重七十五斤、黄铜四方亭式架钟一对重一百四十斤、黄铜三亭式架钟一对重八十斤、镀金铜花架钟一对重九十斤、洋铜六方亭式架钟一对重六十斤、黄铜亭式架钟一对重一百二十斤、洋铜鼓式双象铜架一对重八十斤、黄铜亭式架钟一对重一百三十斤、洋铜四方铜山架钟一对重一百七十斤、洋铜圆鼓钟一对重十三斤、铜钟穰二十八件重八十七斤、俱做钟处交来。传旨：着交舒文将钟架座平准分两回奏，铜钟穰毁铜。钦此。于二月二十日武备院卿舒文称，查得毁铜各式钟架座二十一件内，洋铜架座八件重三百二十三斤，黄铜呀金架座十三件重七百十五斤，以上二项共重一千三十八斤。缮写折片一件，持进交太监常宁具奏。奉旨：所有毁铜钟架计得铜三千余斤，此内有洋铜六百余斤，着对化紫金琍玛铜，照现在成造有背光紫金琍玛铜无量寿佛成造二堂，先呈样，其余黄铜二千四百余斤亦料估画佛样呈览。钦此。于二月二十六日将拟画得秘蜜呀吗达嘎上乐王等佛三尊，各通高二尺五寸；六份双法佛九尊，各高一尺五寸六分；有伞一佛二菩萨三尊，各高三尺六分，狮象吼三大士菩萨各高一尺五寸六分，并现造紫金琍玛铜无量寿佛纸样持进交太监常宁呈览。奉旨：照样准造秘蜜呀吗达嘎上乐王佛三尊、紫金琍玛铜无量寿佛二堂。钦此。于三月初一日对化洋铜六百五十三斤，对化紫金琍玛铜应用金一百九十五两。除洋铜内应有金三十二两六钱五分外，净请领金一百六十二两。缮写折片交太监常宁具奏。奉旨：准向内库要用。钦此。头次金玉作三羊开泰钟一对内，一座刮下末子重六两四钱，一座刮下末子重六两八钱。开狮子钟一对内一座刮下末子重五两六钱，一座刮下末子重六两八钱。葫芦钟架一座上刮下末子重二两四钱。三亭式钟架时钟一座刮下末子重二两。共刮下末子重三十两，煎化得九成金共重一两五钱四分。于四月初五日武备院卿舒文将拨做得秘蜜呀吗达嘎上乐王佛蜡样三尊各通高二尺五寸六分交太监常宁呈览。奉旨：照样准造。钦此。于五月十四日将原交黄铜呀金各式钟架十五五件重一千一百零五斤熔化，得九成金四两一钱二分五厘。洋铜钟架上试风旗四件重五两五钱，熔化得六成金一分八厘八毫。黄铜呀金各式钟架座十三件重七百十五斤，熔化得九成金三两五钱七分五厘。共熔化得九成金七两七钱，共熔化得六成金一分八厘八毫。缮写折片一并呈览。奉旨：交刘秉忠。钦此。于九月二十二日将造得紫金琍玛铜小法身无量寿佛九尊呈览。奉旨：着喇嘛庆赞，将大清乾隆年敬造款磨去，另刻大清乾隆乙巳年敬造款。嗣后成造佛像俱按年分刻款。钦此。于十二月二十七日将造得铜镀金背光座紫金琍玛铜无量寿佛九尊安在养心殿，呈进交万佛阁安供讫。

五月十二日员外郎五德、库掌大达色、催长金江、舒兴来说，太监鄂鲁里交：掐丝珐琅双环罐二件、掐丝珐琅宝月瓶一对木座、掐丝珐琅手炉一件、掐丝珐琅小瓶二件、掐丝珐琅三足小鼎一件、掐丝珐琅花蓝一件木座、掐丝珐琅香几一件随珐琅炉瓶三式一份、掐丝珐琅香盒一件、掐丝珐琅双陆瓶一件、掐丝珐琅撇口碗二件、掐丝珐琅纸槌瓶一件、掐丝珐琅大碗一件、掐丝珐琅双耳炉一件木座、掐丝珐琅腊阡大小二件、掐丝珐琅龟鹤陈设一件、掐丝珐琅象耳炉一件木座、掐丝珐琅长方盖池一件、素珐琅炉一件、青绿钵盂洗一件木座、青绿豆一件木座、青绿双耳花插一件、青绿凤耳出戟花觚一件、青绿沓子二件木座一件、青绿圆洗一件木座、青绿三阳罐一件、青绿双管瓶一件、青绿双环瓶一件、青绿象足鼎一件、青绿拱花双耳瓶一件、青绿双环方樽大小五件木座一件、青绿渣斗花囊二件、青绿双兽耳炉一件、青绿蕉叶出戟花觚一件、青绿双耳九环樽一件漆座、青绿四环拱花罐一件、青绿绳耳洗一件木座、青绿双耳腰式洗一件、青绿单靶花浇一件、铜磬一口、古铜龙凤方炉一件、古铜双耳三足炉一件、青绿三足商金银炉一件、青绿盖兽樽一件木座、古铜双环方瓶一件木座、铜双耳炉一件、青绿小圆洗一件、古铜凤耳瓶一件、古铜出戟花觚一件、古铜异兽瓶一件、青绿花觚大小七件木座一件、青绿觯一件、青绿犀牛花插一件木座、青绿双耳扁方瓶一件、青绿商金钵盂洗一件木座、烧古流金双管瓶一件、青绿满则覆一件、铜镀金花瓶一对木座、青绿英雄合卺觥一件、青绿斝一件、古铜朝冠炉二件木座一件、青绿三足炉一件、古铜双螭炉一件木座盖、古铜流金方瓶一件、古铜流金花觚一件木座、烧古流金行龙一件、青绿双耳四足炉一件木座、青绿合卺小挂屏一件木座、古铜螃蟹一件、古铜商金银异兽水注一件、青绿小象一件木座、青绿四足水盛一件、古铜蟠螭瓶一件木座、古铜八仙人八件、古铜寿星鹿二件、古铜葡萄方瓶一件、铜海棠匙箸瓶一件、青绿半圆瓶一件、铜炉瓶三式一份、铜海灯一件、烧古流金三阳盒一件内盛石砚一方、青绿方瓶一件、烧古流金葫芦水盛一件、古铜荷叶洗一件、青绿四足炉一件、古铜三足鼎炉一件木盖、青绿三足小鼎一件木盖砗磲顶、青绿三足炉一件木座、青绿双环三足百折罐一件、青绿双环博山炉一件、铜炉瓶三式五分、古铜流金炉一件、铜炉大小十六件、铜腰圆香盘二件、铜钟一件内盛铜圆花片九十个、银混天球一件木座、铜钟一架、古铜象蜡阡一对、古铜山子一件、烧古流金挑杆一件、铜小铃一件、烧古流金释一件木座、烧古流金磬一件木架、青绿提梁卣一件、烧古流金提梁卣一件、青绿兽耳环樽一件、青绿铎一件随木架黄玉龙镶嵌一件、青绿提梁卣一件木架、青绿铎一件木架汉玉铎一件、青绿提梁卣四件木架座、青绿三足鼎一件木座盖玉顶、青绿竖耳三足鼎七件木盖玉顶、青绿双耳炉二件木座盖玉顶、青绿竖耳炉一件滑石顶木盖、青绿三足鼎一件玛瑙顶木盖、古铜四足鼎一件石顶木盖、青绿竖耳四足鼎一件玉顶木盖、青绿四方炉一件木座盖玉顶、青绿彝炉一件木盖玉顶、铜小盒一件、锡盒二件、漆盒二件、木小瓶一件、各式木座三十七件。传旨：将珐琅器铜器毁铜，玉顶玉镶嵌玛瑙顶等呈览，木座盖锡盒漆盒等做材料用。钦此。于五月十四日将原交出青绿器木盖拆下，玉顶玛瑙顶玉镶嵌内挑出玉顶五件，交内库收贮。其余玉顶八件、玉镶嵌一件、玉璧一件、石顶二件、玛瑙顶一件、砗磲顶一件、石砚一方，变卖木架座七十二件、木盖十八件，造办处做材料用。银球一件重三十两熔化。缮写折片清单，一并呈览。奉旨：玉顶五件、玉璧一件交内库，其余玉顶八件、石顶二件玛瑙顶一件、砗璖顶一件、石砚一方、变卖木架座木盖玉镶嵌一件做材料用，银球熔化。钦此。于五月十四日将原交珐琅器二十三件、铜花片九十件、重七十斤，青绿古铜器一百五十五件重四百斤，共秤重四百七十斤。缮写折片一件具奏。奉旨：准毁铜。钦此。于五十年十一月十一日太监鄂鲁里传旨：着查五月间交出毁铜器若干件多少分两，成做何项活计，用了或未用，查明回奏。钦此。随于本日查得五月间由内交出青绿器铜瓶等二百二十九件，秤重四百斤，珐琅器二十三件，秤重七十斤，二共秤重四百七十斤。并声明此项铜斤六月间铸造隆福寺大佛，因所约铜斤不敷添补用讫等因，缮写折片，交太监鄂鲁里具奏。奉旨：知道了。钦此。于五十年十一月十六日将银球一件熔化，得银重三十两呈进交刘秉忠讫。

后　记

记得那是2001年的冬天，天气并不冷，暖洋洋的太阳照在紫禁城城隍庙内朱老的办公室里，我正在倾听着朱老关于出版造办处档案的体例和设想。朱老拿出了他一笔一画工工整整抄录的雍正朝造办处档案给我看，朱老希望出版五本，即雍正朝一本、乾隆朝二本、嘉庆道光一本、咸丰至宣统一本。他老人家希望雍正朝以后的四本由我个人来完成，我非常感谢朱老对我的信任，也很愿意做这件事。可造办处档案浩如烟海，我一个人使出浑身解数也是干不出来的。后来我想就此成立一个课题组，大家共同来完成，经征求朱老的意见，得到了朱老的赞同。2002年经院学术委员会同意，我们正式就造办处史料整理成立了课题组。课题组由我牵头，参加人员有宫廷部恽丽梅、曹连明和严勇。当时我在宫廷部担任副主任，主持二期地库的文物搬迁工作，每天上下午都在忙于文物的搬家，根本无暇去顾及这个课题。为了尽快能完成这项浩大的工程，我们基本是利用中午休息和有限的空余时间，到中国第一历史档案馆查阅造办处档案的胶片。档案馆规定，只能用笔抄录档案。就像当年朱老那样，一笔一画地抄录下来，而我们恰恰没有时间。经与档案馆领导协商，我们支付一点费用，只需记录下要用档案的页码，请档案馆的同仁帮助复印。此项工作得到了院领导的支持，经费很快解决了。我们在筛选出的复印档案上再一一进行标点，之后请印刷厂的同志排印成为横版简体字。因为工作量太大，单靠课题组的四个人，根本无法完成。这时我们请为朱老《养心殿造办处史料辑览——雍正朝》一书的责任编辑林姝女士加盟，她为此书的点校、后期人员的安排以及书中插图的提取核对做了大量的工作。期间，由于工作需要，我从宫廷部调到了古器物部，这项工作只好断断续续地进行。朱老原来希望我们只将乾隆朝档案出版两本即可，但我们在翻阅档案时发现，乾隆朝造办处的内容相当丰富，总觉得很多内容都需要，割舍起来很困难。我们只好擅作主张，将乾隆朝的内容由两本扩大到十本。朱老若健在，相信会高兴的。

2005 年，香港中文大学与中国第一历史档案馆合作，影印出版了的雍正、乾隆朝的造办处档案。有人提出，再出版乾隆朝史料辑览是否有意义。我认为，雍正、乾隆朝档案整整 55 本，且是影印出版，读者翻阅很是吃力，且书价不菲，一般读者很难承受。而我们的史料辑览是在此基础上筛选出来的。当然，也不否认，由于课题组成员所从事的专业和认知水平不一，在筛选的过程中侧重点不同，会有一些重要的史料漏选。我们将筛选的史料由原档案的竖排版改为读者习惯的横排版，将档案中个别错别字用括号的形式改正，再进行标点，特别是将档案内容能与现存文物对应上的，将文物照片放到书的前面，让大家在阅读枯燥的档案时，能够欣赏乾隆朝文物的精美。我们之所以还要继续将乾隆朝档案出版，除了朱老在“序”中讲到的学术价值和研究价值外，我们要达到的目的有二。其一，对于初学者，可以了解造办处制作御用器物的流程，如一件玻璃胎画珐琅鼻烟壶至少需要五个作坊——玻璃厂作胎，珐琅作画图案及烧制，镀金作制作鼻烟壶盖，牙作制作牙匙，木作或油木作制作木座和包装匣。经过五个作坊的合作，一件完整的作品才算完成。其二，对于研究者，可以此书内容为线索，在初步了解造办处档案的内容后，针对所研究的课题，再去查找、核对原文。

特别需要解释的是，在选择文物插图时，本着尽量找到档案记录原物的原则，以让读者了解当时的制作水平和真实面貌，如乾隆十三年如意馆传旨着郎世宁绘十骏马图。而有些插图不好确定是否是档案记录的原件，因有些器物，重复制作，特征不明显，如阿虎枪，档案中有多次制作记录，实物也有很多，很难精确到每一件阿虎枪是哪一年制作的，只好选择了一件带“乾隆年制”款的作品，让读者了解档案记录的“阿虎枪”的形状。

本书的体例仍沿袭了朱老选编的雍正朝档案编年体的编辑方法。点校人除了课题组成员外，还有古器物部的张林杰。后期校对的人有：资料信息中心的鲁欣、达微佳、许冰彬、张小李、刘宁星、李琼、汪莹，宫廷部的文明、马云华、马晟楠，科研处的何芳、项坤鹏，书画部的陶静，古器物部的孙悦，图书馆的刘甲良、朱珠，还有原紫禁城出版社，现已调到嘉德拍卖的栾静莉。是他们辛勤的劳动和无私的付出，才有今天该书的出版。还要感谢故宫出版社的编辑方妍，本书的责任编辑、朱老的女儿朱传荣。

从朱老让我做这件事，到该书的出版，整整十年过去了。这期间，朱老在 2003 年离开了我们，没有等到今天。令人欣慰的是朱老生前看到的最后一本书，就是他老人家选编的《养心殿造办处史料辑览－雍正朝》，我永远记得在朱老病重期间我和林姝女士拿给他看这本书的情景，他面带微笑，紧紧握着我的手，一切似乎就在眼前……。这期间，我的工作换了三个部门，从宫廷部到古器物部，再到图书馆，部门在变，环境在变，心境在变，唯一不变的是，我心中一直惦念着这件未了的“心愿”。当今天拿出答卷时，仍心有余悸、忐忑不安，虽然我们的课题组由当初的四个人，扩大到二十余人，大家分别对所选的内容校对了五遍，又有朱老的女儿朱传荣，替我们把好每一关，但仍不敢保证没有谬误之处。唯愿天堂里的朱老满意，唯愿我们的努力能为更多的初学者、研究者提供线索和第一手资料，有助于学术研究的发展。

张荣

2015 年 3 月 5 日增补

图书在版编目（CIP）数据

养心殿造办处史料辑览．第十辑，乾隆朝／张荣编著．—北京：故宫出版社，2020.11
ISBN 978－7－5134－1357－2

Ⅰ.①养…　Ⅱ.①张…　Ⅲ.①历史文物－史料－中国－清代　Ⅳ.①K871.49

中国版本图书馆CIP数据核字(2020)第208324号

养心殿造办处史料辑览　第十辑　乾隆朝
张　荣　选编
责任编辑：朱传荣
装帧设计：王　梓
责任印制：常晓辉

出版发行：故宫出版社
地址：北京市东城区景山前街4号　邮编：100009
电话：010－85007816（发行部）
传真：010－65129479
邮箱：ggcb@culturefc.cn
印　　刷：保定市中画美凯印刷有限公司
开　　本：1/16　787×1092
印　　张：22.25
字　　数：222千字
图　　版：114幅
版　　次：2020年11月第1版
2020年11月第1次印刷
印　　数：1－2000册
书　　号：ISBN 978－7－5134－1357－2
定　　价：65.00元